성의 진화

그리고 인간의 성문화

박만준·강남욱 공저

Evolution of Sexuality and human culture

經 文 社

차 례 contents

p·r·o·l·o·g·u·e

프·롤·로·그

인간에게 가장 오랜 숙제가 있었다면, 그게 과연 무엇이었을까?

"우주란 무엇인가?"
"UFO라는 게 있을까, 없을까?"
"천당이나 지옥이 정말 있는 것일까?"

이런저런 의문들이었을까? 아마 아닐 것이다.

"인간이란 무엇인가?" 인간의 가장 오랜 숙제는 필시 바로 이 물음이었을 것이다. 이것은 인간이 가장 지속적으로 가졌던 물음일 뿐 아니라, 또 어느 시대 어느 누구도 이 숙제를 외면할 수가 없었을 테니까 말이다.

그렇다면 인간이 가장 고심하며 탐구했던 문제는 무엇이었을까?

"사랑이란 무엇인가?"
"죽음이란 무엇인가?"
"어떻게 하면 부자가 될 수 있을까?"

이런 문제들이었을까?

물론 이런 문제들도 당연히 제기되었을 것이다. 그러나 가장 근본적인 고민은 역시 "인간이란 무엇인가?", 바로 이 문제였다.

과연 "인간이란 무엇일까?"

이는 인간이 가졌던 가장 심각한 문제였을 뿐만 아니라, 오늘날에도 여전히 물음으로 존재한다. 정말 끈질기게 우리를 따라다니면서 괴롭히는 문제가 아닐 수 없다.

그런데도 우리는 이 물음에 대한 탐구를 결코 포기할 수가 없다. 왜 그럴까? 도대체 이 문제를 외면할 수 없는 그 이유가 무엇일까? 한마디로 인간에 관한 문제, 즉 우리를 둘러싸고 있는 모든 사회적·역사적 문제가 바로 이 물음과 연결되어 있기 때문이다. 이 문제를 떠나서는 인간에 관한 이야기를 시작한다는 것 자체가 불가능한 일이다. 또 이 문제를 떠나서는 진정한 의미의 인간 문제에 대해 한걸음도 나아갈 수가 없다. 그렇다면 어쩔 수 없이 우리는 이 물음에 대한 해답을 찾지 않을 수 없다.

도대체 어디서부터 이 문제를 풀어가야 하는 것일까? 짤막한 이야기 한 토막을 살펴보자.

어떤 아이가 길을 잃고 길거리에서 울고 있을 때 한 노인이 다가가서 자동차로 그 아이를 집까지 바래다주기 위해 이렇게 물었나.

"얘야! 집이 어디니?"

누구라도 쉽게 이렇게 물을 것이다. 그러나 한 번만 다시 생각해 본다면 이는 가당치도 않은 질문임을 알게 될 것이다. 길을 잃어버린 아이에게 집이 어디냐고 묻는 것 자체가 잘못된 것이다. 그 아이가 집이 어딘 줄 알고 있다면 굳이 길을 잃고 그렇게 울고 있을 리가 없지 않은가.

그래서 노인은 순간 자신이 실수했음을 깨닫고 이렇게 질문을 바꾸었다.

"혹시 할아버지가 너를 도울 게 없을까?"

그러자 그 아이는 아주 반색을 하며 이렇게 말했다.

"할아버지! 저를 학교로 다시 데려가 주세요."

노인은 잠시 어리둥절했다. 집으로 가야 할 아이가 다시 학교로 데려다 달라니 이해가 가지 않았던 것이다. 그러나 금방 그 이유를 알게 되었다. 그 아이가 대뜸, "학교에 가면 집으로 가는 길을 알 수 있다"고 덧붙였기 때문이다. 주변 사람들에게 물어 아이가 다니는 학교를 찾는 것은 어려운 일이 아니었다.

이 이야기가 우리에게 주는 교훈이 무엇일까?

첫째, 노인의 질문에서 알 수 있듯이, 문제의 상황을 제대로 파악하고서야 질문다운 질문을 던질 수 있다는 것이다. 아이에게 "집이 어디냐?"고 묻는 것이 잘못이었듯이, 무작정 "인간이 뭐냐?"고 물을 수는 없다는 뜻이다. 인간이 무엇인가에 대한 답을 알고 있다면 이미 질문 자체가 무의미할 것이기 때문이다.

둘째, 해답을 찾기가 어려운 문제일수록 중간에서 허둥대지 말고 처음으로 다시 돌아가라는 것이다. 중간에서 허둥대다 보면 더욱 길이 얽히고 혼란스러워진다는 말이다.

사실 오늘날 우리도 길을 잃은 아이와 마찬가지로 과거와는 다른 급속한 변화의 물결 속에서 살고 있다. 따라서 모든 면에서 변화를 요구하고 있다. 인간에 관한 이야기도 예외가 아니다.

더욱이 지금까지 우리를 지배해 왔던 '인간'에 대한 전통적 이론과 주장들이 서서히 역사 속으로 퇴장하고 새로운 이론들이 등장하고 있다. 이른바 사회생물학, 진화생물학, 진화심리학 등이 바로 그것들이다. 그래서 우리는 찰스 다윈을 주목한다. 이 새로운 이론들의 중심에 그의 진화론이 버티고 있기 때문이다.

다윈을 주목하는 까닭이 무엇일까? 아이가 집으로 가기 위해 학교로 갔듯이, 우리도 문제의 출발점으로 다시 돌아가 다시 거기서 차근차근 목적지로 출발해 보자는 것이다. 그 출발점이 바로 다윈이다. 왜 다윈이 출발점일까?

다윈은 누구인가? 모두 다 알고 있다시피 다윈은 『종의 기원』(1859)의 출간과 함께 '자연선택'의 이론을 주장한 생물학자이다. '자연선택' 이론은 다윈이 살고 있던 당시 서구사회에 엄청난 충격을 안겨주었다. 그 핵심은 인간이란 존재는 신이 창조한 피조물이 아니라는 것이었다. 인간이란 침팬지와 별반 차이가 없을 뿐 아니라, 침팬지의 조상과 인간의 조상이 같다는 주장은 실로 서구적 가치관을 통째로 뒤흔들 만한 역사적 사건이었다.

당시 서양 사람들이 생각하기에 이 세계의 출발점은 '신(하느님)'이었다. 그러나 다윈이 보기에 그 출발점은 따로 있었다. 하지만 『종의 기원』이 가져다 준 충격은 그다지 오래 가지 않았다. 12년 후 다윈은 『인간의 유래와 성 선택』(1871)이라는 책을 다시 내놓았으니까 말이다. 이 책의 충격은 『종의 기원』을 훨씬 능가했다. 그 이유가 무엇이었을까? 이에 대한 궁금증을 풀기 위해서는 무엇보다도 먼저 진화나 자연선택, 성선택이라는 것이 어떤 의미인지부터 살펴보아야 할 것이다.

진화 evolution란 무엇일까? 진화란 한마디로 변화를 의미한다. 그 중에서도 특히 세대 간에 일어나는 생물체의 형태와 행동의 변화를 가리킨다. DNA의 구조로부터 사회생활에 이르기까지 생물의 형질은 세대를 거치면서 조상의 형질로부터 변화를 거듭해 간다는 뜻이다.

그렇다면 자연선택 natural selection이란 무엇일까? 자연선택이란 간단히 말해서 앞서 말한 진화적 변화의 원인이라고 할 수 있다. 진화 속의 변화가 왜 일어나는가에 대해 설명해주는 것이 자연선택이라는 것이다. 학문적으로 말한다면, 자연선택은 "진화에 있어서 가장 중요한 압력이며, 특정 유전자의 모임을 장기간 묶어 놓고 유지시키는 힘"이다. 그러므로 여러 가지 유전자형의 표현형들이 다음 세대에 그들을 각기 나타낼 능력이 다름으로 말미암아 유전자형에 있어서 상대적 빈도가 달라지는 것은 바로 자연선택 때문이다.

그렇다면 이러한 진화와 자연선택보다 훨씬 더 충격을 주었던 '성 선택 sexual selection'이란 무엇일까?

다윈은 유성생식을 하는 종은 짝짓기 경쟁에 도움이 되는 형질을 널리 퍼뜨리는 경향이 있음을 알아냈다. 그리고 이러한 형질들은 설사 자연에서 생물의 생존능력을 떨어뜨릴지라도 진화할 수 있다는 결론에 도달한다. 그러므로 자연선택이 환경에 대한 적응이라면 '성 선택'은 성(혹은 이성 異性)에 대한 적응이라고 할 수 있다.

우리 인간들처럼 유성생식을 하는 종의 경우를 한 번 보자. 한 세대에서 다음 세대로 형질을 전달하는 방법이 무엇일까? 그 방법은 단 한 가지뿐이다. 그 한 가지 방법이란 곧 짝짓기를 통해 자식을 생산하는 것이다.

만약 인간을 포함한 모든 동물들이 섹스를 하지 않는다고 가정해보자. 그렇게 되면 어떻게 될까? 세대 간의 대물림은 그 동물 세대에서 끝나고 말 것이며, 따라서 다음 세대에는 어떤 유전적 자취도 남기지 못할 것이다.

이 말의 뜻이 무엇일까? 자식을 남기지 못하는 동물은 태어나자마자 그 순간 죽은 것이나 다름이 없다는 것이다. 진화의 과정에서 보면 번식하지 않는 생명은 그 자체로 종말을 맞이하는 것이나 다름없다. 거꾸로 말한다면, 자식을 남기는 것이 진화의 측면에서는 생명체의 성공이고, 그렇지 못한 것은 실패라는 말이다. 생식(유성)활동에서는 섹스가 곧 진화의 중심이다. 그리고 '성 선택'이라는 개념은 한 마디로 번식능력의 개인차가 어떻게 진화상의 변화를 이끌게 되는지를 기술하는 방법이다.

인간의 세계에서나 동물의 세계에서나 수컷들은 항상 암컷을 수정시키기 위해 경쟁한다. 경쟁수단은 육체적인 힘일 수도 있고 또 무기가 될 수도 있을 것이다. 수컷들은 힘으로 경쟁하거나 무기를 통해 상대를 위협한다. 그리고 자신을 화려하게 치장하면서 암컷을 유혹한다. 물론 유혹의 권한을 가진 자는 수컷 간의 경쟁에서 승리한 자이다.

그러나 수컷 간의 경쟁에서 승리했다고 해서 무조건 암컷을 차지하는 것은 아니다. 경쟁에서 승리한 수컷들을 다시 암컷의 선택을 기다려야 한다. 최후의 선택권은 항상 암컷들에게 있으니까 말이다. 암컷들은 약하고 평범한 수컷들은 아예 거들떠보지도 않는다. 강하고 매력적인 수컷만을 자신의 배우자로 선택하는 것이다. 인간 세상은 어떨까? 동물의 세계와 다른 것일까?

매력적인 여성을 쟁취하기 위해 끊임없이 남성들끼리 경쟁하는 것은 동물들과 다를 바 없다. 다만 경쟁의 수단이 약간 다를 뿐이다. 동물의 세계에서 널리 쓰이는 무기와 물리적 힘이 다만 인간 사회에서는 부와 명예와 같은 것으로 대체되기도 한다는 점에서 약간 차이가 있을 뿐 그 기본적인 성향은 동일하다.

오늘날 우리는 인간과 동물이 놀랍도록 유사하다는 점을 발견해냈다. 그래서 한때는 다윈의 진화론을 신성을 모독하는 이론이라 하여 배척하였으나 오늘날 우리는 그의 이론(특히, 자연선택이론)을 인정하는 데 전혀 주저하지 않는다. 아울러 그토록 무시당했던 '성 선택' 이론 역시 마찬가지이다. 그의 이론을 무시하고 비난했던 세력은 물론 남성들이었다. 남자가 세상을 지배해야 한다는, 이른바 철저한 가부장적 사고를 지녔던 남성들이 볼 때, 인류가 침팬지와 공통 조상을 지녔다는 이론은 참을 수 있어도 잠자리의 주도권이 여성에게 있다는 주장은 도저히 수긍하기가 힘들었던 것이다. 그래서 다윈의 '성 선택' 이론은 20세기 후반까지도 외면당하고 있었다. 정말 대단한 고집이고 억척이 아닐 수 없다.

성이란 과연 무엇일까? 성의 주인은 과연 남성일까? 과연 남성에게 성의 주도권이 있는 것일까?

성이란 어쩌면 인간이 가지고 있는 보편적인 주제이며 모든 사람이 궁금해 하는 질문일 것이다. 인간이 살고 있는 지구상 어디를 가나 성에 관한 이야기가 있고, 또 우리 개인들의 마음속에도 늘 성이 존재하기 때문이다. 그런데도 불구하고 왜 성을 외면하는 것처럼 꾸몄을까?

에덴동산을 상상해 보라. 최초의 인간인 아담과 이브를 어떻게 그리고 있는가? 그들은 홀랑 벗고 살았는데도 그림 속에서는 언제나 앞을 가리고 있다. 성이 항상 배후에 숨겨진 채 드러나지 못했다는 것을 단적으로 말해주고 있다. 성을 감추는 게 미덕이라고 생각했던 것이다.

그러나 이제 우리의 생각과 관점은 많이 바뀌었다. 아니 계속 바뀌고 있다. 특히, 다윈의 진화론을 바탕으로 한 진화생물학, 사회생물학, 진화심리학 등이 우리를 다시 태어나게 만들고 있다. 이제 우리는 성에 무지했던 인간으로부터 성을 알고 성의 진리를 살아가는 인간으로 다시 태어나고 있다.

성을 알기 전에 우리는 무척 혼란스러웠다. 20세기에 들어 과학을 비롯해서 많은 학문이 무척 발달했지만, 다음의 물음들에 대해서는 설명할 길이 없었다.

왜 인간은 지위에 집착하는가?(인문 사회과학적 물음)

왜 인간은 과시 욕망을 가지고 있는가?(인문 사회과학적 물음)

왜 인간은 사치품 소유하고 싶어 하며 과시적 소비의 성향을 가지는 것일까?(경제학적 물음)

왜 남성이 여성보다 더 부와 권력을 탐하는 것일까?(경제학 및 사회학적 물음)

사춘기 학생들은 왜 반항적이 되는 것일까? 그리고 그들은 왜 옷차림에 그토록 관심이 많은 것일까?(심리학 및 교육학적 물음)

인간의 창의성은 진화하는 것일까? 만일 진화한다면 그 이유는 무엇일까?(인지과학)

이러한 물음들에 대해 설명할 수 없었던 이유가 무엇일까?

물론 설명하거나 해답을 제시하기에 매우 까다로운 문제들임에 틀림없다. 그러나 이에 대한 설명이 궁색했던 것은 과학이나 학문 자체의 한계만은 아니었다. 오히려 그 접근방식이 틀렸기 때문에 목적지에 도달하기 어려웠다고 하는 것이 옳을 것이다. 성 경쟁, 구애, 짝 고리기 등이 갖는 인간적 의미가 무엇인지를 간파했다면 결코 어려운 문제만은 아니었을 것이다. 한마디로 다윈의 충고를 무시한 소치라고 보아야 할 것이다.

오늘날 진화생물학, 사회생물학, 진화심리학은 이러한 기존의 사고방식뿐만 아니라, 예전에 그려진 진화의 지도에 대해서도 단호하게 '틀렸다'고 선언한다. 그 단적인 이유는 최근에 까지 진화론은 적자생존에 지나친 중요성을 부여함으로써 짝 고르기를 통한 성 선택을 사실상 무시해 왔기 때문이다.

이제 우리는 그 과오를 다시 반복해서는 안 된다. 우리의 잘못을 인정하고 '인간의 정체'에 대해, 다시 말해서 "인간이란 무엇인가?"에 대해 다시금 반성하고 고백하듯이 그 해답을 찾아가야 한다. 그래야만 허위와 위선 속에서 허덕이는 인간 역사의 파국을 막을 수 있을 것이다. 그 해답을 찾는 길은 방금 설명했듯이 진화론이 우리를 안내해갈 것이다.

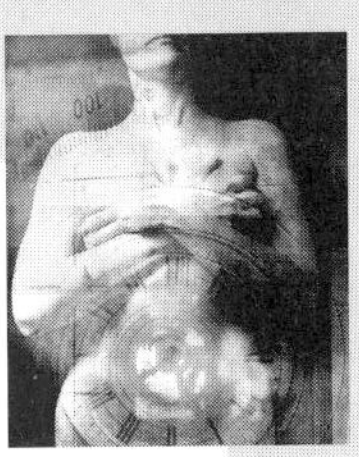

chapter

1

동굴 속의 성

1. 플라톤의 동굴
2. 동굴 밖으로
3. 성의 동굴

"너 자신을 알라."

누구나 알 수 있듯이 이는 그리스 철학자 소크라테스의 말이다.

우리는 우리 자신에 대해 얼마나 알고 있을까?

최소한 우리는 우리 자신이 인간임을 알고 있다. 그런데 도대체 인간이란 무엇일까? 결코 만만한 질문이 아니다. 고양이나 강아지가 들으면 배꼽을 잡고 웃을 일이다. 도대체 인간이 무엇인지도 모르면서 자신을 인간이라고 말하고 있으니까 말이다.

인간이란 무엇인가?

인간을 말하고 인간의 문화를 이야기할 때 빠지지 않는 주제가 있다. 그것은 곧 '성 sexuality'이다. 인간 문화의 중심에는 언제나 인간의 성 문화가 존재한다는 말이다. 그러므로 인간의 문화를 알기 위해서는 먼저 성 문화를 이해하지 않을 수 없다.

도대체 성이란 무엇인가? 성이란 어디서 온 것일까? 그리고 그것은 어떻게 진화해 온 것일까? 이는 곧 인간의 정체와 그 본성 속에 내재된 성의 비밀을 밝히는 것이다. 그렇다면 인류는 이 물음들에 대해 어떤 해답을 가지고 있었던 것일까?

유대-기독교적 입장, 경험론적 전통의 '빈 서판 the blank slate'와 '고상한 야만인 the Noble Savage', 그리고 데카르트의 이원론적 입장인 '기계 속의 유령 the Ghost in the Machine' 등이 그 대표적 산물들이다. 과연 이들은 오늘날 우리에게도 유효한 것들일까? 아니면 새로운 길이 열려야 하는 것일까? 성의 비밀을 간직하고 있는 그 동굴 속으로 들어가 보자.

1. 플라톤의 동굴

지금까지 인간은 그 자신의 정체를 알기 위해 수많은 동굴을 탐사해 왔다. 인간의 흔적이 남아 있는 깊은 동굴을 탐색하기도 하고 또 밀림의 숲 속을 찾아가기도 했다. 그러나 인간이 탐사해 본 동굴들 가운데서도 가장 흥미로운 동굴이 바로 '플라톤의 동굴'[1]이다. 그래서 수천 년이 지난 지금도 사람들은 끊임없이 플라톤의 동굴 속으로 들어간다. 우리도 그 동굴 속으로 한 번 들어가 보자.

플라톤은 소크라테스의 제자이다. 플라톤이 '플라톤의 동굴'을 설계하고 만든 까닭이 무엇일까? 그것은 바로 스승 소크라테스의 두 가지 가르침 때문이었다. 소크라테스의 두 가지 가르침이란 무엇일까? 하나는 진리를 찾아가는 학문적 태도이고 또 하나는 "너 자신을 알라"는 것이었다.

플라톤의 동굴은 바깥에서 안쪽으로 길게 뚫려 있다. 동굴 입구에는 여러 가지 모양의 바위와 나무들이 서 있다. 동굴의 형태가 곡선이 아니고 거의 직선이다 보니 외부의 빛이 희미하게나마 동굴 안쪽 벽까지 들어간다. 그러나 역시 동굴 안은 어둡다.

동굴 안으로 들어서니 사람들의 인기척이 있다. 그 사람들은 동굴 안으로 들어온 사람들에 대해 별로 신경을 쓰지 않는다. 그도 그럴 것이 그들은 태어나면서부터 동굴 안쪽 벽면만을 쳐다보고 있었기 때문이다. 이제 그들은 몸이 굳어 동굴 안

1) 플라톤의 『국가』 제7권에 나오는 '동굴의 비유'를 말한다.

쪽 벽만 쳐다볼 수 있을 뿐, 뒤를 돌아볼 수가 없다. 마치 견고한 쇠사슬에 묶여 있는 것처럼 보인다.

안쪽 벽을 향해 앉아 있는 그들이 보는 게 무엇일까? 그들은 한 번도 동굴 밖으로 나온 적이 없다. 따라서 그들이 볼 수 있는 것은 다만 동굴 안쪽 벽에 비치는 그림자뿐이다. 그 그림자는 어떻게 생겨난 것일까?

플라톤의 동굴 설계도에 따르면, 그들 등 뒤로 횃불이 타오르고 있고, 이 횃불과 그들 사이에는 통로가 나 있다. 이 통로에는 그들 외의 사람들이 오갈 뿐 아니라, 그들이 물건을 운반할 때 사용하는 마차도 다닌다. 사람들이 오가거나 그들이 물건을 운반할 때, 벽에는 그 사람들과 마차, 그리고 말이나 양, 소 같은 동물들의 모습이 동굴 안쪽 벽에 나타난다. 그러므로 그 벽은 흡사 극장의 스크린과도 같은 역할을 하고 있는 셈이다. 동굴 안쪽 벽에 나타나는 그림자들은 극장 스크린의 이미지들과 별반 차이가 없기 때문이다. 플라톤의 동굴은 극장과 같다.

동굴 안의 사람들은 그 이미지의 세계를 어떻게 받아들이고 있을까? 그들은 태어나면서부터 늘 그림자만 보고 살았다. 다시 말해서 극장이 그들의 세계이다. 그러므로 그들에게 그림자는 그림자가 아니다. 그들은 그것을 진짜라고 믿는다. 일생동안 한 번도 동굴 밖으로 나온 경험이 없는 그들로서는 그림자 이외의 것을 상상할 수가 없기 때문이다. 그들이 알고 있는 것은 그림자에 관한 것이 전부이다.

2. 동굴 밖으로

우리는 과연 플라톤의 동굴을 단순히 상상의 동굴로만 생각할 수 있을까? 그 동굴은 오늘날 우리들에게는 아무런 의미가 없는 것일까?

동굴 안의 사람들은 그들이 평생 보아온 그림자에 친숙해 있다. 그리고 그 그림자가 진짜인 것처럼 착각하고 있기 때문에 그림자에 집착한다. 그들이 본 것이 그림자뿐이라면 그림자에 집착하는 것은 당연한 일이다.

그러나 그들 중 어느 한 사람이 용기를 내어 동굴 밖의 세계로 나왔다면 어떻게 될까? 물론 처음에는 엄청나게 당황스러울 뿐 아니라 극심한 고통이 따를 것이다. 또한 당장은 눈이 부셔 아무것도 보지 못할 것이다. 평생 한 번도 태양을 보지 못한 그들에게 태양의 빛은 엄청난 고통일 수밖에 없다. 그래서 대부분 그 고통을 참지 못하고 도로 그림자의 세계인 동굴 속으로 돌아간다.

그러나 모든 사람이 다시 동굴 속으로 돌아가는 것은 아니다. 그들 중에는 용기 있는 사람이 있다. 그는 알고 있다. 다시 동굴 속으로 돌아가면 진실은 보지 못한 채 평생 그림자 세계에서 살아가야 한다는 것을 말이다. 그래서 그는 일시적인 고통을 참고 극복하려고 노력한다. 그리고 서서히 동굴 밖의 세계로 나온다. 그는 지금까지 그림자의 세계를 진짜인 것처럼 여기고 살아온 과거에 대해 깊이 반성한다. 어디 그뿐이겠는가? 아직도 동굴 안에 있는 그 사람들을 매우 안타깝게 생각할 것이다. 그들의 착각을 일깨워주고 싶은 충동이 불길처럼 타오를 것이다. 그래서 그는 마침내 다시 동굴 속으로 들어가기로 결심을 한다.

동굴 속으로 들어간 그는 동굴 안에 있는 사람들에게 동굴 밖의 세계와 태양에 대해 설명했다. 동굴 안에서 보고 있는 저 그림자는 진짜가 아님을 역설했다. 그러나 동굴 안의 사람들은 그의 말을 믿으려 하지 않았다. 오히려 그를 조롱하고 비웃기까지 했다. 그리고 그들은 마침내 이 침입자를 동굴 밖으로 추방하고 말았다.

3. 성의 동굴

플라톤의 동굴 안에 있는 사람들은 허상을 진짜인 것처럼 믿고 살았다. 보다 정확하게 말한다면 그들은 그림자 외에 진짜가 있는지조차 알 길이 없었다. 따라서 그들에게는 '반성'이나 '회의'가 있을 수 없다. 그들이 보고 있는 그림자가 전부이기 때문이다.

흔히 우리는 이런 경우를 독선 혹은 편견이라고 말한다. 어떤 선입견이나 편견에 사로잡혀 있으면 진짜를 알아보기 힘들다는 말이다.

혹시 우리가 성에 관해서 이와 같은 편견이나 선입견을 가지고 있는 것은 아닐까? 아니 우리 사회 전체가 부분적으로 성에 관한 기존의 생각이나 신념을 고수하고 있는 것은 아닐까? 그래서 그와 다른 관점이나 생각은 아예 배척하거나 외면하는 것이 아닐까? 만일 그렇다면 우리 역시 플라톤의 동굴에서 벗어나지 못하고 있는 셈이다.

자! 성의 진실을 밝히기 위해 그 동굴 밖으로 한 번 나가

보자! 진실을 사랑하는 아름다운 용기를 가슴에 품고서 말이다.

동굴 밖으로 나온 우리는 곧장 전세기를 타고 서(西)그린란드로 향했다. 인간의 정체를 추적해 볼 수 있는 가장 오래된 자료가 서그린란드에 있기 때문이다. 오늘날 연대를 알 수 있는 가장 오래된 암석이 38억 년 전의 것인데, 바로 그것이 거기에 있다는 말이다. 지금으로부터 약 38억 년 전 지표면이 처음으로 딱딱한 껍질을 갖게 된 직후에 만들어졌던 이 암석은 우리에게 생명체의 자취를 보여주는 가장 오래된 화석이다. 그리고 여기서 말하는 생명체란 바로 '원핵생물 prokaryotes'[2)]들이다. 과연 원핵생물에도 성이라는 것이 있었을까?

2) '원핵생물 prokaryotes'이란 동식물류와 곰팡이류(균류) 등의 진핵세포(유핵세포)로 구성되는 생물 이전에 나타났던 박테리아와 바이러스 등을 지칭한다. 원핵생물은 주로 '세균류 bacteria'이다. 세균의 세포막은 'peptidoglycan'라는 특유의 물질로 구성되어 있으며, 그 안쪽에 원형질막 plasma membrane이 있다. 세포 내에는 DNA, RNA, 단백질 등이 들어 있으나 막을 가진 핵이 형태를 띠지는 않고 DNA가 몰려 있는 부분이 있는데 이 부분을 핵양체 Nucleoid라고 한다.

chapter

2

성의 탄생

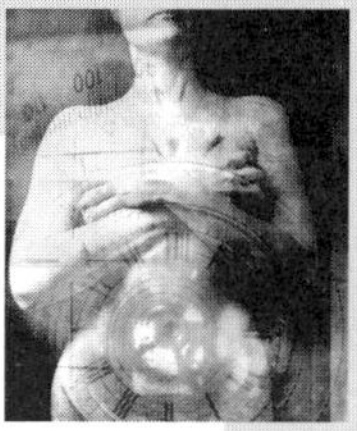

Evolution of Sexuality and Human Culture

오늘날 우리에게도 생명과 성은 여전히 신비롭다. 그 신비를 밝혀줄 첫 번째 열쇠라고 할 수 있는 그린란드의 화석은 본래 퇴적암이었겠지만 지금은 변성암으로 변해 있다.

38억 년 전, 정말 상상하기조차 힘든 그 까마득한 세월의 시간여행이 이 돌멩이 하나로 가능하다니 정말 신기하고 놀랍다. 과연 이 화석은 어떤 비밀을 간직하고 있는 것일까? 그리고 그것이 가지고 있는 원핵생물의 흔적이란 도대체 무엇을 의미하는 것일까?

1. 원핵생물과 성

원핵생물이란 진핵세포(유핵세포)로 구성되는 생물이 나타나기 이전의 생물로서 주로 세균류 bacteria와 바이러스 등을 말한다. 과연 이들에게도 성이라는 것이 있었을까? 결론부터 미리 말한다면 이들에게도 분명히 성이 있었다. 원핵생물의 성은 원시 지구의 지각이 형성되던 격변기와 강력한 태양복사의 지질학적 시대부터 이미 시작되었다.

굳이 지나친 상상력을 발휘하지 않더라도, 오늘날 우리가 가지고 있는 과학적 지식으로 지구상에 등장한 초기 생물들의 사정이 어떠했을지 어느 정도 짐작할 수 있다. 다른 건 몰라도 그들의 환경이 지극히 열악했을 것이며, 따라서 그들은 온갖 생존 시험을 거쳤을 것이 분명하다. 강력한 자외선, 우주로부터 쏟아지는 각종 우주광선, 낙진과 유성들의 세례 등 수많은 장애물이 그들을 위협했을 것이기 때문이다. 실로 지옥이 따로 없었다. 지질학자들은 마치 지옥과도 같은 이 격변의 시기를 '헤이든기 Hadean Eon'라고 부른다.

✻ 바이러스 ✻

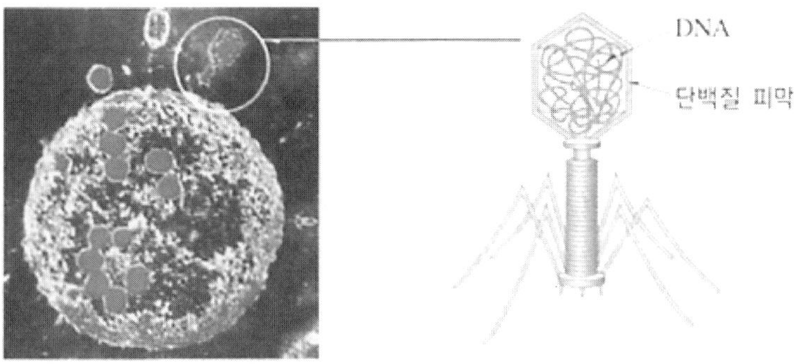

그러나 이러한 지옥의 헤이든기가 언제까지나 계속된 것은 아니다. 헤이든기 이후 지구환경은 엄청나게 변했다. 운석으로 폭격당한 육지나 진흙투성이의 늪지, 물이 부글부글 끓어오르는 화산지대 등이 곳곳에 생겨났으며, 박테리아와 같은 최초의 생물들은 삶의 터전을 찾아 사방으로 퍼져나갔다. 이른바 생명의 보금자리를 찾아다닌 유랑의 시기였던 것이다. 지질학자들은 이 시기를 '태고기 Archean Eon'라고 부른다.

태고기라고 해서 갑자기 박테리아에게 안락한 주거지가 제공된 것은 아니었다. 그들은 여전히 아주 다양한 환경조건에 스스로 적응하며 살아남기 위한 갖가지 방안들을 개발하지 않을 수 없었다. 그들이 개발해낸 생존방법이라는 것이 구체적으로 무엇을 말하는 것일까? 예를 들면, 철이나 마그네슘과 같은 광물질을 에너지자원으로 활용하는 것이 그 단적인 예라고 할 수 있다. 그러면 박테리아들이 어떻게 이런 방법을 개발할 수 있었을까? 실로 신기한 일이 아닐 수 없다. 그리고 이는 또한 우리에게도 매우 중요한 문제이다. 왜냐하면 그들이 간직하고 있는 성의 비밀이 밝혀지는 실마리가 바로 여기에 있기 때문이다.

박테리아가 개발한 생존방법의 핵심은 바로 유전자 교환이었다. 그들은 유전자 주고받기를 통해서 생존방법을 진화시켜 나갔던 것이다. 그리고 이러한 유전자 주고받기가 바로 그들의 성이다. 지구상에 최초로 등장한 성은 바로 박테리아의 유전자 교환이었던 것이다.

2. 박테리아의 성과 번식

생물의 진화에서 박테리아의 성은 매우 중요한 의미를 지니는 것이었다. 왜냐하면 그것은 지구의 생태계가 지니는 가장 중요한 기능 중의 하나이며, 이는 지금까지도 이어지고 있기 때문이다.

하지만 박테리아의 유전자 교환은 상당히 단순하다. 박테리아가 가지고 있는 하나 또는 겨우 몇 개의 유전자나 자신이 갖고 있는 유전물질을 상대방에게 전달하는 것에 불과하기 때문이다. 그렇기 때문에 오늘날 우리가 말하는 번식이라든지 자손의 생성 같은 일은 기대하기 힘들다.

한편, 박테리아의 유전자 교환은 단순한 반면 유성생식을 하는 동식물들에 비해서 그 교환이 훨씬 유연하게 이루어진다. 따라서 한 박테리아가 제공하는 유전자는 그 박테리아와는 완전히 다른 박테리아에게도 수용될 수 있었다. 다시 말해서 유전자가 '생물 종'의 경계를 넘어서 이동할 수 있었다는 말이다. 박테리아들은 번식을 위해서 굳이 교배라는 절차를 거칠 필요가 없었을 뿐 아니라, 설령 성적인 행위를 한다고 해도 유전자를 반드시 자신이 속한 종에만 한정해서 제공하지는 않았다.

경우에 따라서는 유전자 교환을 너무 자유롭게 허용한 나머지 과도하게 DNA를 주고받음으로써 스스로 멸망을 초래하기도 한다. '이기적 유전자 selfish gene'의 전도사인 리처드 도킨스 Richard Dawkins는 이러한 사실을 두고 무슨 말을 할 수 있을까? 그는 이렇게 말한다.

> 우리는 생존기계이다. 여기서 말하는 '우리'는 인간만을 가리키는 것이 아니다. 모든 동식물, 박테리아, 바이러스까지도 포함한다. 지구상의 생존기계의 총수를 파악하는 것은 매우 어려운 것이다. 심지어 종의 총수마저도 알지 못하는 것이 현실이다. 예컨대, 곤충의 종류만 보더라도 현재 약 3백만 종으로 추정되며, 그 개체수는 10의 18승 개나 된다. 우리 모두는 같은 종류의 자기복제자, 즉 DNA라고 불리는 분자를 위한 생존기계이다. 세상을 살아가는 데는 여러 가지 생활방식이 있고 자기 복제자는 다종다양한 기계를 만들어 이 방법을 이용하고 있다. 원숭이는 나무 위에서 유전자를 유지하는 기계이고 물고기는 물 속에서 유전자를 유지하는 기계이다.[1]

도킨스에 따르면 우리는 모두 유전자를 유지하는 기계이며, 유전자는 유전자 자체를 유지하려는 목적을 가지고 있기 때문에 '이기적'이다. 유전자는 이기적 유전자이다.[2]

1) Richard Dawkins, Selfish Gene, 1976 (『이기적 유전자』, 홍영남 옮김, 을유출판사), 49~502쪽. 앞으로 이 책은 『도킨스 1976』으로 줄인다.

2) 다윈은 죽을 때까지도 유전형질이 생물의 한 세대에서 다음 세대로 전달된다는 것만 확신하였지 그것의 전달물질인 유전자의 존재에 대해서는 알지 못했다. 그런데 영국의 동물학자 리처드 도킨스는 진화의 핵심은 바로 이 유전자라고 주장하면서 생물 그 자체는 그것이 지니는 유전자의 보호처이자 그것을 확대 재생산해서 후대에 넘겨주는 역할을 담당하는, 진화의 부수적인 존재에 불과하다고

> 이기적 유전자란 무엇일까? 그것은 단지 DNA의 작은 물리적 조각에 불과한 것은 아니다. 원시의 숲 속에서도 그랬듯이 그것은 세계에 분포되어 있는 G나의 특별한 DNA 조각의 모든 복제들이다. 그렇다면 개개의 이기적 유전자의 목적은 무엇인가? 그것은 유전자 풀 속에 그 수를 증대시키고자 노력하는 것이다. 개개의 유전자는 기본적으로 그것이 생존하고 번식하는 장소인 몸의 프로그램을 만드는 것을 도와주어 이 일을 수행하고 있다.[3)]

기본적으로 이런 입장을 취하고 있는 도킨스는 저러한 박테리아의 자멸을 보고는 정말 깜짝 놀라지 않을 수 없었다. 박테리아가 너무나 많은 유전자를 상대방에게 제공해 그 자신은 결국 죽고 만다는 사실을 도무지 믿을 수가 없었던 것이다. 그는 이기적 유전자는 결코 자신의 죽음을 자초하지는 않는다고 생각했기 때문이다.

박테리아의 세계는 이기적인 성격의 세계가 아니었다. 박테리아들은 하나하나의 개체로 존재하는 것이 아니라 범지구적인 초생물체의 한 부분으로 생존한다. 그리고 새로운 종의 탄생도 초생물체의 한 부분으로서 이루어진다. 그리고 이러한 종만들기를 통해서 그들은 시시각각 변화하는 환경조건에 대응

주장하였다. 이러한 도킨스의 개념에 따르면, 생물 사이의 경쟁은 그 생물 자신이 살아남기 위한 경쟁이 아니라 그 속에 내재하는 유전자를 다음 세대로 넘겨주기 위한 대리전에 불과하다. 우리 몸속의 유전자는 자신을 후대에 보전하기 위해서 우리 자체를 더욱 강인한 존재로 키우고, 우리로 하여금 사회를 구성하게 하고, 경제발전에 노력을 기울이게 하고, 또 우주여행을 위한 연구에도 참여하게 하는 것이다. 도킨스의 이런 유전자 만능주의 개념을 '이기적 유전자 selfish gene'라고 한다. Lynn Margulis and Dorion Sagan, *What is Sex?*, 1998(『섹스란 무엇인가?』, 홍욱희 옮김, 지호출판사, 1999, 330쪽). 앞으로 이 책은 『도리언 1999』로 줄인다.

3) 『도킨스 1976』, 149쪽.

할 뿐 아니라, 이웃들에게 유용한 유전자를 제공하고 또 그 이웃들로부터 유용한 유전자를 얻기도 한다. 이것이 바로 그들의 번식활동이다.

다윈이 처음 진화론을 내놓았을 때 그는 이러한 변이의 근원을 알지 못했다. 그렇지만 오늘날 우리들은 DNA를 구성하는 염기서열이 임의적으로 바뀌거나 돌연변이에 의해 변할 수 있다는 사실을 잘 알고 있다.[4] DNA 구조의 염기쌍 변화나 같은 서열의 반복 및 잉여 DNA 첨가 등은 항상 유전적 변이의 근원이었다. 그렇지만 다른 근원도 존재한다. 그 가운데 하나가 바로 성이다.

유성생식으로 번식하는 동물이나 식물들의 경우를 보면, 성적 행위로 얻어진 새로운 유전자들이 같은 종 내에서 상대방 성과 교잡해 뒤섞이게 되는데, 이런 과정에서 유전자가 혼합되어 유전적으로 다양한 자손들이 탄생할 수 있다.

그러나 박테리아들은 어떤가? 박테리아에게도 성적 교잡이 이루어지는 것일까? 단적으로 말한다면 그렇다고 할 수 있다. 어떤 의미에서 보면, 오히려 그들이야말로 '진정한 의미의 교잡'을 수행하고 있다고 할 수 있다. 그들은 성적 활동이 없이 번식을 하기 때문에 새로운 유전자를 얻어서 자신의 것으로 만들고, 나중에 번식을 수행할 때에도 처음에 얻은 유전자들을 아무런 희석 없이 그 자손들에게 그대로 전수할 수 있다. 따라서 만약 어떤 박테리아가 다행스럽게도 아주 유용한 새로운 유전자 조합을 획득하게 된다면 그 박테리아는 그 유전자를 고스란히 자손들에게 물려줄 수 있는 것이다. 그리고 환경조건이

4) 돌연변이는 해로운 것이 보통이나 때로는 행운이 따라 그러한 변화가 생물들의 생존 가능성을 높여주기도 한다.

✵박테리아 유전자교환✵

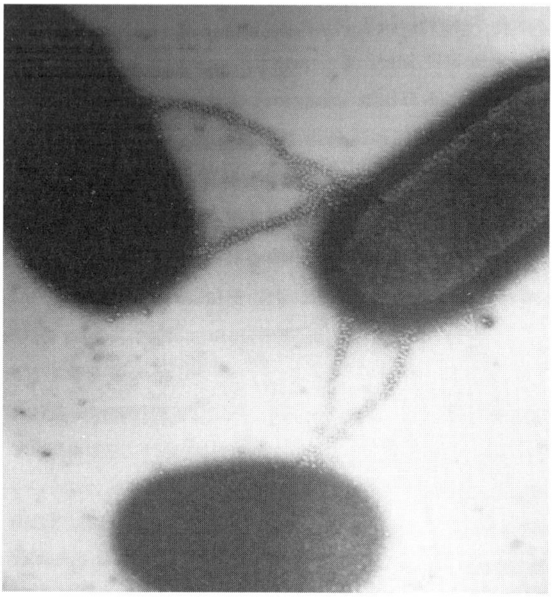

허락하는 한 독신으로서 접수한 좋은 DNA의 복제품을 계속 만들어내게 된다.

여기서 말하는 좋은 DNA라는 것이 무엇일까? 그것은 무용지물에 불과하기 일쑤인 우발적인 돌연변이의 산물이 아니라 다른 생물체에서 한꺼번에 취한 일련의 유전자군을 의미한다. 잠재적인 위험성을 지닌 유독성 화학물질이나 폐기물을 분해시킬 수 있는 정보나 또는 유독물질로부터 재빨리 도망칠 수 있는 유영(孺嬰) 능력을 지닌 정보를 포함한 유전자들은 그것을 획득한 박테리아들에게는 그야말로 생명의 은인인 것이다. 이러한 새로운 유전자들의 지속적인 유입이 없이는 도저히 적응하기가 어려운 변화무쌍한 환경 속에서 박테리아들은 지금도 생존을 위해서 여전히 그러한 유용한 유전자 유입을 허용하고 있다.

그렇지만 원핵생물들은 그들이 급속히 성장하면서 그들 스스로가 유독성 폐기물을 생산해내어 환경문제를 거듭거듭 일으키곤 했다. 생물이 물질대사를 수행하는 과정에서 폐기물이나 독성물질을 부산물로 만들어내는 것은 어쩔 수 없는 일이다. 열역학적인 측면에서 보아도 이는 필연적이다. 그리고 그들이 급속히 성장한다는 것은 이러한 물질대사를 원활하게 수행한다는 것을 의미하며, 그 결과 새로운 화학물질이 계속 만들어질 수밖에 없었다. 그러면 다시 그러한 부산물을 먹이로 사용하는 미생물이 진화되곤 했을 것이므로, 원핵생물들은 자신들의 돌연변이와 급속한 성장으로 야기된 환경문제들에 능동적으로 대처할 수 있는 해결책이 필요했다. 그 해결사는 다름 아닌 박테리아의 성이었다.

박테리아의 성은 돌연변이의 축적에 의해서가 아니라 미생물 종들이 별개로 진화시켰던 그런 유전자들을 이웃들로부터 얻음으로써 변화무쌍한 환경변화에 신속히 대응할 수 있는 매우 유용한 방안으로 작용하게 되었던 것이다. 잘 알려져 있듯이, 박테리아의 유전자 전달은 형질 도입,[5] 형질 전염[6] 등과 같은 방식으로 이루어지는데, 이것들이 바로 그들의 성적 행동이다. 새로운 DNA를 획득하는 과정이라고 해야 할 성은 질병을 통해서도 설명이 가능하다.

5) 생존에 위협을 박게 된 박테리아에서 예기치 않게 유출된 DNA는 물을 떠돌다가 아직 건강하고, 생존력이 왕성한 박테리아를 만나게 될 것이다. 이렇게 만나면 보통은 헐벗은 DNA가 고리모양을 이루어서 건강한 박테리아의 몸체 속으로 들어가게 된다. 이런 현상을 형질도입이라 한다. 『도리언 1999』, 76쪽 참조.

6) 유전자가 바이러스를 매개로 옮겨지는 현상을 말한다.

질병에 걸린다는 것이 무엇일까? 질병에 걸리는 것은 많은 경우 다른 생물체의 DNA를 받아들이는 현상을 의미한다. 그리고 그 결과는 아주 다양할 수 있다. 우리는 자신의 몸에 유입된 새로운 DNA가 우리를 위험에 처하게 하면 것을 질병이라고 부른다. 그렇지만 때로는 새로운 DNA가 그것을 받아들이는 박테리아들로 하여금 주어진 시간과 공간 속에서 보다 효율적으로 생활할 수 있도록 하기도 한다.

성적으로 그들의 유전자를 확산시킬 수 있는 박테리아들의 능력은 살기 힘들고 황폐하기 짝이 없던 지구를 오늘날처럼 온갖 생물들이 서식할 수 있는 아늑한 환경으로 바꾸어 놓는 데에 결정적인 기여를 했다. 각기 다른 물질대사의 특성을 갖는 각양각색의 박테리아들이 계속 번식하고 또 끊임없이 변화함에 따라 생태계의 변화도 신속히 진행될 수 있었던 것이다.

박테리아의 성은 시간의 관점에서 우리들이 말하는 성과 여러 면에서 차이가 있다. 그들의 성은 이 지구상에 나타난 최초의 성으로, 아주 신속한 성이라고 할 수 있다. 유전자를 주고받는 박테리아들은 우리 인간들처럼 양친을 통해서 새로운 형질을 그 자식에게 전달하는 것이 아니라 아예 그 양친들이 직접 주고받는다. '신다윈주의 Neo Darwinism'[7]의 이론에서 강조하듯이 DNA의 임의적 변화라고 할 수 있는 돌연변이는 중

7) 획득형질(후천적 형질)의 유전을 부정하고, 집단유전학의 논리를 이용하여 생물의 진화현상을 설명하고자 하는 진화학설을 말하는데, 일명 '종합설'이라고도 하며 1930년대에 주로 영국과 미국의 연구자들이 확립하였다. 자연선택 만능의 입장으로 받아들이는 일이 많으나 연구자에 따라 입장은 여러 가지이다. 우연에 의한 유전자 빈도의 변화(유전적 유동성)나 지리적인 격리에 의한 종의 분화, 고생물학 및 생태학 등의 성과도 널리 인정되고 있다.

요한 역할을 한다. 때로는 돌연변이된 DNA로 말미암아 박테리아들이 새로운 먹이원을 취할 수 있는가 하면, 또 고온의 환경 속에서 생활할 수도 있는 것이다. 그렇지만 일개 박테리아가 지구 전체가 지닌 유전적 자원에 그토록 손쉽게 접근할 수 있는 길은 오직 한 가지뿐이다. 그 한 가지 길이 바로 성이다. 그렇다면 박테리아에게 성의 진화는 불가피한 일이다. 과연 박테리아의 성은 어떻게 진화했을까?

3. 박테리아의 성의 진화

성은 DNA의 수선과정에서 진화되었다.[8] 정상적인 DNA 복구과정에서라면 생물은 핵산분해 효소를 이용해서 손상된 DNA 부분을 도려낸다. 그 다음에 그 빈자리를 DNA의 조각이라고 할 수 있는 뉴클레오티드 nucleotide로 채운다. 이 과정에서 손상을 입지 않은 DNA 가닥이 복사 원본처럼 작용해서 처음의 것과 정확하게 일치하는 두 가닥의 새로운 DNA가 만들어지는 것이다. 이처럼 손상된 부위가 제거되고 원본 가닥에서 새로운 가닥이 복사되는 단계에서는 여러 종류의 복제 효소들, 정확한 시간 맞춤, 뉴클레오티드라 불리는 자유로운 DNA 조각 등이

8) 초기 지구에는 오존층이 없었기 때문에 박테리아들이 가진 DNA는 어쩔 수 없이 태양 복사로 엄청난 피해를 입을 수밖에 없었을 것이다. 그런데 태양광에 의한 DNA 파괴는 박테리아로 하여금 유전자 복구방법을 선택하게 하였다. 하지만 아주 절망적인 상황에 놓이게 되었을 때에 박테리아는 그 자신의 DNA를 스스로 복구하지 못하고 다른 박테리아로부터 DNA를 얻어서 그 도움으로 복구할 필요가 있기도 했을 것이다. 바로 이것이 성의 진화이다 (『도리언 1999』, 83쪽 참조).

필요하다.

물론 처음부터 그 복구가 제대로 이루어진 것은 아니다. 태고시대에 처음 DNA 복구방법이 나타난 이래 그것은 정교한 진화과정을 거쳐야 했다. 그런 다음 비로소 박테리아 생물군에서 시시각각 사용되는 유전 메커니즘의 하부구조로 정착하게 되었던 것이다.[9] 이쯤 되면 그것이 전지구상으로 널리 확산되기까지는 그리 오랜 시간이 걸리지 않았을 것이다. 그리고 DNA 복구시스템이 전세계로 퍼지게 된 것이 바로 최초의 '성 Sex'이 탄생하게 된 관문 역할을 하게 된다. 성이 DNA의 수선과정에서 진화했다고 말하는 이유가 바로 여기에 있다.

박테리아의 가장 간단한 복구시스템에서는 복구에 필요한 원본 DNA가 곧 그 자신의 것이다. 만일 이러한 복구과정에서 외부로부터 생소한 DNA를 받아들이면 어떻게 될까? 외부에서 제공되는 생소한 DNA가 그것을 받아들인 세포 속의 훼손된 DNA와 결합하는 것이 바로 성이다. 말하자면 박테리아들은 DNA 복구방법을 먼저 개발하고, 이어서 유전자를 교환하는 수단으로서 성을 발전시킨 역할을 하였다.

4. 하이퍼섹스

우리가 알고 있는 모든 생물들은 하이퍼섹스 hypersex[10]로부터 유래했다. 하이퍼섹스란 무엇인가? 이는 흔히 말하는 공

9) 『도리언 1999』, 87쪽.

10) 'hyper-'는 '초월하다' 또는 '더 커다란'이라는 의미를 갖는 접두어이다. 따라서 hypersex를 굳이 번역하자면 초성(超性) 또는 초월성(超越性)이라고 해야 할 것이다.

생의 형태로서 두 군데 이상에서 유전자를 제공받아 그것들을 통합함으로써 새로운 생물종이 만들어지는 과정을 말하는데, 이는 생물진화에서 나타나는 커다란 변혁의 중요한 원동력이었다.

하이퍼섹스의 가장 놀라운 예는 박테리아에서 발견된다. 예를 들면, 어떤 박테리아가 다른 박테리아의 몸속으로 들어가 그 안에서 번식하면서 영원히 생활하는 것이 바로 하이퍼섹스이다. 처음에는 서로 별개의 박테리아였다가 영원한 결합을 시도하게 된 박테리아들은 수억 년의 진화를 통해서 이제는 우리 인간의 몸으로까지 번식하였다. 다른 말로 한다면, 우리의 몸을 이루는 모든 세포들은 하이퍼섹스의 결과로 생긴 혼혈아이다.[11)]

물론 결합된 세포들의 일부가 성장하면서 그 중의 일부는 원래 독립생활을 하던 생활로 되돌아가는 경우도 있을 것이다. 따라서 새로운 공생체로서의 상태를 유지하기 위해서는 각 세대마다 그런 하이퍼섹스를 다시 수행해야만 했을 것이다. 바로 이런 과정이 유성번식을 필요로 하는 생물의 종을 진화시키는 길을 열었다. 그러나 그 길이 완성되기까지는 수많은 세월이 흘러야 했다. 성이 암컷과 수컷의 형태로 고정되고 유성번식의 성적 활동이 시작된 것은 지금으로부터 겨우 10억 년 전의 일이니까 말이다. 개나 고양이와 같은 생물 종들은 궁극적으로는 원생생물들이 감수분열적 성[12)]을 발전시킨 결과로 나타났다.

11) 『도리언 1988』, 94쪽.

12) 감수분열적 성은 바로 박테리아 하이퍼섹스에 의해 진화된 원생생물에서 처음 진화되었다. 감수분열적 성은 감수분열, 즉 자신의 염색체를 반수로 나누는 과정을 통해서 생식세포 — 동물의 정자와 난자, 또는 식물과 곰팡이류의 홀씨 등 — 를 생산한다.

성과 번식의 연계가 바야흐로 유성생물의 등장을 불러왔던 것이다.

5. 자연선택과 성

생물에게 돌연변이는 무조건 나쁜 것은 아니었다. 성의 탄생에서 유영능력을 가진 DNA와 돌연변이가 생물들의 생존가능성을 높여주는 행운을 가져다주기도 하니까 말이다. 물론 불운을 배제할 수는 없다. 좀 더 엄밀히 말하자면, 돌연변이나 유영능력 등은 그 어느 쪽이든 적응 adaptation과 관련되어 있지는 않은 것이다. 어떤 생물체가 환경과의 상호관계에서 적응력의 감소에 구애받지 않고 독립적으로 유전자 빈도를 변화시킬 수도 있는 것이다. 그러므로 이들은 적응과는 무관하게 변화를 야기하기 때문에 생물체의 체제나 적응특성을 무너뜨린다고 볼 수 있다. 바로 이러한 사태를 해결하는 것이 자연선택 natural selection이다.

자연선택은 적응능력을 높여줄 뿐 아니라 적응체계의 파괴요인을 줄여준다. 왜냐하면 자연선택만이 적응이며 생물체의 체계에 있어서 조화를 이루는 데 기여하기 때문이다. 또한 자연선택은 생물의 다양성을 설명할 수 있는 원리이기도 하다.

감수분열도 일종의 세포분열이다. 그것은 동식물들과 곰팡이들에게서 염색체수를 반감시킨다. 감수분열적 성은 — 염색체수를 반으로 줄이는 감수분열과, 이어서 진행되는 염색체수를 다시 원상으로 되돌리는 수정을 포함한다. — 원상회복을 꾀하는 균형 잡기 행동이라고 할 수 있다. 주위 상황이 편안할 때에는 독립생활의 혜택을 누리다가 그 상황이 나빠지면 모든 자원을 결집하는 것이 바로 감수분열적 성의 특징이다(『도리언 1988』, 104쪽 참조).

여러 가지 진화설

자연선택이 생물들로 하여금 각기 다른 방법으로 적응할 수 있도록 촉진시켜 주지 않는다면 다양한 생물이 존재할 수 없기 때문이다.

자연선택이란 개념은 다윈과 윌리스가 처음 도입했다. 이들은 1858년 린네학회 Linnean Society에 자연선택에 관한 이론과 그에 관한 실증적 증거를 제시했다. 그리고 다윈은 이러한 자연선택과 그에 의한 진화의 설명을 더욱 발전시켜 1859년 『종의 기원 *The Origin of Species*』을 세상에 내놓았다. 자연선택에 대한 그의 설명은 이렇다.

> 환경에 적응하는 데 유리한 유전적 변이를 가진 개체는 그렇지 못한 변이를 가진 개체보다 생존력이 높으므로 더 많은 자손을 생산할 수 있다. 결과적으로 적응적인 변이는 세대를 통하여 점진적으로 그 빈도를 높이게 되며 적응적이지 못한 변이는 점차

도태된다. 이와 같이 유전적 변이의 점진적인 축적과 그 편차에 의해 일어나는 진화작용의 기구를 자연선택이라고 한다.[13]

다윈이 주목한 것은 생물세계의 경쟁이었다. 자연 속에는 제한된 여러 조건 속에서 치열한 경쟁이 벌어지고 있으며, 결과적으로 보다 효과적인 변이체가 자연선택에 의해 살아남는다. 그러나 자연선택이 꼭 경쟁 속에서만 이루어진 것은 아니다. 자연선택은 경쟁 없는 조건 속에서도 작용할 수 있다. 이것이 바로 다윈의 발견이다. 자연선택이 악조건의 기후나 다른 물리적 환경요인의 결과로도 이루어질 수 있는 것이다. 결국 살아남을 수 있는 것보다 더 많은 개체들이 생산된다면 같은 종과 다른 종 사이의 생존투쟁은 필연적으로 발생하기 마련이며, 여기에 환경의 영향까지 더해져 자연선택이 작용하는 것이다.

하지만 여기서 꼭 지적해 두어야 할 것이 있다. 오늘날 다윈의 자연선택 개념은 그 내포적 의미가 다소 넓어졌기 때문이다. 다윈의 자연선택 개념은 유전적 변이의 차이로 인한 생존능력의 차이를 강조하고 있으나 오늘날은 생존능력보다 오히려 생식능력의 차이를 보다 중요하게 다루고 있다. 그리고 이러한 생식능력의 차이를 통해 진화의 다양성을 설명하는 것이 바로 '성 선택이론 theory of sexual selection'이다.

6. 성 선택

유성생식을 하는 생물 종들은 지난 5억 년 동안 가장 번성

13) 성기창 외, 『生物進化學』, 형설출판사, 1997, 187쪽 참조.

한 생물군인 동물계와 식물계의 양쪽 모두에서 범지구적으로 자신들의 몫을 충분히 확보한 듯하다. 유성생식 생물들이 어느 정도까지 종 다양성을 증진시킬 수 있었는지는 지구상에 존재하는 각양각색의 현란한 생물 종들을 한 번 살펴보는 것으로도 충분할 것이다. 성의 단적인 표상이라 할 수 있는 동물의 성기와 식물의 꽃은 그것을 가진 생물 종들이 효과적인 번식을 위해 그동안 절박하게 걸어왔던 여정의 종점에서 나타나는 불가피한 부산물이자 결실이다. 다윈이 정의했듯이, 자연선택은 개체들이 가지고 있는 생존능력의 차이에서 비롯된다. 이를 달리 말한다면 자연선택은 생존에 방해가 되는 형질을 좋아하지 않는다는 말이 된다.

하지만 비글호를 타고 여행을 떠났던 다윈은 생물들의 화려한 장식을 보고 고민에 빠졌다. 장식은 대부분 개체의 생존능력을 떨어뜨리며, 생존을 위한 자연선택에 의해서는 진화될 수 없는 것이다. 그렇다면 자연선택 이외에 또 다른 창조적 형질을 만들어내는 과정이 존재해야 한다. 여기에서 다윈은 유성생식을 하는 종은 생존능력이 다소 떨어지더라도 짝짓기 경쟁에 도움이 되는 형질을 널리 퍼뜨리는 경향이 있을 것이라고 추론하게 된다.

성은 암컷을 차지하기 위한 수컷 간의 경쟁과 암컷이 수컷을 선택하는 두 가지 방식을 통해 진화한다. 다윈은 이 두 가지 방식을 자연선택에 대응하는 '성 선택 sexual selection'[14)]이라고 불렀다.

성 선택이 어떻게 이루어지는지 좀 더 자세히 살펴보자. 이

14) 『도리언 1998』, 215쪽에서 인용.

를테면 암컷의 수가 그 배우자가 되는 수컷의 수보다 훨씬 적은 경우가 있다고 가정해 보자. 이럴 경우 수컷 간의 경쟁은 불가피하다. 수컷 중에는 경쟁을 통해서 보다 강하고 보다 환경에 잘 적응하는 놈이 생겨날 것이며, 암컷은 그 수컷들 가운데서 자신과 관계를 맺을 수 있는 상대를 선택할 수 있다. 그러므로 결국 성 선택에는 두 가지 형태가 존재한다. 첫 번째는 동성의 개체들이 서로 경쟁을 벌여 그들 중 승자가 이성과 접근할 기회를 갖는 것이고, 두 번째는 이성의 구성원이 자기들이 좋아하는 짝을 선택하는 것이다.[15)]

그런데 성 선택은 이들에게서 끝나는 것이 아니다. 다윈에 따르면, 이런 방식의 선택을 경험한 동물들은 다음 세대 자손들의 형질에 영향을 끼친다. 성 선택이란 교미 상대를 얻어내는 특수한 과정이며, 이 과정을 들여다보면 해부학적, 생리학적 및 행동학적 메커니즘에 어떤 변화를 일으켜 그것이 교미 직전 또는 교미할 때 발휘되고 있음을 알 수 있다. 좀 더 쉽게 말하자면 성 선택이라는 개념은 한마디로 번식능력의 개인차가 어떻게 진화상의 변화를 이끄는지를 보여주고 있는 것이다.[16)]

성 선택의 이러한 인센티브 때문에 대부분의 동물들은 섹스에서 차별주의자가 된다. 동물들은 어떤 구혼자는 받아들이고 어떤 구혼자는 거부하기 때문이다. 특히, 짝 후보의 적응도

15) David Buss, *Evolution of Desire*, 1994(『욕망의 진화』, 김용석 · 민형경 옮김, 백년도서, 1955), 21～22쪽. 이 책은 앞으로 『부스 1994』로 줄인다.

16) Geoffrey Miller, *Mating Mind*, 2000(『메이팅 마인드』, 김명주 옮김, 도서출판 소소, 2004), 65쪽. 이 책은 앞으로 『밀러 2000』으로 줄인다.

와 번식력을 나타내는 징표들은 결코 간과하는 법이 없다.[17] 이러한 이유에서 동물들은, 특히 우리 인간과 같은 사회성 영장류들에 있어서는 몸매나 그 크기, 색깔들을 따지고 우리 자신과 상대방을 속이는, 그런 섹시함을 추구하는 다양한 행동 습관들을 발전시켜 나간다.

우리는 전지전능한 신이 아니다. 우리는 모두 불완전한 하나의 생물에 불과하다. 그렇기 때문에 우리가 바람직한 배우자를 바라보는 인식은 과거 태고시대 무성적 조상들이 먹이를 구할 때 썼던 것과 같은 그런 방식으로 진화할 수밖에 없었다. 그 결과 우리는 상대방의 성적 욕구와 관련해서 잘못된 신호를 보내고 또 거기에 반응할 수 있으며, 사실상 그렇게 하고 있기도 하다. 우리는 매우 쉽게 속고, 유혹당하고, 한 번 이끌리면 쉽사리 벗어나지 못한다.

우리 인간이 상대방의 성을 인식하고 사랑을 나누고 성행위를 하고 혼인을 하는 것은 모두 진화적으로 확립된 것이다. 그러니까 육체적 욕망이라든가 혹은 사랑이라는 것은 하나하나의 동물 각 개체에게 있어서보다는 진화의 연속성이라는 점에서 훨씬 더 중요한 의미를 갖게 되는 것이다. 그래서 동물들은 이 다음에 태어나는 자손들을 위해서 자신을 희생할 수도 있고, 또 때로는 자신의 생명을 버릴 수도 있다. 개체의 생명보다는 진화의 연속성에 훨씬 더 비중을 두고 있는 것이다. 극단적으로 표현한다면 우리는 하루살이다. 그렇지만 성은 계속된다.

감수분열적 성(결합하는 성)은 극도로 스트레스에 시달렸던

17) 『밀러 2000』, 22쪽.

원시생물들로부터 진화한 생물학적 현상이다. 그런 원생생물들에서 출현한 우리의 동물 선조들은 정자가 난자를 꿰뚫는 사건이 없이는 배를 발생시킬 수도, 성체로 성장할 수도 없었을 것이다. 우리에게 있어서 성은 있어도 좋고 없어도 좋은 그런 게 아니다. 동물 가족을 구성하는 구성원들의 발달과 번식에는 감수분열과 수정이 중요한 위치를 차지한다. 우리는 이러한 일련의 진화의 흔적들을 분석해 봄으로써 진화의 긴 역사 속에서 동물들의 상대방 인식이 어떻게 그들의 몸체 형성에 기여해 왔는지 알 수 있을 뿐 아니라, 또한 성 진화의 미묘한 관점들에 대해서도 알 수 있을 것이다. 그리고 나아가 이러한 성의 진화는 우리 인간의 성과 성의 문화를 알아보는 중요한 수단이 된다는 것도 역시 알게 될 것이다.

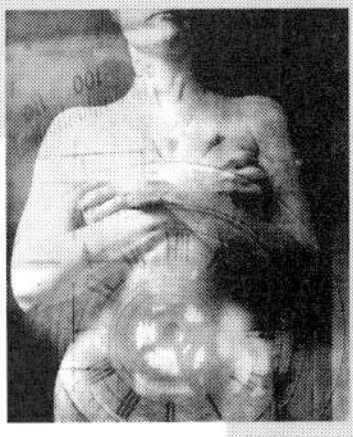

chapter

3

성의 진화

1. 암컷이 원하는 것

2. 성 관계

3. 양육

4. 협동

5. 성의 비율

6. 왜 섹스를 하는가?

생물들의 입장에서 보면 유성생식은 분명히 소모적인 활동이다. 생식기관의 정교한 구조도 그렇거니와 구애활동의 전개 자체도 매우 많은 시간을 필요로 한다. 어디 그뿐인가? 이를 위한 에너지 소모 역시 대단히 크다. 그리고 문제는 여기서 끝나지 않는다. 일반적으로 유전적인 성 결정 메커니즘은 아주 정밀한 조절기능을 발휘하고 있지만, 역으로 그 메커니즘의 구조가 쉽사리 교란되기도 한다. 따라서 시간과 에너지 소모 못지않게 성 결정 메커니즘의 유지에도 상당한 노력이 필요하다. 더욱이 유성생식 생물은 자신이 가지고 있는 생식세포의 절반만 유전적 투자를 한다. 달리 말한다면 자신이 투자한 몫의 절반은 소실되는 것이다.

이제 우리는 유성생식이 생물들에게 왜 소모적인 활동인지 이해할 수 있다. 그렇다면 이러한 소모적인 활동을 전제하면서도 왜 생식세포들은 유성생식의 길을 선택하는 것일까? 단성생식으로 투자한 몫의 절반이 아닌 전부를 살리는 길을 선택하지 않는 이유가 무엇일까? 이 물음들에 대한 해답은 곧 성은 어떻게 진화해 왔을까에 대한 대답과 일치한다.

생물들이 유성생식을 선택하는 것은 한마디로 그들에게 뭔가 이득이 있기 때문이다. 그 이득이라는 게 무엇일까? 이제까지 밝혀진 바에 따른다면, 유성생식의 이점은 새로운 유전자형을 훨씬 빨리 조합할 수 있게 한다는 데 있다. 제1차 감수분열 때 상동염색체들은 보통 교차를 함으로써 DNA의 단편들이 교환되어 새로운 유전자형 조합이 이루어진다. 그리고 이 분열의 결과로 상동염색체들이 각기 분리되며 서로 다른 반수체 세포로 들어감으로써 유전적 다양성이 심화되는 것이다. 이후 이렇게 만들어진 생식세포는 다른 개체의 성세포와 결합하게 되며,

이때에도 원래의 생식세포와 다른 새로운 배수성 개체를 만들게 되는 것이다.[1]

이러한 유전자 조합과정을 보면, 특유한 단계를 각각 거칠 때마다 생식세포형과 집합과정에 유전적 다양성이 더욱 증대된다. 여기서 특히 주목해야 할 것은 유전적 '다양성'이라는 개념이다. 다양성이란 바로 적응을 의미한다. 따라서 유성생식의 이점은 이제 이렇게 정리할 수 있다. 즉, 유성생식 개체군은 무성생식 개체군보다 환경변화에 적합한 새로운 유전적 조합을 더 쉽게 창출해낼 수 있다. 한마디로 성은 일종의 생존전략이다.

원생생물들을 보자. 원생생물들은 성을 생식을 위한 필수장치로 진화시켰다. 원생생물들에서 먹이의 획득과 적의 회피, 서식처 확보 등의 목적으로 진화된 인식능력의 상당 부분은 후에 동물 조상들에 의해서 다소 변화되었거나 재사용되었다. 상당수의 원생생물들이 박테리아나 원생생물들을 잡아먹는 습성을 가졌고 심지어는 같은 종끼리도 서로 잡아먹었다는 점을 생각한다면, 우리는 먹는 즐거움이 성의 즐거움보다 앞서 진화되었다는 사실을 쉽게 인정할 수 있을 것이다. 처음부터 모든 이동성 생물들은 먹이와 안식처를 확보할 수 있어야만 했다.

그러나 먹이와 안식처가 전부는 아니었다. 그들에게 또 한 가지 필수적으로 요구되는 것이 있었다. 그것은 바로 번식을 위한 짝짓기였다. 이 또한 먹이와 안식처 못지않게 절박한 것이었다. 과거 수천만 년 동안 진화해 온 유성적 원생생물들과 그 후손들을 보라. 그들은 이 세상의 엄청난 소동돌이 속에서

1) 『윌슨 1975』, 385쪽.

도 언제나 그들 나름대로 성공적으로 잠재적 배우자를 구별해 낼 수 있었다. 이것이 바로 번식의 문제가 그들에게 얼마나 절박한 문제였는가를 보여주는 산 증거이다.

찰스 다윈은 『인간의 유래, 그리고 성과 관련한 선택 *Descent of Man, and Selection in Relation to Sex*』이라는 저서에서 공작의 꼬리에 관해서 이렇게 말한다.

> 공작의 꼬리는 그것을 지닌 수컷으로 하여금 그렇지 못한 수컷들에 비해서 충분한 이득을 제공한다. 그런 수컷들은 암컷들과 짝짓기에서 성공 확률이 높기 때문에 일정한 시간이 흐르면 그 형태가 삶의 확실한 양식으로 자리 잡게 된다. 수컷들은 생존을 위한 투쟁에 더 잘 적응하기 위해 그런 특성을 발전시켰던 것이 아니라 오직 다른 수컷들과의 번식경쟁에서 상대적인 이득을 보기 위해서 그것을 발전시켰고, 그것을 자신의 후손 수컷들에게 물려주었다. 따라서 나는 생존을 위한 자연선택의 개념과 구별해서 이런 양식의 경쟁을 성 선택으로 취급하고자 한다.[2)]

성 선택은 생물들로 하여금 그들 자신의 진화에 영향을 미치도록 유도한다. 심지어 곤충들을 보더라도 암컷들은 맹목적인 본능에 이끌려 특별한 일부 수컷들만 선택한다. 그리고 이런 식으로 짝을 선택함으로써 그들 종족의 장래에 엄청난 영향을 미치게 된다. 대체로 새들과 일부 포유동물들에 있어서도 암컷이 배우자를 선택한다. 그뿐만이 아니라 파충류나 어류들까지도 일반적으로 암컷이 배우자를 선택한다.

이러한 다윈의 '성 선택' 주장은 시간이 흐르면서 더욱 더 많은 호응을 얻고 있다. 우리도 다윈이 인도하는 그 길을 따라

2) 『린 · 도리언 1998』, 224쪽, 재인용.

✻ 공작새 ✻

과연 동물들은 어떤 진화과정을 거쳐 왔는지 살펴보자.

1. 암컷이 원하는 것

우리는 보통 동물들의 수컷과 암컷의 성을 생각할 때 수컷의 일방적인 힘의 논리에 의해 수컷과 암컷의 성적 만남이 이루어진다고 생각한다. 하지만 사실은 그렇지 않다. 겉으로 보면 암컷이 수컷에 비해서 훨씬 소극적으로 행동하는 것처럼 보일지 모른다. 그러나 사실은 짝짓기 게임에서 매우 결정적인 지배력을 행사하고 있는 쪽은 암컷이다.

암컷은 일반적으로 묘사되는 것처럼 수컷이 발산하는 정욕의 일방적인 수용자가 아니다. 오히려 교미할 상대를 바라보는 눈이 천성적으로 신중할 뿐 아니라 고도로 선택적이다. 보통 교미 전의 암컷의 행동을 보면, (통상 수컷의) 구애행동에 대한 (통상 암컷의) 무반응, 구애자로부터 도망, 교미의 거부 등을 나타내기 일쑤다. 그래서 암컷의 선택에 대한 오해가 생겨나기 쉽다. 그러나 외관상 잘 드러나지 않는 경우일지라도, 암컷은 자기 나름대로 배우자를 선택하고 있다. 심지어 교미를 하는 중간에도, 그리고 교미가 끝난 다음에도 그 선택의 메커니즘은 끝나지 않는다.

예를 든다면, 수컷이 마음에 들지 않을 때 암컷은 그 수컷과의 교미를 충분한 정액 주입 이전에 중단하는 경우가 바로 전자이고, 그리고 마음에 들지 않는 수컷과의 교미가 끝난 직후에 마음에 둔 다른 수컷과 다시 교미하는 것은 후자이다. 더욱이 재교미 저해 플러그(mating plug) — 일종의 정조대 역할을 하는 장치 — 를 제거하거나, 수정낭에 들어 있는 두 마리 수컷의 정자 가운데 한쪽만을 이용하는 경우도 있는데, 이 역시 후자의 경우에 해당한다고 할 수 있다. 수컷 몰래 이루어지는 이러한 암컷의 행동들을 흔히 '은밀한 암컷의 선택(cryptic female choice)'[3] 이라고 부른다.

3) Ito Yosiaki, 「Development of sociobiology and its relation to future methodology of social science」(「사회생물학의 발전과 인간 사회 연구의 장래의 방법에 미칠 영향」, 『사회생물학과 사회과학 방법론』, 민주주의사회연구소 제17회 정례 연구발표회 자료집, 2004년 11월), 28쪽. 앞으로 이 글은 「Ito 2004」로 줄인다.

암컷의 선택은 매우 신중하다. 암컷들의 이러한 신중성은 그들이 그들 앞의 수많은 수컷들을 두고 그들의 자질을 평가하기 위해 상당히 뜸을 들이며 시간을 소비하는 것을 보더라도 충분히 짐작할 수 있다. 암컷의 관점에서 볼 때 수컷들은 동일한 존재가 아니다. 그들의 능력과 소질은 다 다르다. 그래서 암컷은 선택한다. 모든 암컷들은 앞으로 태어날 새끼의 아버지로서 가능한 한 가장 뛰어난 상대를 원한다. 흔히 "암컷이 수컷을 창조한다"는 말이 나온 것도 바로 이러한 이유 때문이다.

암컷의 성 선택을 통해서 마치 야생의 상상력 풍부한 미술가처럼, 기괴할 만큼 놀랍도록 화려한 수컷들이 창조되고 있는 것이다.[4] 암컷의 성 선택의 까다로움에 부응하기 위해 수컷들은 끊임없이 노력해왔고, 그 결과 수컷 공작의 꼬리처럼 수컷들의 화려한 몸매가 진화되어 온 것이다.

암컷들은 수컷의 선택에서 왜 그토록 신중한 자세를 보이는 것일까? 앞으로 태어날 새끼의 아버지로서 가능한 한 가장 뛰어난 상대를 찾으려는 의도도 있지만, 더 근본적으로 파고들어 가보면 그것은 암컷의 생식적 특성 때문이다. 암컷과 수컷 사이의 생식적 차이가 무엇인가? 수컷들은 적은 양의 정액의 지출로도 난교(亂交)를 통해서 거의 무제한적인 수의 자손을 얻을 수 있다. 이에 비하면 암컷들은 매우 불리하다. 암컷들은 커다란 알을 만들어내야 하고, 또 오랜 수태기간 동안 그 알을 잘 유지해야 하는 부담을 안고 있다. 한마디로 암컷은 수컷들

4) John Sparks, *Battle Of The Sexes*, 1999(『동물의 사생활』, 김동광·황현숙 옮김, 까치, 2000), 54쪽. 이 책은 앞으로 『스파크스 1999』로 줄인다.

보다 훨씬 더 높은 생식비용을 치르고 있는 것이다. 그 때문에 암컷들은 수컷의 다산(多産)전략과는 달리 선택적 전략을 채택하지 않을 수 없다.

재미있는 예를 하나 들어보자. 이러한 불균형의 예는 바다오리과에서 쉽게 발견할 수 있다. 바다쇠오리는 마치 배나 사과처럼 생긴 커다란 알을 낳는데, 개수는 오직 하나만 낳는다. 암컷은 먼저 낳은 알이 잘못되었을 경우에만 다시 새로운 알을 낳는다. 알의 크기가 무척 크다는 것은 바다쇠오리 암컷이 얼마나 그 알에 대해 많은 투자를 했는가를 보여준다. 또 알의 개수가 하나라는 사실은 한 해에 기를 수 있는 새끼가 하나임을 의미한다. 따라서 암컷은 수컷의 선택에 신중하지 않을 수 없다.

바다쇠오리 암컷은 자신의 소중한 알에 수정하게 될 수컷을 결정하는 데에 아주 세심하다. 암컷은 구애기간 동안 물고기를 잡으면서 수컷을 살핀다. 물고기 사냥에서 훌륭한 솜씨를 보여주는 건강하고 자신감 있는 수컷을 찾는 것이다. 먹이를 잡는 능력이 뛰어나야 앞으로 태어날 새끼에게 도움이 될 것이기 때문이다. 만일 그런 능력을 갖추지 못한 수컷이라면 태어날 새끼의 생존을 보장할 수 없다.

이처럼 바다쇠오리가 구애기간 동안 수컷의 먹이 조달능력을 관찰하고 선택하는 것과는 달리 겉모습의 화려함을 보고 수컷을 선택하는 조류가 있다. 그 대표적인 새가 바로 공작이다. 앞에서 잠시 다윈의 말을 인용했듯이, 공작의 꼬리는 무척 아름답다. 그러나 공작의 꼬리에는 그 색의 아름다움 외에 훨씬 더 우리를 당황스럽게 만드는 무엇인가가 있다. 그것이 무엇일까?

✻ 바다오리 ✻

사실 생존조건의 측면에서 보면 공작의 꼬리는 아무런 쓸모가 없는 한낱 부속물에 불과하다. 그런데 왜 공작의 암컷은 수컷의 꼬리를 선호하는 것일까? 공작의 암컷들은 단순히 수컷의 화려한 꼬리 그 자체를 숭배하는 것은 아니다. 문제는 수컷의 능력이다. 아름다운 꼬리를 만들어내고 유지하기 위해서서는 엄청난 에너지가 투자되어야 한다. 한마디로 화려한 공작의 꼬리는 아주 값비싼 장신구인 셈이다. 그러므로 이 정도의 장신구를 구비하려면 상당한 능력의 소유자이어야 한다. 그렇지 않으면 이처럼 값비싼 장신구를 가질 수도 없거니와 또한 그것을 유지·관리할 길이 없기 때문이다. 다시 말해서 수컷 공작의 꼬리는 그것을 소유한 수컷의 정력과 사회적 지위를 나타내는 지표이다. 평범하거나 건강하지 못한 수컷은 결코 화려한 꼬리를 가질 수 없다.

사정이 이렇다 보니 화려한 꼬리를 갖지 않은 수컷은 아예 암컷을 꼬드길 엄두조차 내지 않는다. 이러한 경향은 수컷끼리 경쟁할 때도 드러난다. 두 마리 수컷 공작이 서로 싸울 때나 도망칠 때 관찰해보면, 꼬리는 조심스럽게 안으로 접는 쪽이 약자이거나 도망치는 쪽이다.[5]

공작 암컷들에게는 어떤 수컷이 멋진 상대인지 식별할 수 있는 판별 능력을 가지고 있다. 그리고 그 판별기준은 거의 보편적이다. 왜냐하면 기회가 주어지면 암컷들이 모두 같은 수컷과 교미를 하려고 들기 때문이다. 암컷들에게 가장 강한 인상을 안겨주는 것은 눈꼴 무늬의 수와 질이다. 눈꼴 무늬는 수컷의 나이가 많을수록 늘어난다. 장수는 수컷의 억센 체력을 반영하는 것이며, 암컷들은 자기가 낳을 새끼에게 이러한 수컷의 체력이 전달될 것이라고 믿는다.

이러한 믿음 때문에 공작 암컷의 수컷에 대한 집착은 한 번의 교미로써 끝나는 것이 아니다. 공작 암컷들은 자신과 교미를 한 수컷에게 놀랍도록 강한 소유욕을 보인다. 수컷에게 계속 교미를 하도록 유혹하는가 하면, 그 수컷의 관심을 독점하려고 무척 노력하기도 한다. 암컷의 입장에서 보면 이는 아주 고도의 생식전략이 되는 셈이다. 수컷으로 하여금 정자를 고갈시키게 만듦으로써 그가 가지고 있는 특성을 다른 암컷의 후손들에게 전달하지 못하게 하려는 전략이기 때문이다. 만일 다른 암컷의 새끼들이 자신의 새끼들보다 훨씬 능력이 뛰어나 버리면 자신의 새끼들은 그들과의 경쟁에서 살아남을 길이 없는 것이다.[6]

5) Matt Ridley, *The Red Queen*, 1994(『붉은 여왕』, 김윤택 옮김, 김영사, 2002), 174쪽. 앞으로 이 책은 『매트 2002』로 줄인다.

2. 성 관계

섹스란 무엇인가? 간단하게 말하면 암컷과 수컷의 생식체가 만나서 서로 융화·결합하는 것이라고 할 수 있다. 사실 그렇게 함으로써 섹스가 구체적으로 시작되는 것이니까 말이다. 그러나 겉으로 보이는 이러한 융화가 섹스의 전부가 아니다. 어찌 보면 그것은 마치 동상이몽과도 같은 일종의 환상에 불과할지도 모른다. 정액을 전달한다고 해서 수태가 확실히 이루어진다는 보장이 없기 때문이다. 협력관계를 형성하는 생물들을 보면 암컷은 지원자로서 그리 바람직하지 않은 상대와 어쩔 수 없이 관계를 맺는 일도 있다. 또 그럴 때는 새끼를 위해서 보다 나은 유전자를 얻으려고 부정한 방법에 의존하게 된다. 마찬가지로 수컷들도 다른 암컷들에게 한눈을 팔 수 있다. 따라서 생식의 최종적이고 가장 결정적인 단계에서도 두 당사자가 서로를 속이고 그들의 유전자 투자를 보다 나은 상대에게 돌릴 가능성은 여전히 남아 있다.

수컷의 정자가 암컷의 몸을 통과해서 난자까지 도달하는 길은 간단한 게 아니다. 그 길은 대체로 길고 험난할 뿐 아니라 도중에 많은 정자들이 소모되기도 한다. 이때 암컷은 상황에 따라 그 정자들의 행진을 도와줄 수도 있고 방해할 수도 있다. 또한 수컷의 몸에서 나온 정자들은 그들을 만들어낸 수컷들을 닮아서인지, 난자까지 최종 목적지를 향한 이 내기 경주에서 다른 정자들과 경쟁을 벌인다. 이 경주는 철저하게 토너먼트 형식이며, 2등에게는 아무런 상도 대가도 없다. 수백만

6) 『스파크스 1999』, 60쪽.

개의 정자들 중에 오로지 승자만이 모든 것을 독점한다.

승리는 경쟁의 산물이다. 수컷들은 바로 이 승리자를 탄생시키기 위해 혼신의 힘을 다할 뿐 아니라 엄청난 스트레스에 시달린다. 혼신의 힘을 다하지만 그 결과를 보증할 수 없기 때문이다. 그리고 이는 동물세계에 속하는 모든 수컷들이 안고 있는 고민이고 스트레스이다.

수컷의 고민이 이것만은 아니다. 그들은 이미 다른 수컷의 정자로 수태된 암컷에게 쓸데없이 정자를 낭비할 가능성도 비일비재하다. 암컷이 여러 상대의 정자를 저장할 수 있는 능력을 가지고 있다는 사실로 인해 수컷의 문제는 한층 더 복잡해진다. 암컷의 입장에서 보면 자기가 낳은 새끼는 자신의 새끼임을 의심할 필요가 없다. 그러나 수컷의 입장은 다르다. 수컷은 암컷이 낳은 새끼가 정말로 자신의 새끼인지 확신할 길이 없다.

인간의 경우는 월경과 월경 사이의 시기에 난자는 질 vagina 내에 나와 있어(배란 ovulation), 교미를 하면 방출된 정자가 곧바로 난자로 뛰어드는 경우가 많다. 그러나 다른 동물들을 보면 암컷의 생식기 내에 주입된 정자를 한동안 모아두는 장소가 있기 때문에 정자가 거기서 몇 시간 또는 길게는 며칠 동안이나 배란을 기다리는 종들도 많이 있다.[7] 이는 암컷들에게는 무척 이롭지만, 수컷에게는 전혀 도움이 되지 않는다. 도움이 되기는커녕 오히려 이중적인 부담을 안겨준다. 한편으로 수

7) 곤충의 경우는 정자가 암컷 체내의 정자 저장낭 spermatheca에서 장기간 보존된다. 쥐의 경우를 보면 교미의 자극에 의해 배란이 일어나기 때문에 정자는 반드시 질 내에서 배란을 기다려야 한다(「이토 2004」, 21쪽).

컷들은 구애와 교미를 둘러싸고 치열한 경쟁을 벌이면서, 또 한편으로 그 경쟁기간에 서로 다른 수컷의 정자들이 난자에 도달하기 위해서 벌이는 경주까지 감당해야 하기 때문이다. 암컷들은 가장 빠른 속도의 정자가 가장 튼튼한 '최적의 수컷'일 가능성이 높다고 판단하고, 이를 근거로 자신의 몸속에서 생식이라는 내기 경주를 부추기며 기득권을 확보하려 한다.

진화의 관점에서 아비가 누구인지 확실하지 않다는 것은 수컷들에게는 괴로운 사실일 뿐 아니라 또한 무척 힘든 과제를 부여한다. 왜냐하면 교미를 할 때 그들이 해야 하는 일의 상당 부분이 난자에 근접하고 있는 경쟁자의 정자를 몰살시키도록 설계되어 있는 것으로 보이기 때문이다. 마지막으로 교미하는 수컷이 새끼의 아비가 되는 경우는 특히 더 그렇다. 그러나 단순히 순서상 마지막이라고 해서 반드시 아비가 되는 것은 아니다. 자신이 아비가 되기 위해서는 나름대로 철저한 전략을 강구하지 않으면 안 된다. 우선 암컷의 저장낭에서 이전에 가졌던 교미를 통해서 들어온 정자들을 제거해야 한다. 둘째는 암컷이 자신과 교민한 다음 다른 수컷과 교미를 하더라도 자신의 정자가 제거되지 않도록 막는 전략이 필요하다. 이러한 전략이 제대로 성공하지 않는 이상 자신이 아비가 될 가능성은 희박하다.

사실상 이 지구상의 생물들이 경이롭고 불가사의한 교미 도구와 기법들을 낳은 것은 바로 이러한 정자전쟁의 결과이다. 특히, 동물들에게는 물로부터 완전히 자유로워지기 위해 무엇보다 성의 혁명이 필수적이었다. 최초의 원시적인 육생동물들 중 일부가 방수피부를 진화시켰지만, 여전히 그들의 정자와 난자는 쉽게 말라붙기 쉬운 상태였다. 체내 수태를 하기 위한 첫

단계는 암컷들이 난자를 자신의 몸이라는 안락한 환경 속에 은밀히 넣어두는 것이었다. 따라서 정자는 자신의 수성(水性) 매체 속에 둘러싸여 적대적인 세계 속에 투입된 다음에도 거뜬히 생존할 수 있을 만큼 강인해야 했다. 최초의 진정한 육생동물은 아마도 약한 정자들이 공기와 접촉하면서 약해지지 않도록 밀봉 캡슐로 정액 방울을 감쌌을 것이다. 그리고 교미를 하는 과정에서 이러한 정포가 암컷에게 전달되었을 것이다. 오늘날 진드기의 일종인 벨벳 마이트와 전갈을 비롯한 많은 동물들은 아직도 이런 방법을 사용하고 있다.[8)]

수컷들이 어떻게 정자경쟁에 대처하는지에 대한 가장 뛰어난 예는 실잠자리와 잠자리일 것이다. 수컷잠자리는 다른 곤충들과 마찬가지로 길고 좁다란 몸통의 마지막 마디에서 정자를 생산한다. 그러나 실잠자리는 다른 동물들과는 다른 아주 기묘하고 독특한 교미방법을 개발했다. 그 까닭은 정자가 암컷 실잠자리의 흉부 바로 뒤편에 있는 복부 아래쪽의 저장소에 보관되기 때문이다. 그러므로 평범한 방법으로는 정액을 전달하기가 쉽지 않다. 그래서 실잠자리 수컷은 복부를 둥글게 고리모양으로 만들어서 그 끝을 저장소 입구에 닿게 하는 독특한 방법을 고안해낸 것이다.

강이나 연못에 가보면 이들의 교미장면을 흔히 볼 수 있다. 일단 암컷이 강이나 연못에 있는 수컷의 세력권에 나타나면, 수컷이 취하는 첫 번째 행동은 꼬리 끝에 달려 있는 한 쌍의 파악기(把握器)를 이용해서 암컷의 흉부를 붙잡아서 암컷이 자기와 함께 세로로 일렬이 되어 움직이게 하는 것이다. 이 과정

8) 『스파크스 1999』, 105~106쪽.

✺ 실잠자리 ✺

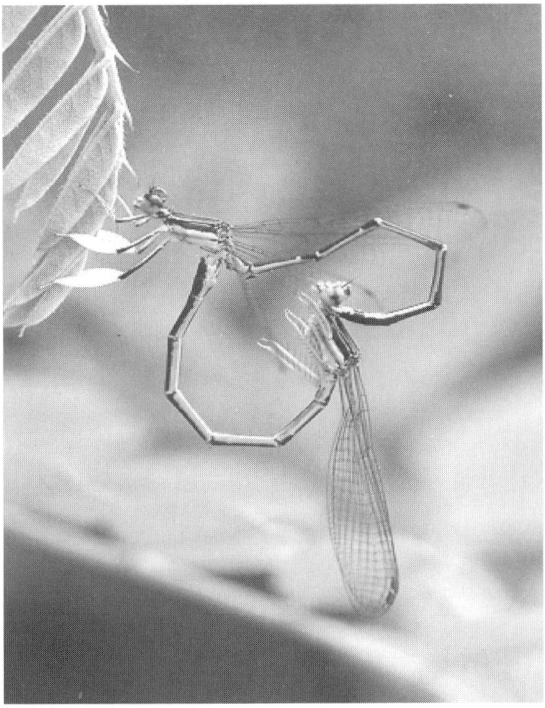

은 수컷이 선도한다. 교미행위는 암수가 함께 '바퀴자세'를 취하면서 시작된다. 암컷은 몸을 둥글게 구부려서 배 끝에 달려 있는 질이 수컷의 부속 페니스와 결합할 수 있도록 한다.

수컷의 페니스는 정자 저장낭과 연결되어 있는데 수컷의 생식기관의 구조는 실로 놀랍다. 그것은 암컷의 생식관에 꼭 맞는 형태를 갖추고 있으며 그 끝에는 편모가 달려 있다. 그 편모는 분절되어 있고, 마치 주걱과 같은 모양이다. 이 주걱 모양의 편모는 정액을 전달하기에 앞서 예비동작을 시작된다. 수컷은 주걱 편모가 암컷의 정액 저장 영역의 가장 깊은 구석에까지 도달하면 아주 율동적인 동작으로 이전에 저장된 정액을 퍼내기 시작한다. 암컷이 이전에 가졌던 교미에서 얻은 정액을 모두 비우면 이러한 퍼내기 동작은 끝이 난다. 일부 실잠자리 종에서는 이러한 퍼내기 행동이 성행위의 90%를 차지하기도 한다. 그리고 수컷의 사정은 상대의 정액 보관소를 완전히 청소해낸 다음에야 이루어진다.[9)]

이러한 섹스 행위는 실잠자리에게만 있는 것이 아니다. 대부분의 생물 수컷들은 자신의 유전자를 남기기 위한 싸움을 할 때 삽입기관의 중요성을 확실히 인식하고 있다. 따라서 각 생물종은 생식환경에 적응하기 위해 다양한 생식기의 진화를 가져왔다. 삽입기관의 중요성을 인식하지 않았다면 결코 일어날 수 없는 일이다.

물론 육생동물 가운데 특히 척추동물들은 성 관계를 맺는 방식이 앞서 나왔던 실잠자리나 잠자리와 다소 차이가 있다. 우선 그 태도부터가 다르다. 척추동물들은 실잠자리나 잠자리만큼 적극적인 태도를 보이지 않는다. 그 이유가 무엇일까? 척추동물과 잠자리의 차이점은 어디서 비롯되는 것일까?

척추동물의 경우를 보면 세대교체가 곤충들에 비해 느린 속도로 진행된다. 따라서 힘들게 획득한 혁신이 곤충들에 비해 파기되는 횟수가 빈번하지 않다. 물론 이들도 곤충들이 고려했던 기본적인 사항들로부터 완전히 자유롭지는 않았다. 이들 역시 가능한 한 더 많은 숫자의 상대와 짝짓기를 해야 한다는 점에서는 곤충들과 다를 바 없다. 그리고 바로 이러한 요구 때문에, 수컷들은 자신의 씨를 다방면으로 더 많이 퍼뜨리고자

9) 『스파크스 1999』, 113~115쪽.

시도하는 반면에, 암컷들은 완벽한 수컷을 찾기 위해 수컷들이 서로 정자경쟁을 벌이도록 부추긴다. 암컷들은 자신들의 선택을 미결정의 상태로 유지하는 것이 자신들의 목적에 보다 유리하기 때문이다.

여기까지만 보면 척추동물과 곤충들 사이에 큰 차이가 없다. 그러나 곤충과 척추동물 사이에는 중요한 차이가 있다. 첫 번째로 지적할 수 있는 것은 고등 척추동물의 암컷들은 정액을 저장하지 않는다는 사실이다. 따라서 난자를 향한 정자의 경쟁게임의 성격이 완전히 달라진다. 실잠자리의 경우를 보면 어떤 수컷이 먼저 교미를 했다고 해서 유리한 위치를 차지하는 것이 아니었다. 이미 저장된 정자를 퍼내기함으로써 나중에 교미한 수컷의 정자가 암컷의 난자와 결합할 수도 있기 때문이다. 그러나 척추동물의 경우는 사정이 다르다. 만일 어떤 암컷이 수태 가능한 조건이라면, 그 가능기간 동안에 제일 먼저 교미한 수컷이 난자를 목표로 벌어지는 정자들의 경주에서 가장 유리한 위치를 얻게 된다.

이러한 차이는 생식기관의 진화에도 직접적인 영향을 미친다. 곤충들은 정자전쟁을 승리로 이끌기 위해 각별한 노력을 기울인다. 그 대표적인 것이 바로 체외 생식기와 그 부속물들에 대한 개발이다. 특히, 곤충들은 이러한 체외 생식기 부속물 개발에 엄청난 에너지와 노력을 투자한다. 그러나 척추동물들은 다르다. 이들은 오히려 지력(知力)과 부성 문제를 해결하기 위한 방안을 강구하고 그 방책을 개발하는 데에 훨씬 더 많은 노력을 기울인다. 물론 척추동물의 성에서도 페니스가 가장 중요한 역할을 하는 것은 부정할 수 없는 사실이다. 질구에 잘 맞는 페니스는 교미가 진행되는 동안 암수를 하나로 결합시켜

주는 중요한 구실을 하기 때문이다.

잠깐 포유동물의 페니스를 살펴보자. 이들의 페니스는 크게 두 가지 기능을 가지고 있다. 하나는 정액을 질 속으로 전달하는 파이프로서의 기능이며, 또 하나는 체내의 오줌을 배출시키는 이중적인 역할을 한다. 대부분의 기간 동안 페니스는 후자의 기능을 수행하며, 이러한 기능을 수행하는 동안은 접혀 있거나 수축되어 있거나 덮개 속에 싸인 상태를 유지한다. 그러다가 본격적인 성행위를 할 때에만 적극적인 행동에 돌입한다.

포유류의 페니스는 그 형태와 크기가 천차만별이다. 그 형태와 크기가 각양각색인 까닭이 무엇일까? 저마다 가능한 한 난자 가까운 곳까지 접근해서 정자를 전달하고, 다른 수컷과의 교미로써 아직 남아 있는 정자들을 대체시키기 위한 방법을 달리 했기 때문이다.[10)]

포유류의 페니스는 크게 두 가지 종류로 분류될 수 있다. 이 두 가지는 교미를 위해 어떻게 준비 태세를 갖추는가에 따라 갈라진다. 한쪽은 필요하면 즉시 사용 가능한 쪽이고, 다른 하나는 혈압이 상승해서 페니스가 단단해질 때까지 기다리는 쪽이다.

예컨대, 바늘두더지는 알을 낳는 포유류이며 그들의 파충류 선조들로부터 물려받은 여러 가지 특성을 보존하고 있다. 수컷은 혈액공급으로 부풀어 오른 삽입기관을 과시한다. 이들 수컷의 페니스는 대개 전희(前戱)의 마지막 단계까지 덮개에 싸여 있으며, 무려 네 개의 머리를 가지고 있다. 그리고 꽃양배추와 비슷하게 생긴 끝 부분에서 정액이 방출된다. 이러한 특이한

10) 『스파크스 1999』, 117쪽.

✵ 바늘두더지 ✵

구조가 그들에게 어떤 이득을 안겨주는 것일까? 페니스의 끝부분이 이런 배열을 이루고 있기 때문에 정액을 암컷의 배설강 구석구석에 사정할 수 있는 장점이 있다. 교미는 세 시간 동안이나 지속되며, 그 시간 동안은 다른 수컷들이 접근할 수 없다. 교미가 끝나면 암컷과 수컷은 털을 다듬고 아무 일도 없었다는 듯이 각자의 길을 간다.

원숭이, 유인원, 말, 맥, 코끼리, 코뿔소, 고래 등의 수컷이 가지고 있는 혈관기관들은 모두 혈압과 배관의 절묘한 조합에 의해서 발기가 이루어진다. 일반적으로 알려져 있듯이 발기는 성적 자극이 주어질 때 일어난다. 발기현상은 발기성 조직으로 기능하는 동맥들이 확장되고, 이 조직의 혈액을 배출시키는 역할을 하는 정맥이 특수한 근육에 의해서 부분적으로 막히면서 나타난다. 몸집이 좀 더 큰 포유류의 경우에는 혈액을 펌프질해서 페니스를 확장시키는 데에 조금 더 시간이 걸린다. 귀두의 모양은 종에 따라서 다양하다. 피스톤처럼 납작한 모양도 있고, 테두리가 달려 있는 형태도 있다. 페니스의 이러한 모양은 과시를 위한 것이 아님은 분명하다. 그렇다면 그것은 어떤 기능을 하는 것일까? 그 형태의 기능을 알 수 있는 단서는 멀리 있는 것이 아니다. 그 단서는 암컷들이 하나 이상의 상대와 짝짓기를 할 가능성이 높은 종에서 가장 화려한 설계가 발견되는 경향이 강하다는 사실에서 찾을 수 있다.

예컨대, 고양이과 동물들의 페니스에는 뒤쪽으로 돌출한 바늘들이 달려 있다. 그 기능은 페니스가 암컷의 몸속에서 빠져나오지 않도록 도와주는 역할을 한다. 또한 이 가시들은 암컷의 질을 강하게 자극하는 역할도 할 것으로 추정된다. 왜냐하면 고양이과는 짝짓기과정에서 고조된 흥분이 암컷이 난소에서 난자를 방출시키는 데에 방아쇠와 같은 구실을 하는 많은 생물의 종들 가운데 하나이기 때문이다.

페니스의 크기나 형태 못지않게 그 수축능력 또한 중요했다. 크게 팽창한 페니스를 효과적으로 작동시키기 위해서는 어느 정도 단단한 상태를 계속 유지해야만 하기 때문이다. 그래서 많은 포유류들은 격렬한 동작을 수반하는 교미 압력에 의해서 페니스가 구겨지는 사태가 발생하지 않도록 페니스 축에 추가적으로 빳빳함을 주는 역할을 하는 뼈를 가지고 있다. 이것은 바다표범, 강치, 해마와 같은 동물들에게 특히 잘 발달되어 있다.

섬유성 탄성조직으로 된 페니스를 가진 동물들도 있다. 사슴, 영양, 양, 소 등과 같은 되새김질을 하는 동물들이 주로 이런 페니스를 가지고 있는데, 이런 동물들의 수컷은 순간적으로 발기할 수 있는 능력을 소유하고 있다. 이들의 정액 전달도구들은 마치 찌르기를 좋아하는 연장처럼 대부분 단단한 연골로 이루어져 있으며, 따라서 발기를 위해 혈압에 크게 의존할 필

✵ 얼룩말 교미 ✵

요가 없다. 페니스 축을 따라 나 있는 두 개의 꼬임 덕분에 수컷이 긴장하면 S자 형태의 배열로 접혀져서 페니스가 뱃속으로 들어갈 수 있다. 수축근이 이완되면 페니스는 덮개에서 나와 곧바로 암컷의 생식기를 찌를 수 있다. 수컷은 거의 삽입이 이루어지자마자 일정량의 정액을 방출하며, 방출이 끝난 다음 수축근이 페니스를 질 밖으로 끌어내어서 본래 모습대로 다시 뱃속으로 집어넣는다.[11] 수컷이 페니스를 뱃속으로 집어넣는 것은 페니스를 보호하기 위한 것이다. 결론적으로 말한다면 페니스의 형태는 각 동물 종의 성적 특성에 따라 서로 독특한 모양과 기능으로 진화해 왔다고 할 수 있다.

그렇다면 페니스의 외형과 힘 이외에 생식선의 크기는 어떻게 진화해 온 것일까?

11) 『스파크스 1999』, 121~123쪽.

생물들의 수컷이 가지고 있는 고환의 크기는 아주 다양하다. 특히, 특정한 종에 있어서 고환의 상대적인 크기는 암컷으로 인해서 야기되는 정자경쟁의 수준에 대하여 많은 것을 이야기해준다. 대형 유인원 중에서 실버백 '고릴라 silver back gorilla'의 수컷을 보면, 몸무게는 무겁지만 음낭의 크기는 워낙 작아서 쉽게 발견하기조차 힘들 정도이다. 이에 반해 실버백 고릴라보다 네 배 정도나 덩치가 작은 침팬지의 고환은 오히려 고릴라의 고환보다 여섯 배나 크다. 상식적으로는 도저히 이해가 가지 않는다. 도대체 이 역설적 불균형의 원인이 무엇일까? 그 비밀은 실버백 고릴라와 침팬지 양자의 짝짓기 방식의 차이에 있다.

고릴라는 대체로 안정된 가족을 이루어 생활하고 있으며, 그 집단에서 우두머리 수컷이 모든 것을 차지한다.[12] 달리 말한다면, 고릴라의 수컷은 누구의 방해도 받지 않고 자신이 원하는 대로 암컷들과 교미한다. 그러므로 수컷 고릴라의 입장에서 보면 짝짓기 횟수가 그렇게 많을 필요도 없으며 또한 다량의 정액을 생산할 필요도 없다. 다만 최소한의 짝짓기로 암컷들을 임신시킬 정도의 정액을 만들어내기만 하면 된다.

그러나 침팬지의 경우는 다르다. 침팬지의 암컷들은 교미할 준비를 끝내면 구근 모양으로 생긴 새빨간 궁둥이를 선전한다. 이를테면 자신은 교미할 만반의 준비가 되어 있다는 사실을 홍보하는 것이다. 그리고서 암컷은 그야말로 마구잡이로 난교를 즐긴다. 따라서 아버지의 입지를 확보하려는 수컷들의 입장에서 보면 교미 자체가 마치 도박과도 같은 셈이다. 암컷에게

12) 『스파크스 1999』, 124~125쪽.

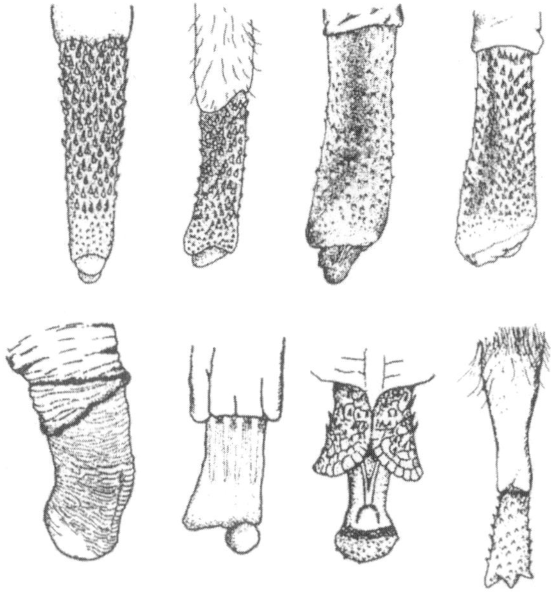

유인원의 페니스
이 그림들은 여러 유인원 종의 기이한 페니스의 모양을 그린 것이며, 실제 크기의 비율에 따라 그려진 것은 아니다. 왜 이렇게 화려한 치장을 하고 그 모양과 구조가 다른지 그 까닭을 추측하기란 결코 쉽지 않다.
인간의 페니스를 다른 유인원들의 페니스와 차이지게 하는 특징 하나는, 인간의 페니스에는 뼈 또는 '페니스 뼈os penis'가 없다는 점이다. 침팬지처럼 일부 종들의 경우에는, 페니스 뼈가 특히 잘 발달되어 있음에 반해, 고릴라의 경우에 그것은 퇴화해서 흔적만 남아 있다. 페니스 뼈는 다른 많은 포유 동물 집단에서도 발견된다. 그 기능은 발기를 유지시켜, 오르가슴과 페니스의 발기 감퇴 이후에도 교미를 지속시켜주는 데 있다. 개와 고양이 같은 종들의 페니스에 난 가시 모양의 돌기들이 암컷과 먼저 짝짓기 했을지도 모르는 다른 수컷의 응고된 정액 또는 교미할 때 생긴 충전물을 제거하기 위한 장치일 것이라는 주장이 제기되기도 했다.

자신의 자식을 잉태하도록 할 확실한 방도가 없었기 때문이다. 그래서 침팬지 수컷들은 최소한 그 가능성이나마 높여야 했다. 자신의 새끼가 태어날 수 있는 가능성을 높이기 위해서 수컷들은 우선 힘차게 헤엄치는 정자를 생산하려고 노력했다. 그래야 난자를 점령할 가능성이 높기 때문이다. 그리고 두 번째로 가능한 한 많은 정자를 생산하는 것이었다. 일종의 인해전술과도 같은 것이다. 침팬지가 고릴라에 비해 상대적으로 큰 고환을 진화시킨 이유가 바로 여기에 있다.

그렇다면 우리 인간은 어떠한가? 상대적인 측면에서 비교한다면, 사람의 고환은 그 크기에서 두 대형 유인원의 중간쯤에 해당하는 편이다. 그러나 고환의 품질은 그 크기에 비해 신통찮다. 대체로 형편없는 정자가 상당량 포함된 정액을 생산하기 때문이다. 이 사실은 사람의 경우 정자전쟁이 그리 심하지 않다는 것을 반증하는 것이다.[13] 만일 사람도 치열한 정자전쟁을 치러야 했다면 그에 상응하는 수준의 장비를 갖추고 있을 것이 분명하다.

아무튼 수컷 생물들은 아버지의 입지를 확보하고 정자경쟁에서 승리하기 위해 생식선의 모양과 크기는 물론 그것들의 다양한 기능을 진화시켜 왔으며, 아울러 정자경쟁에서 승리할 수 있는 고도의 전술도 함께 발전시켜 왔다. 과연 어떤 전술들이 있었을까?

수컷들은 아버지의 입지를 확보하고 정자경쟁에서 승리하기 위해 정자 주머니나 다양한 종류의 확장 가능한 기관들을 진화시켜 왔다. 그리고 이러한 기관들을 통해서 소중한 자신의

13) 애석하게도 그리 심하지 않은 수준이라 함은 인간 남성 역시 끊임없이 정자전쟁을 치루고 있음을 보여주는 생물학적 증거이다.

정액을 가능한 한 난자 가까이 전달한다. 그러나 암컷은 이러한 수컷의 노력에는 아랑곳없다. 그 단적인 예가 바로 난교이다. 암컷의 입장에서 보면 난교는 우수한 수컷을 찾는 한 과정이다. 특히, 이러한 난교가 현실적 방편이 될 수 있는 것은 암컷 주위에는 언제나 교미할 기회를 잡으려고 만반의 준비를 갖추고 있는 숱한 경쟁자들이 존재하기 때문이다. 그러나 수컷의 입장에서 보면 이는 지극히 위험한 도박이다. 그래서 이러한 위험을 최소화하기 위해서 일부 종의 수컷들은 자신의 부성을 확보하기 위한 극단적인 수단을 동원하며 다양한 전술들을 개발해 내었다.

한 예로 수컷의 부속선에서 나오는 분비물의 응고로 인해 암컷의 생식관을 막는 교미마개가 생기는 경우인데, 이는 여러 종류의 곤충들에서 흔히 볼 수 있다. 어떤 학자들은 이 마개가 주로 정자의 누설을 예방하기 위한 것이라고 이야기하고 있으나, 적어도 일부 나비류와 물방개과 곤충들의 경우에는 그것의 주요 기능이 이후에 있을지 모르는 다른 교미를 방지하는 데 있다.[14)]

또 다른 예를 하나 들어보자. 박쥐, 고슴도치, 유대류, 그리고 많은 종류의 설치류들을 보면, 수컷들이 딱딱하게 굳는 액체를 생산한다. 그 이유가 무엇일까? 교미가 끝난 후에 이처럼 굳은 액체가 경쟁자들의 정액이 들어오지 못하게 막는 방어벽 기능을 수행하기 위해서라고 한다. 일부 영장류도 이와 같은 특성을 가진 경우가 있다. 아마존 열대 우림에서 서식하는 무르쿠리 원숭이 수컷은 엄청난 양의 정액을 암컷에게 쏟아 붓

14) 『윌슨 1975』, 396쪽.

✻ 박쥐 ✻

는다. 그리고 이 정액이 응고해서 튼튼한 아교질 마개가 된다. 그러나 암컷은 수컷의 전략에 동조하지 않는다. 암컷은 여전히 다른 상대를 물색하고, 다른 수컷들도 교미를 하기 전에 먼저 마개를 후벼 파내는 방법을 배운다.

여우와 미국 동부 회색다람쥐의 경우, 암컷은 교미가 끝난 후 불과 30초 이내에 스스로 고무질 교미마개를 제거해서 정절을 강요하려는 수컷의 시도를 좌절시킨다고 한다.[15] 이것은 암컷과 수컷이 성적 문제로 상당한 갈등을 빚고 있음을 보여주는 좋은 사례이다. 그리고 그 갈등은 바로 성적인 의제(議題)의 차이로 인해 발생하고 있다.

이 이외에도 생물세계에는 여러 가지 전략이 있다. 모기의 수컷은 교미 도중에 수컷은 암컷이 다른 수컷의 정자를 받아

15) 『스파크스 1999』, 142쪽.

들이지 못하도록 하는 물질을 암컷에게 전달하기도 한다. 모기의 부속선에서 분비되는 매트론 Matrone이라는 페로몬이 바로 그런 역할을 한다. 집파리 수컷도 이와 비슷한 물질을 분비한다. 그 물질은 수컷의 수정관 벽에 있는 분비세포에서 만들어진다. 집파리 수컷은 이러한 물질을 만들어내는 것 외에도 정자경쟁을 막는 보다 더 효과적인 방법을 사용하기도 한다. 그것은 곧 교미시간을 연장하는 것이다.

집파리 수컷의 실질적인 교미시간은 불과 15분 정도이다. 집파리 수컷이 자신이 갖고 있는 모든 정자를 암컷에게 모두 옮겨놓는 시간이 교미 초기의 15분 동안이기 때문이다. 그럼에도 불구하고 수컷은 교미상태를 약 1시간 동안이나 지속한다. 때로는 수컷과 암컷이 성적 접촉 없이 몸만 서로 맞대고 있는 경우도 있다. 이러한 접촉은 종에 따라 교미가 이뤄지기 전이거나 후에 이루어지는데, 이 역시 다른 수컷들이 자신이 교미한 암컷과 교미하는 것을 막는 구실을 한다. 이런 경우는 잠자리에게서 흔히 관찰된다. 예컨대, 암컷과 수컷 잠자리가 서로 배를 맞대고 함께 날아다니는 것을 볼 수 있는데, 이렇게 날아다니는 도중에 암컷은 수면에 알을 낳는다.[16] 수컷의 지연전략이 성공적으로 맞아떨어진 것이다.

집파리 수컷이나 잠자리의 경우를 보면, 정자전쟁은 시간을 오래 끄는 교미에 탐닉하는 수컷들에게 유리하다. 교미의 시간이 길어지는 만큼 자신의 생식체가 알에 도달할 수 있는 시간을 더 많이 확보해주기 때문이다.

물론 이런 지연전략과는 달리 조금이라도 먼저 암컷을 차

16) 『윌슨 1975』, 396～397쪽.

지하기 위한 전략을 구사하는 종들도 있다. 이런 전략을 구사하는 이유는 먼저 암컷을 차지하는 수컷에게 돌아가는 성적 보상이 크기 때문이다. 그래서 몇몇 종의 생물들은 유전적으로 갓 성체가 된 상대와 교미를 행하기도 한다. 헤리코니드 나비는 전체 중에서 42%에 해당하는 종들이 이런 압력을 받고 있으며, 심지어 일부 수컷은 아직 고치에서 나오지도 않은 암컷의 몸속으로 자신의 복부 끝부분을 들이밀어서 교미를 하기도 한다.

이런 행동은 무척 기괴하게 보이지만, 자신의 유전자를 전달하기 위해 노력하는 수컷의 입장에서 보면 불가피한 선택일 수도 있다. 다시 말해서 수컷들은 가능한 한 신속하게 짝짓기를 해서 유전자를 전달해야 하는 압력으로부터 해방될 수 없는 것이다. 저러한 조기 교미도 바로 이러한 압력 때문에 발생하는 결과 중 하나일 뿐이다. 암컷의 경우를 보더라도 자신이 낳은 수컷 새끼가 이와 같은 전략을 구사하여 자신들의 유전자를 널리 퍼뜨릴 수 있다면 함께 이익을 얻는 셈이다.[17]

초파리의 전략은 좀 더 참신하고 특이하다. 그 전략의 핵심은 초파리의 고환에서 비롯된다. 초파리의 고환에서 나오는 화학물질은 암컷이 가급적 빨리 알을 낳도록 자극하기 때문이다. 초파리 수컷이 노리는 전략적 효과는 무엇인가? 초파리 수컷에 의해서 행사되는 분자적 제어방식은 자신의 성적 투자를 신속하게 회수하려는 의도가 깔려 있다. 그러나 수컷의 전략은 그렇게 성공적인 것이 못되었다. 오히려 그 결과는 분자적 화학전이라는 실로 엄청난 '군비경쟁'을 초래하고 말았기 때문이

17) 『스파크스 1999』, 148~149쪽.

다. 영리한 암컷이 수컷들의 속셈을 모를 리 없다. 그래서 암컷 초파리들은 수컷들의 분비물을 무력화시키기 위해 화학적 해독제를 개발하는 방향으로 맞섰다. 그러면서도 암컷들은 자신들이 해결책을 찾지 못할 좀 더 강력한 화학물질을 가진 수컷을 선호했다. 실로 아이러니한 일이 아닐 수 없다. 바로 이러한 아이러니로 말미암아 마침내 성이 살생으로 발전하게 되었다. 명분은 배란을 촉진시킨 아비가 될 가능성을 높이기 위해서라지만, 스스로가 초래한 군비경쟁 때문에 초파리 수컷은 너무나도 독성이 '강해서' 독액이 된 정액을 생산하게 되었다. 그 정액은 일찍 암컷을 중독시키지만, 암컷은 알을 낳기 전까지는 죽지 않는다.

물론 초파리와 정반대가 되는 경우도 있다. 이를테면 암컷이 킬러가 되는 경우이다. 암컷이 킬러가 될 경우, 수컷에게 교미는 무척이나 위험천만한 행동이다. 일부 수컷들은 정자를 전달하면서 엄청난 희생을 치른다. 수컷들은 스스로 먹이가 되기도 한다. 그러나 이러한 자살전술은 정자전쟁이라는 측면에서, 특히 수컷들이 짝짓기를 하면서 한 차례에 끝나지 않고 그 이상의 교미를 하는 경우에는 상당한 의미가 있다. 만약 자신의 새끼를 남길 수 있다는 확신이 있다면, 자신의 생명을 버리는 것은 그다지 중요한 일이 아니기 때문이다. 교미를 하면서 자살함으로써 암컷을 붙잡아둘 수 있고, 그동안 다른 누구도 아닌 자신의 생식체가 암컷을 수태시킬 수 있다면 그 희생은 충분한 보상을 얻는 셈이다. 우리에게 잘 알려진 가장 위험한 정사는 사마귀가 보여주는 죽음의 교미이다.

암컷은 우선 그 몸집부터가 위협적이다. 능히 수컷에게 최후의 '사랑의 타격' 한방을 가할 수 있을 듯하다. 암컷은 짝짓기 상대를 잡아먹는 습성이 있기 때문에 그녀의 눈에 수컷은 언제나 먹잇감으로 보인다. 교미가 끝나면 수컷은 도망치려고 애쓰지만, 그 시도가 백발백중 실패로 돌아간다. 암컷은 머리에서 시작해서 수컷의 몸뚱이를 먹어버린다. 그동안 수컷의 복부는 자동적으로 정자 꾸러미를 암컷의 생식기 쪽으로 전달하는 임무를 수행한다. 암컷은 수컷의 몸을 영양분으로 흡수해서 더 많은 알을 낳을 수 있기 때문에 수컷의 몸은 결혼선물인 셈이다. 결국 암컷은 이러한 소름 끼치는 습성 덕분에 이득을 본다. 물론 수컷에게도 이는 절대적인 손실은 아니다. 문자 그대로 수컷은 자신의 모든 것을 암컷에게 주고, 그 대가로 더 많은 자신의 새끼를 얻을 수 있기 때문이다.[18] 자신들의 유전자를 남기기 위한 치열한 정자경쟁은 다양한 무기 — 페니스의 힘, 크기 — 의 발달을 가져왔고 또 경쟁에서 승리하기 위해 다양한 전술들을 진화시켜 왔으나, 정자경쟁의 전략은 여기에서 끝나지 않는다.

정자의 갈 길은 아직도 멀다. 정자와 난자가 수정되면, 분열을 거듭하면서 새로운 생명이 시작된다. 이 새로운 생명은 그야말로 천문학적 확률게임을 뚫고 성취된 것이다. 그러나 이러한 성취가 이루어지기까지는 마지막 시험이 기다린다. 암컷의 몸속에 들어온 정자들은 지상에서 벌어지는 가장 혹독한 경연에서 승리한 수컷의 산물이다. 이들은 경쟁자들과 경연을 벌이는 과정에서 생기는 물리적인 위험을 이겨냈을 뿐 아니라, 또한 갖가지 희생을 요구하는 암컷의 테스트도 통과해 왔다. 경주를 시작한 수십 억 개의 정자들 중에서 많은 것들이 불구

18) 『스파크스 1999』, 150~154쪽.

가 되고 대부분은 죽었다. 난자를 향하여 가장 치열하게 돌진한 극소수 중에서 오직 하나만이 승리의 영광을 거두었다. 목적지에 도달한 하나의 정자는 머리 부분에 있는 특수한 단백질의 일종인 효소가 난자의 표면을 열어서 정자가 난자의 원형질 속으로 들어갈 수 있게 해준다. 극히 짧은 시간 동안에 믿을 수 없는 변화가 일어난다. 난자는 더 이상 뚫고 들어오려고 시도하는 모든 다른 정자들을 막아낸다.

어찌 보면 너무나 단순해 보이는 과정이지만, 역설적이게도 난자와 정자의 핵이 결합하면서 암컷과 수컷의 유전명령이 합쳐지고, 얇은 막과 빠른 속도로 분열하는 세포들 속에서 새로운 생명이 탄생하는 과정은 그야말로 기적에 가깝다. 이 과정은 눈에 보이지 않는 극미한 크기에서 이루어지지만, 이것이야말로 양성이 서로에게 지배력을 행사하기 위해서 노력해온 가장 궁극적인 사건이며 진화의 산물인 것이다.

3. 양 육

이미 우리가 살펴보았듯이 새로운 생명의 탄생은 거의 기적에 가까운 사건이다. 그러나 이 기적 같은 사건 이후에도 수컷과 암컷의 과제는 끝난 것이 아니다. 그들에게는 또 다른 과제가 주어져 있다. 이른바 양육이란 과제가 남아 있는 것이다. 부모의 새끼 돌보기의 유형은 종에 따라 다소 차이가 있기는 하나, 다른 형질과 마찬가지로 유전적으로 프로그램화되어 있는 생물학적 특성이라는 점에서는 공통적이다.[19] 그러면 부모

19) 이에 관해서는 『월슨 1975』, 412쪽을 참조.

와 새끼 사이의 양육은 어떤 관계 속에서 어떻게 이루어지고 있는 것일까?

얼핏 겉으로 보면 새끼를 돌보고 기르는 어미와 아비가 매우 친밀한 협동을 하고 있는 것처럼 보인다. 또한 그러한 이미지가 종종 그림이나 글로 표현되는 경우를 우리는 흔히 볼 수 있다. 그러나 새끼를 돌보는 어미와 아비의 관계가 우리가 갖고 있는 이미지만큼 그렇게 평화롭고 아름다운 것만은 아니다. 자식의 양육에 있어서도 암컷과 수컷은 심각한 갈등을 일으키기 때문이다. 이들 사이에 갈등이 끊이지 않는 것은 양쪽이 지향하는 이해관계가 다르기 때문이다. 물론 어미든 아비든 자신들의 새끼가 잘 자라서 제대로 살아갈 수 있도록 한다는 공동의 목표를 가지고 있다. 그렇지 않으면 번식을 위해서 그동안 그들이 쏟아 부은 모든 노력이 물거품이 되고 말 것이기 때문이다. 그러나 목표가 일치한다고 해서 양자의 입장이 동일한 것은 아니다.

수컷들은 신속하게 교미를 끝내고 어버이로서의 책임에서 벗어날 동기와 기회가 암컷들에 비해서 훨씬 많다. 그러나 암컷의 입장은 다르다. 암컷들은 커다란 알을 관리하든가 아니면 임신이라는 형태로 많은 에너지를 소모하지 않을 수 없다. 따라서 생식에 대한 투자비용에 있어서 암컷과 수컷은 큰 차이가 난다. 진화과정에서 암컷들은 이러한 불균형으로 말미암아 엄청난 불편과 불운을 겪어왔다. 이러한 불편과 불운을 조금이나마 해소하기 위해 암컷들은 그들 나름대로 노력해 왔다. 그 핵심은 수컷들로 하여금 최소한의 아버지 역할을 감당하게 하는 것이다.

동물계 전체를 통해서 볼 때, 수컷들은 자기들 멋대로 방탕

한 행동을 할 가능성이 암컷에 비해 높다. 이러한 성향의 수컷을 가정으로 끌어들여 새끼를 돌보게 한다는 것은 상당히 어려운 일이다. 그러나 암컷들은 쉽게 포기하지 않았다. 그렇지 않아도 생식과정에서 이미 엄청난 불균형의 손실을 감수해 왔는데 양육에서조차 그 불균형을 그대로 이어갈 수는 없는 노릇이었다. 그래서 암컷들은 수컷들이 아버지의 위치로 돌아오도록, 다시 말해 수컷들이 그들의 부성(父性)이라는 울타리 안으로 돌아오게끔 하기 위하여 온갖 수단과 방법들을 사용하게 된다.

암컷들의 이러한 노력에도 불구하고 밖으로 나도는 수컷의 바람기는 쉽게 사라지지 않는다. 생식의 목적은 최소한의 노력으로 최대한 많은 수의 후손들이 살아남게 하는 것이기 때문이다. 수컷들은 기회만 생기면 계속 암컷들의 꽁무니를 좇아다니는 것이 일이다. 따라서 양성 사이에서는 양육의 부담을 분담할 것인지, 그렇지 않으면 어떻게 분담할 것인지를 둘러싸고 끊임없는 갈등이 벌어지게 된다.

이처럼 암컷과 수컷은 생식과 양육의 전략이 다르다. 그리고 이러한 차이와 갈등 때문에 정작 심각한 위험에 처하게 되는 것은 다음 세대의 생존이다. 그것은 어느 쪽도 감수할 수 없는 큰 손실인 것이다. 암컷이든 수컷이든 이러한 손실만은 그 어느 쪽도 원하지 않는다. 비록 서로의 전략과 전술이 다르다 할지라도 궁극적인 목적은 자식의 생존이라는 공동목표에 있기 때문이다. 따라서 어찌되었든 이러한 손실만은 막아야 한다. 이런 점에서 본다면, 동물세계에서 흔히 볼 수 있는 암컷과 수컷의 새끼 기르기가 사람들 눈에는 감동을 줄 만큼 맹목적 사랑으로 비추어질 수 있으나 가장 감동적이고 헌신적인 그들의 사랑도 실은 성적 이기심의 산물인 경우가 많은 것이다.

특히, 두드러진 한 가지 예를 든다면 떠돌이 '알바트로스 albatrus'[20] 부부의 자식사랑이 바로 그런 것이다. 이들은 남극권에 인접한 작고 열악한 환경의 섬들에서 둥지를 튼다. 겉으로 보기에는 이들이 새끼들에게 아무런 대가도 바라지 않고 헌신적으로 돌보고 있는 것처럼 보인다. 그뿐만 아니라 부부 사이에 있어서도 이들은 서로에 대해 성실하기 짝이 없다. 그러나 자세히 들여다보면 실상은 보기와는 다르다.

떠돌이 알바트로스 부부는 동물세계에서 가장 이상적인 부모와 부부의 모습을 보여주는 것으로 생각될지 모른다. 하지만 이들 부부도 자식들 양육 문제 때문에 갈등을 일으키기도 한다. 이들 역시 다른 동물들과 마찬가지로 어린 새끼를 돌보아야 한다는 강력한 본능으로부터 자유롭지 못하다. 따라서 어린 새끼를 돌보아야 하는 임무를 저버릴 수는 없다. 문제는 다음 단계의 임무를 누가 맡을 것인가를 둘러싸고 승강이를 벌인다. 이 임무가 그들에게는 결정적으로 중요한 사항이다. 왜냐하면 바다와 둥지를 오가며 새끼에게 먹이를 주면서 그 다음 10개

20) 알바트로스 Diomedea albatrus는 신천옹(信天翁)이라고 불리기도 하는데, 몸길이 91cm, 펼친 날개 길이 약 2.1m이다. 몸은 흰색이며 머리 위쪽과 목은 황금색이고 날개깃은 검정색이며, 분홍빛의 커다란 부리가 특징적이다. 먼 바다에서 생활한다. 날 때는 날개를 좌우 일직선으로 뻗어 바람을 타고 나는데, 몸을 좌우로 기울여 지그재그를 그리면서 날고 다리를 내린 채 물갈퀴를 폈다 접었다 해서 방향을 바꾼다. 10월 하순에서 12월에 걸쳐 한배에 1개의 알을 낳아 62~64일 동안 품는다. 부화는 1월 상순에서 2월이고 새끼가 둥지를 떠날 정도로 성숙하기까지는 4개월 정도 걸린다. 먹이는 동물성인 오징어나 새우, 물고기 등을 먹고 산다.

월 동안을 보내야 하기 때문이다. 그렇지 않아도 큰 몸집을 가지고 있는 알바트로스에게 이렇듯 오랜 기간에 걸친 양육이 불가피한 것은 그들이 주식으로 삼는 대서양의 오징어잡이의 어려움 때문이다. 다 자란 알바트로스가 먹이를 잡기 위해서 먼 바다까지 가야 하는 그 여행거리가 무척 길기도 하거니와 또한 먹이를 발견하기까지 걸리는 시간 역시 만만찮다. 따라서 어느 한쪽의 노력만으로는 게걸스러운 새끼들에게 충분한 먹이를 날라다주기 힘들다.

혹독한 남극의 겨울을 이겨내고 바람이 휘몰아치는 둥지에서 다 자란 새끼가 부모와 똑같은 생활양식을 시작할 수 있게 되기까지 무사히 키우는 일은 이들에게 크나큰 도전이 아닐 수 없다. 광막한 바다에서 살아남기 위해서는 그야말로 모든 점에서 성숙한 '성체'가 되어야 한다. 따라서 부모는 80그램의 갓 태어난 새끼가 8킬로그램의 다 자란 알바트로스로 될 때까지 새끼를 길러야 하는 피할 수 없는 선고를 받은 셈이다.[21] 물론 알바트로스의 입장에서 보면 이는 스스로가 자초한 자업자득의 선고이다. 몸집의 크기를 이렇게 되기까지 진화시킨 것은 바로 그 자신들이기 때문이다.

알바트로스 부부는 이러한 난관을 극복하고 새끼를 성공적으로 기르기 위해 그들 나름대로 해결책을 모색했다. 그 해결책이란 우선 한 번에 낳는 새끼의 숫자를 줄이는 것이었다. 그리고 두 번째로는 한걸음 더 나아가 새끼를 낳는 빈도까지 줄였다. 그 결과 알바트로스는 조류 중에서 둥지를 트는 주기가 2년을 넘어서는 유일한 종이 된다. 말하자면 암컷이 격년으로 알을 낳는 것이다.

떠돌이 알바트로스는 '지옥에서 온 새끼'에 대한 책임을 이처럼 효과적으로 극복함으로써 지구상에서 날 수 있는 가장 큰 새로 계속 남게 된다. 그리고 알바트로스는 약 40년 동안이나 금슬 좋은 부부로서 함께 지낸다. 이는 서로에 대한 이타적 고려에서 나온 것이라기보다는 환경적 조건과 자기 이익이 한데 어우러진 종합적 산물이다.

특히, 새끼의 양육에서도 이러한 부부의 금슬은 매우 중요하다. 알바트로스 부부는 새끼들에게 지구상의 어떤 운동선수에게도 못지않은 가혹한 지구력 훈련을 시킨다. 험난한 세상에 살아남게 하기 위해서는 다른 선택의 여지가 없다. 그런데 만일 알바트로스 부부 가운데 어느 한쪽만 남게 되면 어떻게 될까? 그럴 경우에도 과연 자식양육에 대한 이 과중한 업무가 제대로 수행될 수 있을까? 알바트로스에게 부부 중 어느 한

21) 『스파크스 1999』, 160~61쪽 참조.

❋ 알바트로스 2 ❋

쪽만 남게 된다는 것은 선택지가 되지 못한다. 사고이든 죽음이든 간에 부모 중 어느 한쪽이 먹이를 가지고 돌아오지 못하면 남겨진 새끼들은 모두 죽을 수밖에 없다. 덩치 큰 새끼를 양육하는 일 때문에 알바트로스 부부는 한편으로 새끼들의 먹이를 잡기 위해 생존환경에 도전하면서, 또 다른 한편으로는 암컷과 수컷이 협동과 성실이라는 궁극적인 동맹, 즉 절대적인 일부일처제를 유지하지 않을 수 없는 것이다.

그런데 이러한 알바트로스와 같은 조류의 새끼 기르기에는 또 한 가지 흥미로운 사실이 있다. 대체로 새들은 암수가 독자적인 이해관계를 추구하는 데에 환경이 중요한 역할을 한다는 사실을 다른 어떤 동물 종보다도 잘 보여준다. 이는 다시 그들의 새끼 기르기 전략의 본성에도 영향을 미친다. 예를 들면, 우리는 일반적으로 자신이 생산할 수 있는 알의 숫자 때문에 스스로의 생식적 잠재능력을 억제하는 쪽은 수컷이 아니라 암컷이라는 생각에 익숙해 있다. 그러나 일부 조류에서는 풍부한 먹이를 구할 수 있기 때문에 암컷이 한배의 알을 낳은 다음 연속적으로 다시 알을 낳는 경우도 있다. 일반적인 경우와 비교해보면 이는 암컷과 수컷의 입장이 완전히 역전된 상황이라고 할 수 있다.

일반적으로는 수컷이 자유로운데 여기서는 암컷 쪽이 오히려 수컷에게 복수의 짝짓기 상대를 구하도록 부추기고 있는 꼴이다. 따라서 새끼를 부화한 다음에도 이들의 관계는 일반적인 경우와 다소 차이가 있다. 교미가 끝나면 매번 알을 품어서 새끼를 부화시켜야 하기 때문에, 암컷들만으로는 그 일을 다 떠맡을 수가 없다. 그래서 암컷은 수컷으로 하여금 알을 품게 하고 또 새끼도 돌보도록 하지 않으면 안 된다. 이때 암컷에게 작용하는 제약조건은 그들을 위해서 싸움도 불사할 자유로운 수컷들을 어떻게 획득하느냐이다.

이런 방식의 일처다부제 전략을 채택하는 대표적인 새는 '꿩꼬리 자카나 Jacana spinos'[22]이다. 꿩고리 자카나의 서식지

22) 자카나는 잡식성이지만, 물에 사는 곤충과 연체동물을 많이 먹으며 때로는 작은 물고기나 수생식물의 씨앗도 먹는다. 대부분의 종에서 번식기는 긴 편이며, 그 시기는 곤충이 풍부한 우기와 일치한다. 대부분의 종은 암컷이 크고 일처다부제이다. 물론 예외도 있다. 아프리카자카나와 아메리카자카나의 경우에는 서식환경의 형태에 따라 일부일처가 되기도 하고 일처다부가 되기도 하는 듯하다. 예컨대, 습윤한 환경에서 번식하는 아메리카자카나는 일부일처제이며 각 쌍은 비교적 넓은 세력권을 형성한다. 멕시코나 푸에르토리코에서는 늪이 많은 지역에서 암컷은 여러 마리(1~4마리)의 수컷과 짝을 이룬다. 일부일처제인 종에서도 집짓기, 알 품기, 새끼 돌보기는 모두 수컷이 한다. 예외는 수컷과 암컷 양쪽이 새끼 돌보기를 하는 볏자카나이다. 알을 2개씩 각 날개 밑에 품고 물에 젖지 않도록 알 품기를 하는 자카나의 습성이나 어미와 새끼

는 주로 열대의 연못이나 호수인데, 암컷 자카나는 여러 마리의 수컷들이 제공하는 성적 서비스를 즐긴다. 이들은 둥지를 물 위에 마련하는데, 둥지를 짓는 노역은 수컷 혼자 감당한다. 물론 수컷의 일은 이처럼 물 위를 떠다니는 둥지를 짓는 것으로 끝나지 않는다. 수컷은 알이 부화할 때까지 거의 한 달 동안 알을 품고 있어야 한다. 그리고 새끼가 부화한 이후로도 수컷은 두 달 동안이나 새끼들을 돌본다. 일반적으로 암컷이 하는 일의 상당 부분을 수컷이 감당하고 있는 셈이다.

암컷이 수컷보다 75% 정도 더 크고, 구애를 하며, 세력권을 놓고 암컷들끼리 서로 싸운다. 사나운 암컷들은 여러 마리의 수컷들과 함께 자신의 세력권을 지켜나간다. 그러나 수컷들은 상대적으로 왜소하기 때문에 세력권으로 침입하는 다른 암컷들을 몰아내기에는 역부족이다. 암컷 침입자가 나타나면, 수컷은 자신의 암컷에게 그가 맡고 있는 영역을 지켜달라는 신호로 날카로운 비명을 지른다. 새로운 암컷이 이전 주인의 자리를 차지하게 되는 경우에는, 수컷들은 미약하나마 그 암컷을 쫓아내려고 시도한다. 그러나 성공의 확률은 거의 없다. 불과 몇 시간 지나지 않아 수컷은 불가피한 사태임을 받아들이고, 새로운 암컷과 교미를 한다.

세력권 탈취가 이런 식으로 이루어지다 보니, 패배한 암컷에게는 무척이나 잔혹한 결과를 안겨주게 된다. 그것은 단순히

가 모두 부리와 콧구멍만을 수면 위로 내밀고서 물속에 숨어 포식자의 눈을 피하는 습성 등은 이들이 물이 많은 곳에서 생활하기 위한 일종의 적응의 결과이다. 또한 갑작스러운 위험이 있게 되면 작은 새끼를 날개 밑으로 넣어 안전한 장소로 운반하기도 하고, 날개를 다친 듯이 가장하여 포식자를 멀리 하려는 행동을 보이는 경우도 종종 관찰되기도 했다.

세력권 영역을 빼앗기는 것에 그치는 것이 아니기 때문이다. 승리자는 이전 소유자의 알과 새끼들까지도 모두 없애 버린다. 그리고 이전의 암컷을 돌보던 수컷들을 즉시 자신의 알을 돌보는 새로운 임무에 동원시킨다.[23] 패자에게는 실로 비교할 수 없을 만큼 냉혹한 처사가 아닐 수 없다.

그러나 이 역시 자연이 보여주는 게임의 법칙이다. 그 법칙의 핵심은 가능한 한 자신의 유전자를 많이 퍼뜨리는 것이다. 따라서 만일 자신과 동일한 목적을 가진 상대가 있다면, 그에 대해 배려한다는 것은 사실상 있을 수 없는 일이다. 그리고 이러한 목적을 실현하고 최대한의 성과를 올리기 위해 환경에 적응하고 또 종마다 다양한 전략들을 진화시켜 왔다.

대체로 조류의 암컷이 한 번의 번식기에 낳을 수 있는 알의 숫자는 한정되어 있다. 수컷들은 이 제한된 자원을 둘러싸고 싸움을 벌인다. 새는 온혈동물이므로 알과 새끼들은 부득이 좁은 온도범위 안에서 살아야 한다. 현재 지구상에서 살아가고 있는 각종 새들은 이러한 조건을 충족시키기 위해 갖가지 장치들을 사용하고 있다.

예컨대, 타조나 꿩은 알에서 부화한지 불과 몇 시간 안에 뛰어다니기도 하고, 심지어 먹이까지 찾아다닐 정도로 조숙한 새끼를 낳는다.[24] 따라서 먹이 공급자로서 부모의 역할이 상대적으로 매우 자유로울 수 있다. 그러나 흰빰오리의 경우는 그 사정이 판이하게 다르다. 흰빰오리의 홀어미, 홀아비 사이에서도 격렬한 경쟁이 벌어지고 있는 것이다. 흰빰오리의 암컷은 호수 바깥의 물살이 빠른 강변을 따라서 둥지를 트는데, 새끼

23) 『스파크스 1999』, 182~183쪽 참조.
24) 『월슨 1975』, 412쪽.

들이 알에서 나오면 어미는 그들을 이끌고 먹이를 찾기에 유리한 지역으로 물살을 거슬러 위험한 여행을 시도한다. 흰뺨오리의 암컷이 이렇듯 위험한 여행을 감행하는 것은 수컷 때문이다. 어쩌다 암컷이 수컷 근처를 지나가다가, 그 수컷이 낳은 알이 그들보다 더 늦게 부화해서 암컷이 아직도 알을 품고 있는 것을 보면 그 수컷은 가차없이 새끼들을 물어 죽이기 때문이다.[25] 수컷이 이런 행동을 보이는 이유는 뻔하다. 그 수컷은 자신의 후손들의 경쟁자가 될 새끼 오리들이 탄생하는 것을 원하지 않기 때문이다.

이렇듯 자카나와 흰뺨오리는 서로 다른 환경에서 서로 다른 방식으로 자손들을 남긴다. 그리고 이미 살펴보았듯이 이들의 양육형태는 매우 헌신적인 사랑으로 보인다. 특히, 자기 새끼들의 생존을 위해 다른 새끼들을 죽이는 것을 보면 자식들에 대한 그들의 사랑은 정말 감동적이다. 그러나 과연 이들의 관계가 우리들이 생각하는 자식사랑과 같은 것일까?

대부분의 새들은 비교적 좋은 환경 속에서 살아간다. 따라서 만일 암컷과 수컷이 서로 힘을 합친다면 둘 사이에서 태어난 보다 많은 새끼들을 키우는 것이 가능하다. 또한 많은 새끼들을 양육하기 위해 두 가족이 협력해서 공동으로 새끼들을 키우기도 한다. 그리고 이러한 협력은 대체로 육아의 역할이 양성 중 어느 한쪽으로 확실하게 결정된 조건에서 이루어지며, 육아의 역할이 어느 쪽으로 결정되는가는 전적으로 협상의 결과에 달려 있다.

흔히 관찰할 수 있듯이, 성 선택 못지않게 양육에서도 여러

25) 『스파크스 1999』, 181~186쪽 참조.

가지 전략이 구사된다. 예컨대, 새끼가 깃털도 나지 않고, 눈도 보이지 않는 지극히 무기력한 상태로 부화되는 것도 분명히 진화의 산물이다. 언뜻 생각하면 이해가 가지 않을 수도 있다. 미숙하고 무기력한 상태로 부화되는 것이 어찌 진화의 산물일까? 새끼의 부화가 이런 식으로 진화한 것은 암컷과 수컷 사이에서 암컷이 선택한 전략 중 하나이기 때문이다.

그런데 암컷은 왜 이런 전략을 선택한 것일까? 그것은 한마디로 자신의 부담을 덜기 위한 전략이었다. 미숙아 상태로 태어나는 어린 새끼는 상대적으로 작고 준비가 덜된 알에서 태어나기 때문에, 알을 낳는 암컷의 입장에서 보면 생식이라는 사업에서 초기투자의 부담을 크게 덜 수 있는 것이다. 또한 이처럼 '무기력한 새끼를 키우는' 부담 중 일부를 수컷에게 나누어줄 수도 있다. 그렇다면 이러한 암컷의 전략을 수컷은 어떻게 받아들이는 것일까? 수컷은 암컷의 전략대로 순순히 따르는 것일까? 아니면 자기 나름대로 또 다른 전략을 구상하는 것일까?

새끼들의 양육을 위해 암컷과 수컷은 서로 돕는다. 그리고 그 협력체계가 원활히 작동하는 것을 보면 암컷의 전략이 수컷에게 먹혀든 것처럼 보인다. 그러나 실상은 그렇지 않다. 새끼 양육을 위해 암컷과 수컷이 서로 협력은 하면서도 양쪽은 서로 다른 의제를 추구하고 있다. 다시 말해서 암컷과 수컷은 각기 자신의 이익을 위해서 협력작업을 하고 있는 것이다.

오늘날 발달한 정교한 과학적 수준에서 DNA '지문감식'을 해보면, 새들의 둥지 속에는 정말 깜짝 놀랄 만한 일이 벌어지고 있음을 알 수 있다. 하나의 둥지 속에 아비가 다른 새끼들이 섞여 있기 때문이다. 분명히 이것은 암컷과 수컷 모두 상대

모르게 빈번히 한눈을 팔았다는 증거이다. 우리 인간의 기준에서 보면 정말 엄청난 사건이 아닐 수 없다. 그리고 그 사건의 실체는 언제나 '누가' 한눈을 팔았는가로 귀착된다. 그렇다면 새들의 경우는 어느 쪽이 한눈을 판 것일까?

우선 혐의가 가는 쪽은 수컷이다. 기회만 나면 수컷은 처음 관계를 맺은 상대는 안전한 후방에 확보해 둔 채 여분으로 새끼들을 더 확보하려고 기를 쓰고 다니기 때문이다. 그렇다면 암컷은 언제나 결백한가? 그렇지 않다. 암컷도 다른 수컷에게 똑같은 기회를 부여할 수 있다. 이는 동물적 성의 특징을 보여주는 한 단면이라고 할 수 있다. 수컷과 암컷 사이에 벌어지는 양육의 협상은 자신의 유전자를 지닌 새끼를 위해 선택한 결과이다. 그리고 이러한 협상을 수행하면서도 또 다른 한편으로 끊임없이 자신들의 유전자를 퍼뜨리기 위해 한눈을 파는 것이다.

그렇다면 이러한 생식전략은 조류에게만 해당되는 것일까? 포유류는 어떨까? 포유류도 조류와 별반 차이가 없다. 그러나 혈기 왕성하고 매우 활동적인 포유류들에게 일부일처제는 전체를 통틀어 5%에 불과하다. 달리 말한다면 포유류의 나머지 95%는 생식과 양육의 전략이 조류와 다소 차이가 있다는 말이다.

첫 번째로 지적할 수 있는 것이 바로 양육에 있어서 수컷의 역할이다. 나머지 95%의 포유류에서 수컷들은 육아의 의무로부터 완전히 해방되어 있다. 역으로 말한다면 암컷이 육아를 전담하고 있다는 말이 된다. 왜 포유류의 암컷들에게 타고난 어미로서의 역할이 주어져 있는 것일까? 그것은 바로 암컷의 타고난 신체 때문이다. 암컷은 예측 불가능한 상황에도 적응할 수 있도록 가장 뛰어난 설계로 이루어진 몸을 가지고 있다. 그것은 바로 젖을 생산하고 보관하는 기관이며, 이는 자연이 준 축복이 아닐 수 없다. 이러한 축복 덕분에 포유류는 가장 추운 곳이나 더운 곳이나 지구 어느 곳이든 거뜬히 살아갈 수 있게 되었다. 지구상 어느 곳이든 미치지 않는 곳이 없을 정도로 포유류의 서식지는 넓으며, 그 크기와 형태 또한 놀라울 정도로 다양하다. 포유류가 이처럼 성공적인 결과를 거둔 가장 중요한 원인이 바로 젖이었다는 데에는 의심의 여지가 없다. 그리고 그 성공의 핵심은 바로 어미에게 있다. 왜냐하면 포유류 어미만이 우유를 생산할 수 있기 때문이다.

젖의 첫 번째 기능은 뭐니 뭐니 해도 우유의 저장이다. 그리고 이러한 저장기능은 포유류의 새끼 양육에 아주 유익한 기능을 한다. 젖을 저장해두었다가 필요할 때 언제나 새끼에게 우유를 제공할 수 있을 뿐 아니라, 특히 적으로부터 쫓겨 다니면서 먹이를 구할 겨를이 없을 때도 안전한 장소에서 언제든지 새끼들을 먹일 수 있다. 심지어 임신기간 동안에도 포유류는 자궁 속에 새끼를 품고 다니기 때문에 상당히 자유롭게 여분의 먹이를 채취할 수 있다.

그러나 어미에게는 이것이 엄청난 부담이고 많은 스트레스를 안겨준다. 참 아이러니한 일이다. 포유류 암컷은 정말 자연의 축복이라고 할 만큼 독특한 능력을 부여받았는데, 오히려 그것이 그들을 자기 충족적인 홀어미로 만들어버리고 말았다. 수컷 없이도 혼자서 능히 새끼를 키울 수 있다는 말이다. 체내수정, 임신 그리고 요구될 때면 즉시 새끼에게 먹이를 제공하는 여러 개의 분비선 등을 갖추고 있기 때문에 암컷들은 수컷의 도움이 없이도 효과적으로 새끼를 기를 수 있다.

이러한 암컷의 역할 이면에서 수컷들은 한가로이 또 다른 경쟁을 벌인다. 수컷들끼리 경쟁을 벌이면서 가능한 한 많은 새끼를 얻기 위해 다른 암컷들을 유혹하고 다니는 것이다. 일부다처를 지향하는 수컷과 극히 까다로운 암컷의 진화는 바로 이러한 시나리오를 통해 이루어지고 있다. 하지만 이미 지적했듯이 5%의 예외가 있다. 이들은 수많은 포유류 중에서 수컷과 암컷이 긴밀히 협동하는 일부일처의 포유류로 존재한다. 필시 인간도 그 중 하나일 것이다.

물론 일부일처의 포유류에게도 생식과 양육의 전략이 있다. 겉으로 보면 서로를 보살피고 협력하는 것처럼 보이지만, 그 내면을 들여다보면 어떤 전략적 요소가 구사되고 있다. '땅늑대 earthwolf'[26]의 경우를 보자. 땅늑대의 수컷은 일부일처제 포유류가 흔히 그렇듯이 직접 육아에 개입한다. 수컷이 육아에 직접 개입하는 것은 그것이 자신에게 이득이 되기 때문이다. 과연 수컷이 얻는 이득이 무엇일까?

대체로 땅늑대는 쌍을 이루어 멀리 흩어져서 살아간다. 그들은 냄새 자국을 남김으로써 자신의 영토를 확장해 가며, 주로 이 영역 안에서 먹이를 구한다. 따라서 자신들의 먹이 채집 공간인 세력권을 가능한 한 넓히려고 노력하며, 그 세력권을 침입하는 자에 대해서는 격렬한 공격을 가한다. 그렇다고 해서 땅늑대 부부가 한 공간에서 같이 생활하는 것은 아니다. 그들은 따로따로 개미굴을 찾아다니면서 먹이를 구하고, 또 잠도

26) 식육목 Carnivora 하이에나과 Hyaenidae에 딸린 포유동물인데, 땅에 굴을 파고 살기 때문에 이런 이름이 붙었다. 겉보기는 하이에나와 비슷하지만 몸집은 훨씬 작다. 큰 귀와 뛰어난 청력을 이용해서 소리로 먹잇감을 찾아내는데, 주로 곤충이나 특히 개미를 잡아먹고 산다. 한 마리의 땅늑대가 먹어치우는 흰개미는 하룻밤에 무려 20만 마리에 달한다. 흰개미를 찾기 어려울 때는 땅 속의 다른 곤충이나 애벌레를 잡아먹기도 하고, 또 경우에 따라서는 설치류를 잡아먹기도 한다. 대개 수컷은 단독생활을 하면서 번식기에만 암컷을 찾는다. 암컷의 임신기간은 80~110일이며, 한배에 2~4마리의 새끼를 낳지만 잘해야 2마리 정도가 살아남는다. 어미 암컷들은 작은 무리를 지어 공동으로 새끼를 키운다. 새끼들은 3개월 정도가 되면 어미를 따라 먹이를 찾아다니게 되고 4개월 정도가 되면 어미로부터 독립하게 된다.

✱ 땅늑대 1 ✱

저마다 다른 굴에서 잔다. 그러다가 번식기가 오면 지배적 위치에 있는 수컷 땅늑대는 일부일처제와 일부다처제 양쪽 제도의 좋은 점을 모두 취한다.

땅늑대 수컷은 일단 자신의 상대와 먼저 교미를 한다. 수컷은 아버지의 위치를 확보하기 위해 4시간 이상 교미를 하며, 그 다음 다른 수컷이 도둑 교미를 하려고 접근하지 않는지 지키기 위해서 암컷에게서 한시도 눈을 떼지 않는다. 그러나 일단 위험이 사라지면 수컷의 일부일처제적 태도는 달라진다. 도둑 교미를 하기 위해서 자기보다 지위가 낮은 수컷들의 세력권 주변을 어슬렁거리면서 혹시 자신과 교미하고 싶어 하는 암컷이 없는지 찾아다닌다. 추가 교미 상대를 찾으려는 이러한 노력이 성공을 거두기도 하지만, 그렇다고 해서 원래의 상대를 버리는 것은 아니다. 과연 수컷은 무엇을 하기 위해 다시 원래의 상대를 찾는 것일까?

새끼를 가진 땅늑대의 암컷이 직면하는 문제는 뭐니 해도 새끼들에게 먹일 풍부한 젖을 생산하는 일이다. 그리고 풍부한

✺ 땅늑대 2 ✺

젖을 생산하기 위해서는 충분한 영양분을 섭취해야 한다. 영양분 섭취를 위해 땅늑대 암컷들은 밤사냥에 나서는데, 사냥을 나갈 때마다 25만 마리 이상의 흰개미를 먹어야 한다. 그러나 이러한 먹이사냥이 마냥 허용되는 것은 아니다. 새끼들이 어릴 때는 아직 굴 안에 머물러 있기 때문에 마음 놓고 먹이를 찾아다닐 수 있지만, 조금 더 자라게 되면 그럴 형편이 못 되기 때문이다. 새끼들이 자라 바깥 탐험을 시작하면 어미가 그들을 보살펴야 하는 것이다. 수컷이 가족에게 관심을 보이기 시작하는 것이 바로 이 무렵이다.

암컷이 먹이사냥을 위해 굴을 비우면 수컷이 굴로 돌아와서 새끼들을 돌본다. 또 어린 새끼들이 서로 뒹굴며 놀이를 즐길 때 침입자를 감시하는 역할도 한다. 수컷은 암컷이 새끼들에게 젖을 먹이기 위해서 굴속으로 돌아올 때까지 그곳을 떠나지 않는다. 따라서 일부일처제를 통하여 가장 위험한 시기에 새끼를 보호하는 전략을 구사하면서, 수컷은 자신의 생식 성공률을 높이고 있는 셈이다. 스파크스에 따르면, 그 성공률이 무려 다섯 배 이상 향상된다고 하니 실로 대단한 전략이 아닐 수 없다.[27] 그렇다면 영장류의 수컷들은 어떨까? 그들도 땅늑대의 수컷처럼 이중적인 전략을 구사하고 있는 것일까?

영장류는 가장 사회성이 강한 포유류 중 하나이다. 암수가 무리를 지어서 생활하며 집단적인 결속력 또한 매우 강한 편이다. 그러나 땅늑대의 경우처럼 수컷이 육아의 임무를 떠맡는 경우는 거의 없다. 다만 보호자로서의 역할은 충실하다. 영장류의 수컷이 전문화된 보호자가 되었다는 사실은 분명하게 드러나는 동종이형의 성차(性差)를 통해서 알 수 있다. 수컷은 자신이 원하는 것이 무엇이든 물리적 힘으로 얻는 데에 비해서 암컷은 헌신적인 어미로서 탁월한 능력을 발휘한다.

가령 마운틴 고릴라 Mountain Gorilla[28]의 경우를 보자. 그들

27) 『스파크스 1999』, 199~202쪽.

28) 마운틴 고릴라는 세계자연보호연합(IUCN)의 레드 데이터북에서는 '멸종 직전 종'으로 지정되어 있으며, 그리고 워싱턴조약(CITES ; 멸종의 우려가 있는 야생동물의 국제거래에 관한 조약)에서는 멸종의 우려가 높은 종으로 지정되어 있다. 우리가 동물원에서 볼 수 있는 고릴라는 대부분 서로랜드 고릴라이며, 마운틴 고릴라는 보기 어렵다. 현재 마운틴 고릴라는 비룽가 화산군에 약 350마리, 거기서 북쪽으로 약 25km 떨어진 브윈디 국립공원에 약 300마리 등 전부 합하여 약 650마리 정도가 남아 있을 뿐이다.

은 다양한 크기의 '가족'을 이루어 생활한다. 가족구성은 대체로 수컷 한 마리와 3~4마리의 암컷, 그리고 5~6마리의 새끼들로 구성되어 있다. 수컷은 무시무시한 거구이다. 자신의 하렘에 속해 있는 어느 암컷과 비교해도 최소한 그 몸무게가 두 배는 된다. 그뿐만 아니다. 우람한 어깨에다 반구형 머리, 강력한 털과 근육 등은 수컷의 위상을 말해준다. 특히, 날카로운 수컷의 송곳니는 두려움마저 안겨준다.

이러한 수컷을 흔히 '실버백 silber back'이라고 부르는데, 이는 수컷 등에 은빛 털이 나 있는 것에 따라 붙여진 이름이다. '실버백'이란 바로 '은빛 등'이라는 뜻이다. 실버백은 자신의 하렘을 넘보는 다른 수컷 실버백이나 약탈자가 없을 경우에는 "어떻게 저토록 평화로운 지도자가 있을 수 있을까?" 하는 의구심이 들 정도이지만, 다른 외부의 침입자가 있을 경우에는 완전히 돌변한다. 한순간 평화로운 실버백의 모습은 간데없고, 평소 실버백이 왜 그렇게 무서운 인상을 가지는가에 대한 수수께끼가 금방 풀리게 된다. 실버백의 모든 것은 단 하나의 메시지로 분명하게 요약될 수 있다. 즉, '실버백 고릴라는 전사이자 보호자이다.'[29] 이것은 고릴라 선조들이 성을 둘러싼 경쟁을 벌이는 과정에서 획득한 진화적 산물이다. 고릴라 암컷들은 바로 이러한 진화적 경향에 따라 자신들의 생식적 자원을 구성한다.

수컷이 더 크고 사나울수록 그 주위에 더 많은 암컷들이 모인다. 따라서 그가 낳는 새끼의 숫자도 자연히 많아진다. 수컷은 암컷을 둘러싼 경쟁에서 승리하기 위해서 더 크고 사나

29) 『스파크스 1999』, 204~205쪽.

✹고릴라 2✹

워져야 했다. 그리고 자신을 찾아 몰려온 암컷들을 계속 유지할 필요도 있었다. 마운틴 고릴라의 경우, 암컷들은 특별한 발정기를 가지고 있지 않다. 따라서 수컷이 번식을 위해서 채택하는 최선의 선택은 성적으로 성숙해지면 닥치는 대로 아무 암컷하고 관계를 맺는 것이다. 얼핏 보면 암컷들에게는 불리한 듯이 보일 수도 있다. 그러나 실상은 그렇지 않다. 한 마리의 수컷과 여러 암컷이 동거하고 있지만, 이러한 동거 자체가 암컷들에게도 큰 이점을 안겨주기 때문이다. 비록 암컷이 새끼를 출산해도 그 새끼를 보호할 능력이 없으면 아무런 소용이 없다. 그래서 암컷들은 자신들의 새끼를 보호해 줄 만한 실버백에게 모여든다.

그러면 실버백은 암컷들이 원하는 것만큼 충실한 아버지일까? 사실 겉으로 보면 실버백은 아비로서 지나칠 정도로 가족에게 무관심하다. 그러나 이 또한 실버백의 전략이다. 실버백은 그의 '가족' 구성원들 모두가 번성할 수 있도록 일종의 '냉전' 평화를 유지시키는 최고의 가족 보호자 역할을 하고 있는 것이다. 일단 부모가 각기 다른 역할을 수행하면, 불가피하게 성은 분화되게 마련이고, 수컷들은 좀 더 크고 호전적이 되어 갈 것이다. 그렇게 되어야만 더 많은 새끼를 얻을 수 있기 때문이다. 반면 암컷들은 좀 더 방어적이고 헌신적인 어미가 될 것이다. 어떻게 하면 성욕이 강하고 경쟁적이고 공격적인 수컷들이 일으키는 긴장이 그 집단을 분열시키지 않고 잘 유지해 갈 수 있느냐? 이는 대체로 사회성 동물들이 직면하는 문제이며, 마운틴 고릴라의 경우도 예외가 아니었던 것이다.

4. 협 동

섹스는 분열과 혼란을 일으키며 더러는 파괴적이기까지 하다. 이는 모든 동물에게 적용될 수 있다. 번식에 대한 강한 충동은 종종 공격성[30)]으로 드러나서, 집단 사회를 깨뜨리고 동물이 독립생활을 하도록 몰아간다. 수컷은 특히 난폭하여, 세력권을 두고 투쟁하고 자신의 소유라고 여기는 것을 빼앗기지 않으려고 싸우며 가능한 한 많은 암컷을 차지하려고 애쓴다. 하지만 모든 생물은 이러저러한 집단 속에서 어떻게든 살아간

30) 여기서 말하는 공격성이란 신경계 내에서 각기 별도의 통제를 받는 서로 다른 반응들의 배열을 의미한다. 이 가운데 적어도 일곱 가지 범주는 구분이 가능하다. 영토의 방어와 정복, 잘 조직된 집단 내에서의 서열 찾기, 성적 공격성, 젖을 떼기 위한 적대 행동, 먹이를 향한 공격성, 포식자에 대항하는 방어형 역공, 사회규범을 강화하는 데 쓰이는 도덕적이고 양육적인 공격성 등이 그것이다. Edward O. Wilson, *On Human Nature* (『인간 본성에 대하여』, 이한음 옮김, 사이언스북스, 2000), 173쪽 참조. 앞으로 이 책은 『윌슨 1978』로 줄인다.

다. 여기에 몇 가지 의문이 제기된다.

가장 먼저 떠오르는 의문은 성이 어떻게 억제되는가 하는 점이다. 다시 말해서 필경 환경적인 이유로 말미암아 생물집단은 고도로 조직화될 수밖에 없을 것이고, 이렇듯 조직화된 집단 속에서 살아가야 하는 종에게 긴장의 주된 근원은 분명 성일 텐데, 문제는 이러한 성이 어떻게 억제되는가 하는 점이다. 둘째, 테스토스테론에 흥분한 혈기 왕성한 수컷들의 공존을 가능케 하는 행동관습은 무엇인가? 셋째, 암컷은 거칠게 행동하는 수컷들로부터 어떤 식으로 대처하면서 강간을 피하는가? 물론 이러한 물음들에 대해 단도직입적인 답을 기대하기는 어렵다. 왜냐하면 성 전쟁은 근본적으로 아주 상반된 이해관계를 가지는 집단 사이에서 벌어지는 협상일 뿐 아니라, 또한 그 협상이 단 한 번에 끝나는 것이 아니라 끊임없이 계속되는 진화적 협상과정이기 때문이다.

젤라다 비비의 생활상은 이러한 협상의 성격을 아주 상징적으로 보여주고 있다. 널리 알려져 있듯이 젤라다 비비의 수컷은 아주 공격적이다. 그래서 한창 때의 수컷은 영락없이 폭군처럼 보인다. 무리 내의 어떤 원숭이도 수컷 우두머리의 화를 면할 길이 없다. 가장 난폭한 공격은 감히 자신의 암컷 무리를 건드리는 자신만만한 젊은 수컷들을 상대할 경우이다. 마치 이때를 위해 힘을 아껴두었다는 듯이 난폭한 공격을 보인다. 그가 거느리는 암컷들까지도 그의 노여움을 사지 않으려고 눈치를 보며 경계한다. 특히, 수컷이 짝짓기를 원하는데 거부할 경우 무자비하게 물릴 수도 있다. 어찌 보면 자신의 하렘 안에서 자행되는 강간으로 볼 수도 있는 것이다. 이러한 현상은 먹이경쟁에서도 마찬가지이다. 배가 고프면 자기 배를 채우

✳ 비비 원숭이 1 ✳

기 전까지는 먹이 근처에 암컷들이 얼씬도 못하게 협박한다. 힘의 우위에 있는 수컷은 언제나 제멋대로 군다.

그러나 독재자도 결국에는 그에 상응하는 대가를 지불하게 된다. 개별적으로는 암컷이 수컷의 월등한 근력을 당해낼 재간이 없지만, 힘을 합치면 사정이 달라질 수 있는 것이다. 때로는 암컷 무리가 일제히 울부짖어 도전하거나 저항할 경우가 있는데, 이럴 경우에 힘이 센 수컷이라도 물러서지 않을 수 없다.

수컷 사이의 경쟁에서도 수컷 독재자는 장기집권의 영화를 누리는 것이 아니다. 대체로 독재자의 집권은 2년간의 집권 후에 벌어지는 최후의 대결로 끝이 난다. 평소에 무소불위의 권력을 휘두른 것에 비하면 그 영화의 권좌가 무척 짧은 편이다. 독재자가 치르는 최후의 대결이란 암컷을 차지하기 위해 도전을 감행하는 대담하고 강한 미혼 수컷과의 대결을 말한다. 신기하게도 패배한 폭군은 종종 이전 가족의 주변을 몰래 서성거리는데, 새로이 권좌를 빼앗은 수컷은 짧은 기간이나마 이를 묵인해 준다.

그러나 새로운 집권 기반이 하루아침에 이루어지는 것은 아니다. 비록 젊은 폭군이 새로 등장하기는 했지만, 이는 일시적으로 하렘의 불안정한 시기를 예고하고 있는 것이다. 무력으로 기존의 폭군을 제거하는 데 성공했지만 아직은 암컷 무리를 다루는 데 미숙하기 짝이 없기 때문이다. 따라서 암컷 무리들은 혼자 돌아다니다가 다른 무리에 끌려가거나 혹은 공격적인 총각 수컷들에게 희생을 당하기도 한다.[31] 그래서 암컷들은 그들 나름대로 생존전략을 모색하지 않을 수 없다. 말하자면 이기적인 수컷들에 대응하기 위해 암컷들 간의 유대관계를 형성하며 힘을 결집하였다. 새로운 지배자로 등장한 수컷 역시 이러한 암컷의 유대를 무시할 수 없다. 혼자 힘으로 집단을 이끌어가지 못하는 처지에서 보면 암컷들의 유대에 어느 정도 호응을 하며 집단을 지속시켜 가는 것이 최선이기 때문이다.

사회생물학적 관점에서 보면 지배한다는 것은 생활과 생식에 필요한 사항을 우선적으로 차지한다는 것을 말한다. 이것은 결코 순환적 정의가 아니며 자연에서 관찰된 확고한 상관성을 진술하는 것뿐이다. 매우 드문 예외를 제외하면 공격적인 상위의 동물들은 하위자들로부터 먹이와 배우자 그리고 하렘을 빼

31) 『스파크스 1999』, 210~213쪽.

✵ 비비 원숭이 2 ✵

앗는 것이 보통이다.[32] 여러 영장류 사회에서 독재적인 수컷은 끊임없이 무리 내의 반항아들을 힘으로 혼내거나 제압하는가 하면, 내켜하지 않는 암컷을 윽박질러 짝짓기를 강요하는 것이다.

원숭이와 비비는 가장 영리하고 꾀가 많은 동물에 속한다. 이들은 자신의 이기적인 목적에 주변의 다른 개체들을 이용하려고 갖은 술책을 부릴 줄 안다. 이들이 이렇듯 영리해진 까닭이 무엇일까? 필시 그것은 그들의 삶의 양식에서 기인한 것임에 틀림이 없을 것이다. 왜냐하면 복잡한 상호작용의 필요성이 지능의 발달을 가져온 것이지, 지능의 발달로 인해서 복잡한

32) 『윌슨 1975』, 349쪽.

상호작용이 생긴 것은 아닐 것이기 때문이다. 실제로 이들의 삶 속으로 한 번 들어가 보자.

집단 내에서 벌어지는 싸움의 주된 원인은 바로 성적 관심 때문이다. 성숙한 수컷들은 무리 내의 암컷들과 항상 접하게 되고, 암컷이 한껏 발정하면 최고 서열의 수컷이 누가 짝짓기를 할 것인지를 지정한다. 이것은 우두머리 수컷이나 그의 비위를 맞추는 녀석들만 짝짓기가 가능하다는 것을 의미한다. 우두머리 수컷은 제 뜻대로 되지 않으면 용의자들을 닥치는 대로 처벌한다. 암컷들도 수컷이 원하는 만큼 자주 짝짓기에 응하지 않아서 빈번히 협박을 당하기도 한다.

그런데 왜 암컷이나 낮은 순위의 수컷들은 우두머리로부터 그처럼 무자비한 대접을 감수하는가? 비록 우두머리 수컷이 포악하기는 해도 그 나름대로 쓸모가 있기 때문이다. 우두머리 수컷은 집단 내의 최고의 전사이자 타고난 전사이다. 따라서 우두머리 수컷은 먹이를 두고 경쟁하는 다른 놈들로부터 무리의 서식지를 방어해주는 최고전사이다. 바로 이러한 우두머리 덕분에 암컷들은 먹이를 구하고 새끼를 키우는 데에만 온 힘을 쏟을 수가 있다.[33)]

하지만 우리는 여기에서 유심히 보아야 할 것이 있다. 그것은 곧 역설적이게도 수컷의 포악한 행동은 암컷들에 의해서 조장되고 있다는 사실이다. 이는 달리 말하자면 성 선택에서 암컷이 성의 주도권을 행사하고 있음을 보여주는 것이라고도 말할 수 있다. 암컷들의 짝짓기 상대는 거의 일정하다. 시종일관 암컷들은 독단적인 수컷의 지배를 벗어나기 힘들기 때문이

33) 『스파크스 1999』, 215~221쪽.

다. 그런데 이러한 독단적인 짝짓기가 암컷들에게 유전적 손실을 안겨주는 것은 아니다. 오히려 자손들에게 수컷의 우성 유전자를 물려주는 이점이 있다. 다시 말해서 암컷들에게는 우수한 유전형질을 가진 수컷들의 후손을 가지는 것이 자신의 유전자 증식에 보다 더 유리한 것이다. 그리고 암컷들이 이렇듯 최고의 폭군을 짝짓기 상대로 선호하는 이상 결국 암컷들은 수컷들의 포악성을 진화시키는 장본인이 되는 셈이다.

그렇지만 수컷들의 포악성이 끝도 없이 나가는 것은 아니다. 어느 수준에 이르면 균형감각을 찾게 되는 것이다. 앞서 말한 젤라다 비비의 경우처럼 암컷들이 서로 강한 유대관계를 형성함으로써 수컷의 지나친 폭력에 대해 저항하기 때문이다. 또 열등한 개체는 순위가 높은 동물과 싸울 때 많은 친척들의 지원을 받음으로써 더 많은 먹이와 안락한 잠자리, 훨씬 괜찮은 짝 등 실질적인 보상을 얻어내는 식으로 균형을 맞추어 가는 경우도 있다. 하지만 재미있는 것은 꼭 우두머리만이 짝짓기의 기회를 독점하지 않는다는 것이다. 우리는 앞서 영장류의 생식기의 외형과 크기에 대해 살펴본 바 있다. 그리고 그 원인을 난교적인 그들의 짝짓기 행태에서 찾았다. 즉, 강압적인 독재자 수컷이 존재하지만 그들에게는 독재자의 눈을 피해 캐주얼 섹스 casual sex[34]가 이루어지는 것이다.

5. 성의 비율

포유류 사회에서는 대체로 근친교배의 가능성이 매우 높은

34) '어쩌다 만난 대상과의 성행위'를 말한다.

편이다. 가까운 혈연끼리 결혼하는 집단의 경우도 마찬가지이다. 긴 안목으로 보면 유전적 결함이 축적되는 위험을 상쇄하기 위해서는 '젊은 피'의 수혈이 상책이다. 많은 영장류에게 이는 공통적으로 주어지는 문제였으며 그들 나름대로 방책을 강구했다. 그 중 대표적인 것이 어린 수컷으로 하여금 고향을 떠나게 하는 것이었다. 고향을 떠난 어린 수컷이 다른 곳으로 가서 친척이 아닌 암컷들과 짝짓기를 하도록 함으로써 근친교배의 위험을 피할 수 있었던 것이다.

그런데 침팬지의 경우에는 동계 교배와 이계 교배 사이의 균형은 전적으로 암컷에게 달려 있다. 침팬지는 주로 세력권 내에 분포해 있는 나무의 열매를 먹고 산다. 밀림은 워낙 복잡한 환경이어서 이들 꼬리 없는 원숭이들이 제각기 다른 시기에 잘 익은 열매를 얻으려면 숲에 대해서 속속들이 알아야만 한다. 사회생활을 하는 영리한 침팬지의 경우, 무리 내에서 쉽게 정보를 교환할 수 있기 때문에 열매가 많이 열린 나무가 발견되면 모든 침팬지가 그것을 알고 한 곳에 모이기도 한다. 그리고 때로는 풍성한 먹이와 더불어 집단 연회가 벌어지기도 한다.

그러나 집단 내 권력투쟁의 긴장은 여전히 상존한다. 주로 형제나 배다른 형제로 이루어진 정예부대가 출현하여 나머지 무리 위에 군림한다. 그들은 무리의 세력권을 이웃집단으로부터 방어하고 끊임없이 영지를 순찰하며 '아내들'의 번식상태를 점검한다.[35)]

이러한 수컷의 순위제는 지도자에게 교미의 우선권을 보장

35) 『스파크스 1999』, 223~224쪽.

해주기도 하지만, 다른 한편 계급반란을 일으키기 쉬운 상황을 초래하기도 한다. 그래서 우두머리 수컷은 특히 무리 간의 전쟁에 대비하여 자기 동료들의 충성심을 유지시킬 필요가 있다. 심지어 동료들의 환심을 사기 위해서 암컷과의 교미 전후에 동료들이 암컷에게 접근할 수 있도록 허용하기도 한다. 그러나 이처럼 우두머리 수컷이 허용한 경우일지라도 암컷의 태도는 신중하다. 순위가 낮은 수컷과 짝짓기를 할 때, 암컷은 가능한 한 순위가 높은 수컷의 눈에 띄지 않으려고 노력할 뿐 아니라, 심지어 짝짓기 도중 자연스럽게 나오는 교성까지도 억제하여 폭력적인 보복을 예방하고자 한다.

물론 이는 암컷에게 대단히 위험천만한 전략이다. 순위가 높은 수컷이 이렇게 태어난 새끼를 죽일 수도 있기 때문이다. 자신과 상관없는 새끼를 돌보는 일은 유전자의 관심사가 아니다. 그러나 잠시 나갔던 암컷이 무리 내로 돌아와 출산하고, 그 자손이 살아남는다면 밀회는 분명 극비리에 이루어졌음에 틀림없고, 이렇게 태어난 수컷 '사생아' 가운데 한 놈이라도 번식에 성공한다면 새롭고 귀중한 특성을 무리 내에 도입하게 되는 기회가 된다.[36] 다시 말해서 성 전쟁에서 힘들게 탄생한 자손들은 근친교배의 위험성을 줄이는 데 기여하기도 하지만, 또한 생존이라는 성 전쟁에서도 승리를 거둔 진화적 산물이다.

성 전쟁의 전략이 이것만은 아니다. 성 전쟁에서 훌륭한 무기가 되는 것을 든다면 그것은 바로 자손의 성별을 결정하는 능력이며, 사실 이것은 성 전쟁에서 아주 값진 무기로서 역할을 한다. 아주 최근의 연구에 따르면, 많은 생물들이 환경에

36) 『스파크스 1999』, 224쪽.

따라서 자손의 성비를 변화시킨다는 보고가 있다. 성비를 변화시키는 까닭이 무엇일까? 한마디로 아들과 딸이 언제나 부모에게 똑같은 번식가치를 지니는 것은 아니기 때문이다. 그래서 일부 인간 사회에서와 마찬가지로, 어떤 상황에서는 어미가 성비를 조절하거나 왜곡시키게 된다.

예를 든다면, 딸기좀벌은 무화과 열매에 구멍을 파서 그 구멍에 알을 주입하고 그들 중 일부만을 수정시켜 암컷으로 생산하고 나머지는 수컷으로 만든다. 이런 점에서 딸기좀벌 역시 다른 벌들과 별반 차이가 없다. 부화 중에 자손은 무화과 속에서 근친교배를 하며, 수컷은 그들의 누이들을 우선적으로 수정시키기 위해서 서로 싸운다. 문제는 어미의 역할이다. 어미는 다른 딸기좀벌이 이미 알을 낳았는지의 여부에 따라서 자손들에게 성을 할당하여 그 성비를 바꿀 수 있기 때문이다. 만약 그 무화과에 다른 알이 없다면 아들을 많이 낳는 것은 낭비이다. 아주 소수의 수컷만으로도 많은 암컷을 충분히 수정시킬 수 있다. 따라서 여왕벌은 암컷 열 마리당 수컷 하나꼴로 생성하여 가족을 번식시킬 수 있는 잠재력을 최대로 높인다. 그러나 무화과에 이미 다른 알이 있다면 가능한 한 미수정란을 많이 낳는다. 다른 배의 새끼들과 짝짓기 경쟁을 하게 될 아들이 많이 탄생할 수 있도록 하기 위해서이다.

로버트 트리버스 Robert L. Trivers와 다니엘 윌러드 Daniel E. Willard에 따른다면, 암컷 붉은사슴이 환경과 지위가 높을 경우 수컷의 출산비율이 높아진다고 한다.[37] 이들의 이러한 발견이 우리에게 던져주는 의미가 무엇일까? 방금 살펴본 딸기

37) 『윌슨 1978』, 72쪽.

✵ 붉은사슴 ✵

좀벌과 마찬가지로 붉은사슴의 경우에도 암사슴의 지위 건강이 자손의 번식능력에 영향을 미친다는 것이다. 다시 말해서 붉은사슴에게 있어서도 차별적인 성비가 조성되고 있다는 것이다. 사회적으로 우위에 있는 건강한 암사슴을 어미로 둔 새끼는 정말 운이 좋은 것이다. 건강한 어미에 의해서 길러진 아들은 순조롭게 세상에 첫설음을 내닏게 되고, 튼튼하고 공격적인 수사슴으로 자라나 자신의 하렘을 확보하게 된다. 그리고 자신의 어미가 우수한 수사슴과의 교미를 통해 자신의 유전자를 퍼뜨리는 것보다 훨씬 더 효율적으로 어미 사슴의 유전자를 가진 새끼들을 퍼뜨리게 된다.

암수의 성비가 극히 편중된 현상을 보일 때도 있다. 대표적인 것이 세이셸 제도의 휘파람새의 경우이다. 이들의 성비는 어버이 새가 자리 잡은 둥지의 질이 수컷과 암컷 가운데 어느 쪽에 우위가 있는지에 따라 영향을 받는다. 만일 먹이가 풍부한 환경이라면 한 쌍이 87%까지 암컷을 부화시킨다. 반면에 환경이 열악한 장소에서는 77%를 수컷으로 낳는다.[38] 딸들이 부모를 도와서 더 많은 새끼들을 기를 수 있을 때에는 아들보다 딸을 더 많이 생산하지만, 오히려 딸들이 먹이를 두고 부모와 경쟁하며 성가신 존재들이 될 경우라면 집을 떠나서 멀리 날아갈 아들을 더 많이 낳게 되는 것이다.

사회성 생물들이 자손의 성별에 영향을 미치는 것은 집단 내의 성별 조성을 자신들에게 이득이 되도록 만들기 위해서이다. 만일 이러한 능력이 암컷에게 주어져 있다면, 이는 실로 암컷에게 강력한 '도구'가 아닐 수 없다. 성별의 조성 자체가 집단의 이익과 존립에 직접적인 영향을 미치기 때문이다. 놀랍게도 점박이 하이에나가 바로 그런 경우이다.

점박이 하이에나 암컷은 자신들이 처한 환경에 따라 자손의 성비를 조절한다. 점박이 하이에나의 경우 암컷이 수컷보다 크고 훨씬 더 공격적이다. 이러한 신체조건의 불균형은 먹이 배분을 둘러싼 경쟁에서 두드러지게 드러난다. 사냥이 만족스러우면 암컷 하이에나는 압도적으로 많은 암컷을 낳는다. 왜냐하면 많은 수컷의 탄생은 자원의 낭비이기 때문이다. 수컷들은 어미에게 유용하게 쓰일 먹이를 먹어치울 뿐 별로 도움이 되지 않는다. 수컷은 암컷에 비해 체질적으로 약하기 때문에 사냥을 제대로 할 수도 없거니와 나중에 태어날 새끼들에게 젖

38) 『스파크스 1999』, 239쪽.

을 먹일 수도 없는 것이다. 그러나 암컷은 다르다. 암컷인 딸은 사냥을 할 수 있을 뿐 아니라, 무리를 지키는 파수꾼이 될 수도 있고, 또 더 많은 암컷을 생산하여 무리를 키우고 막강하게 만들 수도 있다.[39]

이처럼 여러 생물 종들의 성비는 그 생물 종의 환경에 대한 대처 능력을 통해 탄력적으로 이루어지고 있다. 앞서 살펴본 여러 생물들을 보더라도 그들에게 섹스는 일종의 전쟁이었다. 그리고 그들은 우수한 형질을 얻기 위해, 그리고 자신의 유전자를 남기기 위해 엄청난 스트레스 속에 섹스를 위한 여러 외형적 장치와 갖가지 행동들을 진화시켜 왔다. 그러나 이와는 완전히 대조적으로 어떤 유인원은 성적으로 상당히 편향된 행동을 보이는 경우가 있다. 피그미 침팬지로 불리는 보노보가 바로 그런 경우이다.

보노보의 섹스는 지금까지 살펴본 독점적 성격의 섹스와는 현저한 차이가 있다. 보노보의 섹스는 우두머리 수컷만을 독점물이 아니다. 말하자면 모든 구성원들에게 골고루 기회가 주어지고 있다. 한마디로 보노보의 섹스는 독점적인 것이 아니라 분배적인 것이다. 서로가 원하면 언제든지 섹스가 이루어진다. 섹스에 관한 한 굉장히 개방적이고 관용적이다. 심지어 어린 새끼들까지도 성적 유희에 빠지기도 한다. 오직 한 가지 금기가 있다면, 수컷이 여섯 살이 지나면 그 어미와 짝짓기를 하지 않는다는 것이 고작이다. 왜 이들의 성행위가 이처럼 자유분방하고 난잡한 것일까? 이런 식의 성행위로 보노보 사회가 얻는 이득이 무엇일까? 그 이유가 모두 분명하게 밝혀지지는 않지

39) 『스파크스 1999』, 239~241쪽.

✻ 보노보 1 ✻

만, 섹스가 사회적 결속을 위한 기능을 한다는 것은 분명한 듯하다.

보노보가 생식보다는 사회적 결속을 위해 섹스를 행한다는 것은 정말 놀랍다. 더욱 더 놀라운 것은 그들이 성별이나 나이, 사회적 지위에 거의 구애받지 않고 어떤 방식으로든 서로 다양한 성행위를 한다는 점이다. 월경 주기의 어느 단계에 이른 암컷 등에 수컷이 올라타면 오히려 거꾸로 암컷이 수컷의 등에 올라타는 경우도 더러 있다. 또한 암컷끼리 껴안고 서로의 눈을 빤히 바라보면서 그들의 부풀어 오른 분홍빛 외음부를 격렬하게 비벼대기도 하고, 또 수컷은 수컷들끼리 서로 궁둥이를 맞대고 음낭을 압박하며 이를 드러내고 웃거나 소리를 지르기도 한다. 이러한 이들의 몸짓들은 분명 쾌감을 나타내고 있다.

✷ 보노보 2 ✷

보노보의 섹스는 아무런 제약이 없다. 모두가 모두의 섹스 상대가 되는가 하면 또한 섹스하는 방식도 다양하다. 게다가 그들은 성에 대해 전혀 숨기는 것이 없다. 그들은 무리 전체가 지켜보는 앞에서도 최고의 성교를 펼친다. 보노보는 흔히 우리가 말하는 '프렌치 키스'[40]라 불릴 만한 깊은 키스를 하면서 혀를 서로의 입 속에 접어 넣기도 한다. 동성 간의 성행위도 흔하다. 수컷들은 다른 수컷을 자위해주며, 구강 섹스도 해준다. 그렇다고 해서 이들의 동성애적 성행위가 이성 간의 섹스를 결코 방해하는 것은 아니다. 인간으로 말하자면, 보노보는

40) 프렌치 키스 french kiss란 말 그대로 프랑스식 키스란 뜻이지만, 그 내포적 의미는 'Deep Kiss', 즉 깊은 키스나 열렬한 키스를 가리킨다. 단순히 입술을 갖다대는 수준이 아닌 보다 적극적인 애정 표현이라고 할 수 있다.

'양성애자 ambisexual'[41]라고 할 수 있다.

보노보에게 있어서 이성 간의 성교는 정자를 방출하는 유일한 형태의 짝짓기이다. 그러나 오르가즘의 특징인 얼굴 찌푸림과 교성은 이러한 짝짓기에서만 나타나는 것이 아니다. 이러한 몸짓은 수컷과 암컷의 온갖 결합형태에서 똑같이 나타난다. 그리고 거의 모든 구실이 전희에 이용된다. 성적으로 중대한 기간에는 어떤 사회적 흥분상태가 앞서거나 동반되거나 아니면 뒤따른다.

보노보가 얼마나 다양하고도 풍부한 섹스를 즐기느냐 하는 것은 그들이 친구를 사귀거나 동맹을 맺을 때도 섹스를 사용한다는 사실에서 여실히 드러나고 있다. 말하자면 섹스가 사회적 관계를 원활하게 하거나 긴장을 해소시키는 일종의 '사회적 윤활유'인 셈이다. 대체로 보노보 사회에서는 수컷과 암컷 사이의 우정이나 사회적 결속은 물론이고 암컷들 사이의 결속 또한 아주 강한 편인데, 섹스가 바로 이러한 결속을 강화시키고 유지하기 위한 수단으로 사용되고 있는 것이다. 특히, 섹스의 수단은 암컷에게 더없이 중요하다. 보노보의 경우 친숙하지 못한 집단에 합류하는 일은 암컷의 몫이기 때문이다.

보노보는 다른 집단과의 친교를 위해 섹스를 이용한다. 이를 위해 보노보 암컷은 독특한 전략을 구사한다. 그 중 대표적인 것이 암컷의 궁둥이가 상당히 장기간 동안 붉은 핑크빛으로 부풀어져 있다는 사실이다. 이렇게 함으로써 암컷은 수컷들에게 자신의 배란기를 감추거나 위장하는 효과를 거두게 된다.

41) Malcolm Pots and Roger Short, *Ever Since Adam and Eve*, 1999, (『아담과 이브 그 후』, 최윤재 옮김. 들녘출판사, 2004), 59쪽. 이 책은 앞으로 『포츠 쇼트 1999』로 줄인다.

※ 보노보 3 ※

그리고 이렇게 함으로써 수컷들의 융화를 꾀하는 것이다. 자신의 뱃속에 있는 자식의 아버지가 누구인지 짐작할 수 없게 함으로써 이로 말미암아 발생하는 수컷들 간의 전쟁을 사전에 예방하고 있는 것이다. 섹스가 친교뿐만 아니라 집단적 융화를 위해서도 사용되고 있는 것이다.

이런 보노보에 비해 인간은 어떠한가? 언뜻 보면 보노보의 섹스는 인간의 섹스와 상당히 닮은 점이 있는 듯하다. 그러나 보노보의 섹스와 인간의 섹스는 분명한 차이가 있다. 그 차이가 무엇일까?

보노보의 섹스는 주로 개체 간의 유대나 결속을 위해 쓰이고 있다. 그러나 이는 엄밀히 말하자면 유희적 단계의 섹스는 아니다. 한마디로 보노보의 섹스는 유희를 제외한 사회적 갈등이나 혹은 긴장 해소의 역할로서의 섹스인 것이다. 이는 분명 동물적 섹스이다. 그렇다면 인간의 섹스는 어떠한가? 물론 인간에게도 이러한 동물적 섹스의 경향이 있다. 그러나 인간에게는 이러한 동물적 섹스 이외에 유희적 섹스도 함께 존재한다.

인간이 성적 쾌락의 음미자라는 것은 분명하다. 우리는 가능성 있는 상대방을 무심결에 훑어보고 상대방을 차지하기 위해 여러 전략을 구사하며 그리고 전희와 성교로 이어지는 온갖 유쾌한 유희 분위기를 통해 성적 탐닉에 빠져든다. 그리고 이러한 성적 탐닉은 본질적으로 번식과 거의 관련이 없다. 성의 유일한 생물학적 기능이 수정이라고 한다면, 접촉과 삽입 후에 몇 초 내에 수정이 이루어지는 편이 훨씬 더 경제적이다. 굳이 결합의 시간을 길게 가져갈 이유가 없다. 그렇다면 결합을 장기화하는 데는 어떤 다른 이유가 있음에 틀림이 없다.

장기적인 결합을 진화시킨 종들은 대체로 정교한 구애의식을 치르는 종이기도 한다. 인간의 성적 쾌락이 인간 상호 간의 결합을 촉진하는 중요한 강화제가 되고 있다는 사실은 이러한 경향성과 일치한다. 사랑과 성은 진정 함께 나아가는 것이다.[42] 그리고 이처럼 진화가 이성 간의 유대나 결속을 강화시켜 주기 위해서는 어떤 형태로든 해부학적 및 생리학적 변화가 발생해야만 했다. 우리는 여성의 신체에서 이에 대한 작은 진화의 흔적을 찾을 수 있다. 말하자면 여성은 자신의 배란을 숨겨야 했고, 생리주기 중에도 어느 때나 남성의 성적 유혹을 받아들일 준비가 되어 있어야 했다. 이렇게 함으로써 여성은 남성과의 유대를 지속시켜 나갈 수 있을 뿐 아니라, 잦은 섹스를 이용해서 혼자서는 감당하기 힘든 부모로서의 역할을 남성과 함께 힘을 모아 수행할 수 있게 된다.

42) 『윌슨 1978』, 199쪽.

✺ 보노보 4 ✺

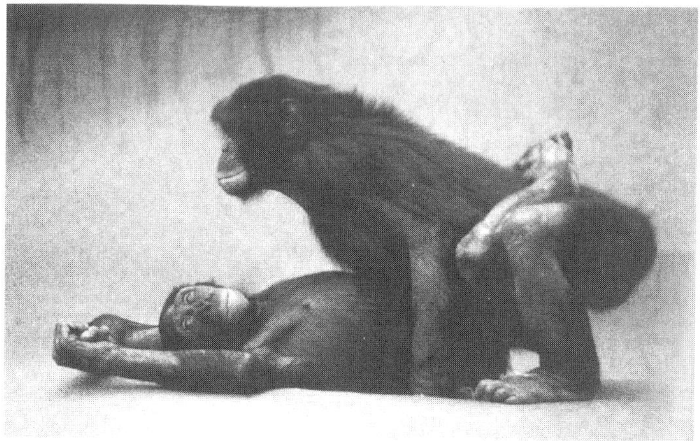

임신과 무관한 섹스를 수시로 하는 보노보는 인간과는 다른 사회적 관계를 달성하기 위해 섹스를 이용한다. 암컷 보노보는 첫 임신 때까지 3천 번 이상의 섹스 경험을 하며, 가임기 동안에 대략 2천 5백 번의 섹스를 한다고 한다. 이미 지적했듯이 보노보는 긴장을 완화하거나 어떤 문제상황에 대한 해결책으로서 섹스를 이용한다. 그러나 임신과 무관한 섹스는 종종 긴장을 불러일으키기도 한다. 그래서 인간의 경우는 항구적 발정상태에 빠지는 것을 피하기 위해 제2의 행동유형 — 우리가 문화라 부를 수 있는 — 을 진화시킬 필요가 있었던 것으로 보인다.

예를 든다면, 공공장소에서 생식기를 가리는 것이라든가 혹은 사람들을 피해 비밀스럽게 성교를 하는 행위 등이 바로 그것이다. 만약 섹스를 하는 남녀관계가 쉽게 눈에 띌 뿐 아니라 파트너가 쉽게 바뀔 가능성이 크다면, 집단의 삶은 끊임없는 분쟁으로 분열되고 혼란에 빠질 뿐 아니라, 남성과 여성 사이에도 분쟁과 갈등이 그치지 않을 것이다. 아울러 인간에게도 보노보와 다를 바 없는 동물적 섹스만이 존재했을 것이다. 결국 우리가 외설적인 유인원이기는 하지만 또한 부끄러움을 아는 유인원이기도 한 것은 또 다른 성 진화의 길을 걸었기 때문이다.

우리는 분명 동물과는 다른 섹스를 하고 있다. 그 중 하나가 바로 여성이 임신시기를 감추는 일이다. 왜 여성은 임신에 가장 적절한 시기를 감추는 것일까? 여성이 임신을 위한 적절한 시기를 감추는 것은 필시 성 전쟁의 결과일 것임에 틀림없다. 암내를 풍기는 유인원 여성은 남성들로 하여금 성욕을 불러일으키기 쉬울 것이며, 따라서 뭇 남성들의 공격목표가 되게 마련이다. 여성이 이러한 공격으로부터 벗어날 수 있는 길은 자신의 배란을 은폐하는 것이다. 그렇게 함으로써 남성들의 공격으로부터 벗어남은 물론 자신을 차지하기 위한 남성들끼리의 투쟁을 막을 수 있다. 배란 은폐는 또한 남성들로 하여금 자신의 여자를 지키고, 정기적으로 교미하여 자신이 아버지임을 확신하도록 부추김으로써 남성들의 성실성을 유지하려는 여성들의 책략이었을지도 모른다. 그렇다면 정자의 삽입 말고 남자의 용도는 무엇인가?

사람과(科) 동물은 자식이 자립할 수 있는 12년 남짓 이상을 그들을 키우는 힘든 일에 매달려야 한다. 이처럼 어린 시절이 긴 이유는 우리의 커다란 뇌가 자라서 효과적으로 기능하기까지 긴 시간이 필요하기 때문이다. 흔히 이를 '성장지체현상'이라고 말한다.

유인원과 인간을 비교해 보면 임신기간은 길어야 두세 주 정도 차이가 날 뿐 거의 비슷하다. 그리고 태어날 때 뇌의 중량은 유인원들에 비해 인간의 태아가 대략 2배가량 된다. 그러나 인간의 태아가 두 배가량의 뇌를 가지고 있다 해도 이것은 달리 해석할 필요가 없다. 인간의 태아의 체중도 그만큼 많이 나가기 때문에 적어도 출산단계에서는 인간의 뇌에 특이한 점은 발견되지 않는다고 할 수 있다. 이것은 마치 고래새끼의 뇌가 인간의 뇌보다 크다고 해서 인간보다 우월하거나 특이한 것이 아닌 것과 같다. 일반적으로 뇌의 크기는 체중의 3분의 2 제곱에 비례한다고 하니까 이 비율에 따라 크기를 측정해 보면 결국 큰 차이가 없는 셈이다.

그런데 이처럼 출생할 때는 큰 차이를 보이지 않다가 성장 후에는 엄청난 차이를 보인다. 물론 성장기간도 다르다. 유인원은 대체로 태아단계에서 뇌가 50% 정도 완성되고 생후 일 년 안에 거의 성장이 완료된다. 그러나 인간은 다르다. 인간의 뇌는 생후 몇 년 동안 급속히 성장을 계속하지만, 성장이 완료되는 데는 무려 십 년 이상이 걸린다. 그래서 신체도 뇌의 성장과정에 맞추어 천천히 성장하게 되는데, 이것이 바로 '성장지체현상'이다. 신체의 성장이 멈추면 뇌의 성장도 완료되기 때문에 뇌의 성장을 위해 신체가 천천히 자란다는 것이다.

신체가 이처럼 천천히 자라니까 양육기간이 늘어나는 것은 당연한 일이다. 대체로 영장류들 사이에서 육아는 여성의 일이지만, 연이어 낳은 아이들을 키우는 일은 어머니 혼자의 능력으로 역부족이다. 문제는 일단 젖을 떼면 그 어머니는 곧장 다시 임신할 수 있지만, 먼저 낳은 자식은 여전히 엄마나 다른 어른들의 손길을 필요로 한다. 전통적으로 남성에게 부여된 이미지가 무엇이었는가? 가장 큰 일이 아내와 자식에게 먹이를 제공하는 일이다. 남자는 강하게 단련되었으며, 식물을 채집하거나 아이를 돌보면서 나날을 보내는 여자에게 늠름한 영웅답게 '사랑을 가져다주는' 사냥꾼으로 전문화되었던 것이다.[43)]

물론 초기 인간 사회에서는 전형적인 수컷 포유류들과 마찬가지로 남성들이 거드름이나 피우고 여자 꽁무니나 쫓아다니는 반여성적인 행동을 선호했을 것이다. 따라서 여성은 자녀를 양육할 때 배우자의 부양에 의존하기보다는 자기네들끼리 서로 돕는 호혜적 관계를 형성했을 것이다. 젖을 먹이고 아이를 돌보기에 적절한 장치가 바로 공동주부제였던 것이다. 그리고 이러한 제도로 말미암아 여자들은 자유롭게 자식을 연이어 가질 수 있었다.

이에 반해 토착사회의 남자들은 성공적인 사냥꾼을 목표로 했다. 이름난 사냥꾼이 되면 사회적 평판과 지위가 향상되고, 아울러 그에게 돌아가는 수익도 많아졌다. 그 수익에는 성적 기회라는 보너스도 포함되어 있었다. 훌륭한 사냥꾼을 곁에 두는 것만으로도 여성들에게 상당한 즐거움이 되었을 뿐 아니라, 이따금씩 은밀한 섹스의 대가로 그가 선물하는 고기와, 자손에게 그의 유전자를 남길 기회까지도 얻을 수 있었기 때문이다.

6. 왜 섹스를 하는가?

앞서 살펴보았듯이, 모든 생물은 자신의 유전자를 가능한 한 많이 퍼뜨림으로써 유전적 우위를 점하려고 애쓴다. 그리고 그 가능성을 어느 정도까지 실현하느냐의 여부가 곧 성공의 척도가 된다.

43) 『스파크스 1999』, 255쪽.

생물은 스스로를 유지하기 위해서 다른 종류의 생물을 필요로 한다. 이 세상에 자기 혼자 생존할 수 있는 생물은 없다. 그럼에도 불구하고 유전적 승리를 거두려는 본능적 '야망'은 엄연하게 존재하고 있다. 지금껏 알려진 바에 따른다면, 이러한 야망을 달성하는 가장 효과적인 길은 자신을 단독으로 복제하는 것이었다. 앞에서 잠시 언급한 바 있는 원핵생물들이 바로 이 길을 택했다. 그러나 만만치 않은 진화의 흐름은 '지구를 자신들의 후예로 채우려는 동물들'[44]을 훨씬 더 복잡한 경로로 안내했다.

왜 스스로 수정할 수 있는데도 다른 개체와 짝짓기를 하는 것일까? 사실 유성생식이란 번식방법으로는 어리석을 정도로 복잡할 뿐 아니라, 그에 따른 에너지의 소비 역시 엄청나다. 그런데도 왜 다른 개체와 짝짓기를 하는 것일까? 게다가 성행위는 자손에게 다른 개체의 유전자 절반을 물려주는 대신에 자신의 유전자 절반을 버리도록 하는, 이른바 감수분열적 성이 아닌가. 다음 세대에 자신의 유전자를 최대한 많이 남기는 것이 최우선 과제라고 하면서 왜 자기와 다른 성(이성 異性)에게 절반의 몫을 할애하는 것일까?

이 물음들에 대한 가장 핵심적인 대답은 곧 다양성의 창조이다. 서로 다른 성의 개체가 결합함으로써 보다 다양한 형질의 개체가 새로 탄생하게 된다는 것이다. 그렇다면 다양성이 안겨주는 이득은 무엇인가? 그것은 마치 부모가 예측할 수 없이 변화하는 환경을 놓고 양쪽에 돈을 거는 게임과 같은 것이다.

44) 『스파크스 1999』, 260쪽.

✻ 수컷 보노보 ✻

예컨대, 두 개의 유전자를 지닌 개체들로만 이루어진 두 동물 종을 상상해 보자. 한 유전자를 A, 다른 유전자를 a라고 하자. 그리고 이 유전자들은 갈색 눈A 대 청색눈a 또는 오른손잡이A 대 왼손잡이a라고 가정해 보자. 두 유전자를 모두 지닌 개체는 Aa가 된다. 이제 이러한 유전자를 가진 한 종이 성과 무관하게 번식한다고 가정해 보자. 그러면 그 종에 속한 모든 자손들은 Aa가 될 것이다. 그렇다면 동일한 유전자를 가진 종이 성적 관계를 통해 번식하면 어떻게 될까? 각 개체는 성세포를 만들 것이며, 각 성세포는 A 또는 a 중 하나의 유전자를 갖게 된다. 그리고 두 개체가 짝짓기를 할 때 그들의 성세포는 결합된다. 각 성체는 A 아니면 a를 가진 성세포를 만들기 때문에, AA, Aa, aa 세 종류의 자손이 나올 수 있다. 따라서 Aa 개체들의 개체군으로 출발했을 때, 무성 부모들은 Aa 자손만을 낳을 수 있지만 유성 부모들은 AA, Aa, aa라는 다양한 자손을 낳을 수 있다. 여기에다 환경이 aa 개체들에게 유리한 쪽으로 바뀌었다고 해보자. 그 다음 세대에는 유성생식 개체군이 유리해질 것이고 AA나 Aa 개체들이 유리하도록 조건이 변화될 때까지 aa 생물들은 계속 우위를 차지할 것이다. 다양성과 그 결과인 적응성은 왜 많은 생물들이 유성생식의 길을 택하는지 그 이유를 설명해 준다.

성이 없는 무성생식이 직접적이고 간단하지만, 장기적으로는 무성생식보다 성이 있는 유성생식의 번식방법을 선택하는 생물의 수가 훨씬 많아진다.[45] 종 분화는 다양성의 궁극적인 발현이다. 우리는 우리의 세계를 공유하고 있는 엄청난 종류의 동물과 식물을 간과하기 쉽다. 풍부한 물을 지닌 적절한 환경에서 자라기 때문에 우리의 푸른별 지구의 생물은 가지각색의 놀라운 설계로 폭발적으로 증가했다. 유성생식 과정이 찬란한 무지개의 모든 색깔을 반영하고 분석하고 열광적으로 감상할 줄 아는 강력한 두뇌를 지닌 우리 인간을 포함하여, 이처럼 환상적인 생물의 보고를 창조한 주역임은 거의 의심의 여지가 없다.

이 지구의 모든 생물형태의 청사진은 염색체의 유전자에

45) 『윌슨 1978』, 175~176쪽.

쓰여 있다. 사람은 23쌍의 염색체 위에 위치한 약 3만 3천 개의 다른 유전자를 가지는데, 이것이 DNA라고 부르는 특별한 분자구조 속에서 암호화되어 있다. 그러나 섹스라는 작업은 앞서 언급한 감수분열적 성을 통해 일부러 각 자손들의 유전자 세트를 다시 쓰는데, 그것이 일어나는 방식은 생화학의 기적이라고 할 수 있다.

생물은 각 유전자마다 두 벌을 지니는데, 이들은 염색체 쌍의 각각에 위치한다. 정자와 난자의 형성과정에서 감수분열이라는 놀라운 과정이 분열하는 세포 내에서 일어난다. 감수분열은 염색체 쌍을 분리시키고, 그것에 의해서 각 성세포로 들어가는 유전자 전량을 반감시키기 때문에 유성생식에 필수적이다.

성세포가 합쳐져서 수정될 때 그들 각각의 유전자가 합쳐지면서 새로운 생물을 만들기 위한 완전한 지시문을 형성하게 된다. 이 새로운 생물은 부모의 유전자와 다를 뿐 아니라 그 종의 다른 모든 개체의 유전자들과도 다르다. 몸은 일시적이고 유전자는 불멸하기 때문에, 좀 과하게 말한다면 생물은 단순히 유전자가 더 많은 DNA를 만들기 위해서 고안한 매개체라고 간주할 수도 있다. 일단 유성생식이 등장하자 진화가 최고속도로 이루어졌다는 점은 조금도 이상할 것이 없다. 뿐만 아니라 남성은 여성보다 그 과정에서 더 많이 기여했을 가능성이 높다. 왜냐하면 남성이 쏟아내는 생식세포의 양이 엄청나기 때문이다.

다시 말해서 정자를 만드는 세포는 난자로 성숙되는 세포보다 훨씬 많이 분열한다. 수많은 세포분열로 인해서 그 복제과정에서 오류가 끼어들 확률이 훨씬 커지고, 그 때문에 변화된 일부 유전자는 이전 것보다 더 오래 생존할 수 있다. 인간을 포함한 모든 지구상의 생물들이 자신의 복제품을 만드는 것은 물론이거니와 무엇보다도 우선적인 것은 생존하는 일이다. 실제로 생명은 세계에서 유일한 과정이며 그것을 유지하는 화학작용은 언제 박탈당할지도 모를 정도로 아슬아슬해서 생물체는 죽음과 동시에 빠르게 부패한다.

섹스는 바람직하지 않거나 결함이 있는 유전자를 걸러냄으로서 죽음을 극복한다. 유성생식을 하는 생물에게는 수정되는 것보다 훨씬 많은 세포가 생식체 생성 라인에서 준비된다. 여성의 경우를 보면, 난자가 될 세포는 나이 들면서 발생하기 쉬운 결함으로 망쳐지기 전에 이미 분화되어 나온다. 다시 말해서 생명체 발생 초기에 분화되어 나옴으로써 이후 발생할 수 있는 갖가지 결함의 가능성으로부터 벗어나게 조치를 취한 것이다. 이를테면 여성들은 아직 어머니 자궁 속에 있을 때부터 벌써 약 10만 개의 잠재적인 난자를 챙겨두고 있는 것이다. 그리고 이 잠재적 난자들은 긴 물질대사적 휴면기에 들어갔다가 몇 백 개가 남아서 결국 그녀의 가임기간 동안 다시 활성화된다. 남성은 수십 억 개의 정자를 계속적으로 생성한다. 그러므로 결국 유전자의 결합이라는 중대한 소임을 떠맡은 정자와 난자는 해로운 돌연변이를 지닌 세포를 솎아내는 긴 정화과정에서 최후적으로 살아남은 생존자이며 창조자이다.[46]

난자와 정자의 생산 라인에서 유전자의 구분된 뒤섞임은 질을 조절하는 보다 나은 시스템이라고 할 수 있다. 이전 세포를 단순히 배가시키는 것이 아니라 아버지와 어머니의 염색체

46) 『포츠 쇼트 1999』, 273~274쪽.

✻ 동식물 세포분열과 감수분열 ✻

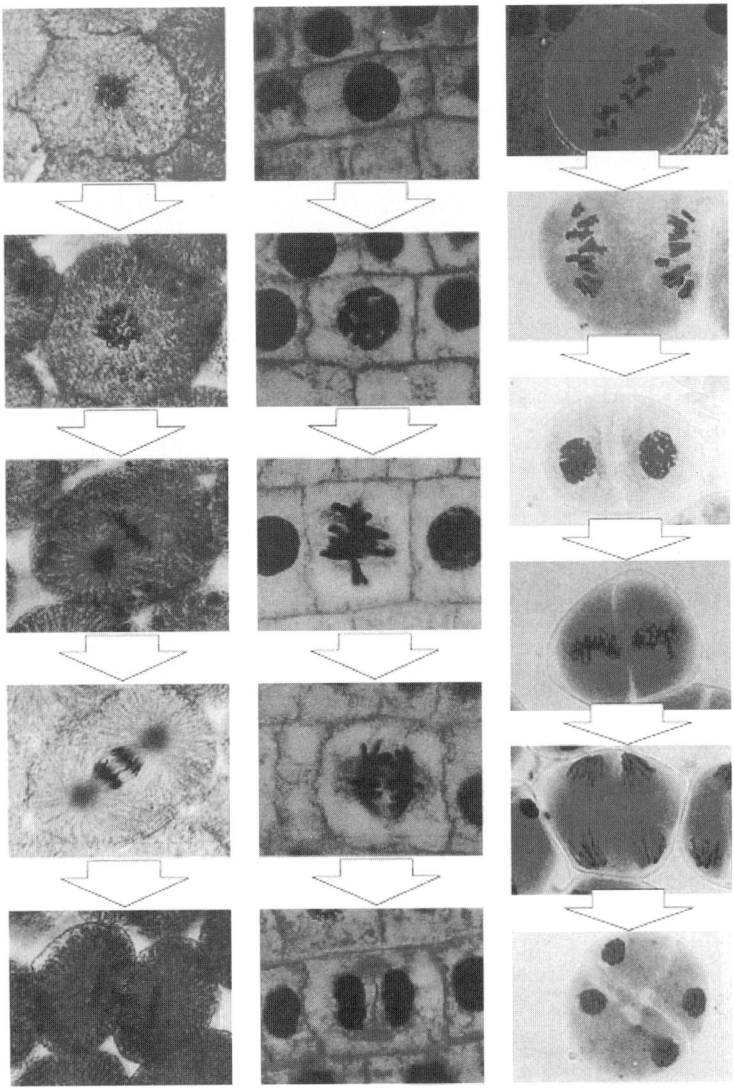

동물세포의 분열 / 식물세포의 분열 / 감수분열

가 줄지어 서서 DNA를 맞바꾸는 복잡한 사건의 결과로서 생식체가 생겨난 것이다. 그런 다음 각각은 어머니와 아버지의 유전자가 혼합된 염색체 한 벌을 받는다. 바로 이러한 메커니즘이 왜 섹스를 하는가에 대한 대답이 되는 것이다. 생물들은 이러한 메커니즘을 통해 해로운 돌연변이를 솎아낼 뿐 아니라, 또한 다양성을 통해서 생존의 가능성을 높여주고 있다.

결론적으로 지금 생존해 있는 우리는 유성생식 과정에 대래 전적으로 감사해야 한다. 이것이야말로 지구상에서 이루어지고 있는 가장 창조적인 힘이기 때문이다. 유성생식의 과정을 통해서 생물의 화학적 특성이 유지되고, 진화의 원동력인 자연선택의 자료가 되는 개체변이가 발생한다. 최초의 원시생명체가 등장하고 약 20억 년이 지나도록 지구의 생물은 거의 변하지 않았다.

그러나 유성생식이 출현하면서 진화는 가속화되었다. 몇 억 년 사이에 중요한 동식물의 종류가 모두 등장했고, 엄청나게 다양한 형태의 생물이 육지와 바다와 하늘을 차지했다. 수컷과 암컷의 상반된 이해과정에서 유래된 결말은 실로 굉장한 것이었다. 성 선택이 없었다면 지구상에는 생물의 눈부시게 다채로운 색깔도, 아름다움도, 드라마도 없었을 것이다.

우리는 성을 통해 인간의 위치를 다시 점검해 볼 필요가 있다. 성은 우리 존재의 모든 측면에 스며들어 우리 삶의 각 단계마다 새로운 형태를 취하는 변화무쌍한 현상이자, 인간 생물학의 핵심이다.[47] 남녀 사이에서 발생한 열정과 좌절감, 분노는 장엄한 음악이나 감동적인 시 또는 심원한 문학으로 나타

47) 『윌슨 1978』, 173쪽.

나고 위대한 예술작품의 영감이 되어왔다. 그리고 우리의 옷차림새나 가족생활을 영위하는 방식, 많은 사회활동 역시 인간이 고도로 성적 존재임을 말해주고 있는 것이다.

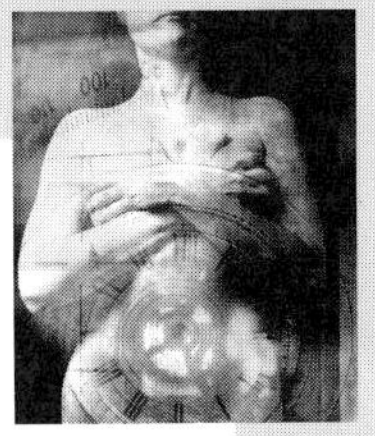

chapter

4

인간의 성

1. 인간 속의 동물
2. 섹스와 젠더
3. 젠더의 시작과 강화
4. 본성과 양육
5. 동성애

인간에게 가장 오랜 숙제가 있었다면, 그게 과연 무엇이었을까? 우리는 이 물음에서 출발했다. 이 물음은 인간이 가장 지속적으로 가졌던 물음일 뿐 아니라, 또 어느 시대 어느 누구도 이 숙제를 외면할 수 없는 물음이었다. 그렇다면 다윈의 진화론은 이에 대해 어떤 해답을 준비하고 있는 것일까?

현재 우리가 말할 수 있는 것은 크게 보면 두 가지이다. 첫째는 인간의 행동을 설명하는 데 다윈의 진화론이 크나큰 도움을 주고 있다는 점이고, 둘째는 지금까지 인류가 다루어왔던 갖가지 사회문제들 가운데서도 가장 다루기 힘들었던 문제들에 대해 해결책을 제시해주고 있다.

예컨대, 사람들의 얼굴표정을 보자. 피부색깔이 다르고 인종이 달라도 그들은 공통된 얼굴표정을 보인다. 우정, 혐오, 공포, 놀라움 등이나 심지어 장님들의 웃음을 표현하는 얼굴표정들도 어느 인종에서나 같다. 그리고 성의 진화를 통해 본 동물과 인간의 해부학적 구조처럼 인간의 행동 역시 진화에 의해 형성된다는 것은 분명하다. 다시 말해서 진화는 가장 복잡하고 중요한 행동들에 대해서조차도 우리의 유전자에 암호화된 것이 가능한 한 개방적으로 작용하도록 결정해 왔던 것으로 보인다. 또 근본적으로 다른 수천 개의 환경 중 어느 하나에 적응하도록 양육되면서 우리의 본능적 성향은 변화를 거듭해왔다. 따라서 인류학자 로라 뱃치히 L. Betzig의 말대로, "지금 이 순간 우리가 해야 할 질문은 과연 진화가 우리의 행동을 형성해왔는가의 여부가 아니라 어떻게 그렇게 해왔었는가 하는 것이어야 한다."

1. 인간 속의 동물

생물학은 우리의 입장과 퇴장, 이타주의와 경쟁심, 섹슈얼리티 등에 대해 설명해주고 있을 뿐 아니라 또한 우리가 어떻게 가족을 구성하는가에 대해서도 설명해줄 수 있다. 또한 이를 바탕으로 우리는 다음과 같은 물음들에 대한 해답을 기대할 수도 있다.

1) 왜 남자와 여자는 결혼을 하고 난 후에 서로 다른 것을 기대하는가?
2) 남자와 여자가 이처럼 다른 것을 기대하는 것은 생물학적 차이에서 비롯되는 것인가?
3) 그리고 무엇 때문에 자식과 부모 사이에 갈등이 일어나는가?

흔히 인생을 고난의 과정이라고 말할 때, 사람들이 염두에 두고 있는 것이 무엇일까? 무엇 때문에 인생을 고난의 과정으로 보는 것일까? 이 물음에 대한 해답의 절반 이상이 바로 위의 세 가지 물음이 차지한다고 해도 과언이 아니다. 그렇다면 이 물음들에 대한 해답을 어디서 찾아야 할까? 가장 훌륭한 길이 바로 생물학이다. 우리의 삶이 왜 고난과 역경으로 가득한가라는 인생의 수수께끼에 대한 해답을 생물학이 제공하고 있는 것이다. 그리고 그 핵심적인 고리가 바로 '진화론'이다.

진화에 있어서 성공 여부의 기준은 무엇인가? 한마디로 우리가 다음 세대에 넘겨주는 유전자의 수에 의해서 평가된다.

찰스 다윈은 1831년 240톤의 비글호를 타고 세계 일주 항해를 떠났다. 그리고 1858년 『종의 기원』을 출간했다. 이 그림은 종의 출간 이후 옥스퍼드에서 열린 영국학술협회 회의에서 다윈의 후원자였던 헉슬리와 그의 맞수인 윌버포스 주교가 격론을 벌이던 중 윌버포스 주교가 다윈의 조부모 중 어느 쪽이 유인원이냐고 질문을 던진 상황에서 착안한 것이다.

다음 세대가 뼈가 잘 부러지거나 암으로 죽어서 곤경에 처하는지 여부는 자연선택 영역 밖이다. 즉, 자연의 헌법에는 행복추구권이 없으며, 오로지 최대한 많은 수의 자손을 다음 세대에 남기려는 충동만이 있을 뿐이다. 그리고 이러한 충동의 측면에서 보면 인간의 성도 동물의 성과 별 차이가 없다.

그러나 사람들은 인간은 이러한 동물적 성만을 가지고 있지 않다고 말한다. 우리도 분명 동물적 성의 측면을 가지고 있지만, 또 다른 한편으로 문화적 성의 측면도 무시할 수 없다는 것이다. 과연 이러한 주장들은 어느 정도의 진실을 담고 있는 것일까?

오늘날 인간의 신체와 뇌는 사실상 우리 조상들이 10만 년 전에 물려받았던 것과 동일한 유전자로 구성되어 있으며, 아마 빙하시대의 행동목록 또한 거의 변하지 않았을 것이다. 우리는 수렵채집생활을 함으로써 생존하는 작은 규모의 집단을 구성해 살도록 진화했다. 이는 우리의 영장류 친척인 침팬지들의 집단보다 훨씬 복잡하지만, 침팬지 집단을 무시할 만큼 터무니없이 다른 것이 아니다. 우리가 앞에서 섹스의 탄생과 진화 그리고 인간 종을 제외한 다른 동물 종들의 성을 살펴본 까닭이 바로 여기에 있다. 동물들 속에 인간이 가졌던 본래의 모습이 보인다는 것이다.

사람과 침팬지는 특정한 과업을 달성하기 위해 협동하고, 수컷집단은 협력해서 적대적 집단을 공격하고 죽인다. 특히, 수컷들은 경쟁자를 자리에서 내쫓고 권력을 잡기 위해 협력관계를 바꾸기도 한다. 젊은 여성과 젊은 암컷 침팬지들은 항상 자신들이 태어난 집단을 떠나, 어려서 교류한 적이 없었던 수컷들과 짝을 맺는다. 인간과 침팬지는 본래 긴 수유기간을 통해 임신에 터울을 두었다. 그리고 두 종 모두 그들이 낳은 몇 안 되는 자식들을 양육하는 데 수년 동안의 헌신적인 사랑을 투자하기도 한다.

여기서 우리는 이런 결론을 얻을 수 있다. 우리가 인간만이 가지고 있다고 여겼던 특징들, 인간과 다른 동물들을 구별하기 위해 사용했던 그 특징들이 다른 동물에게도 존재한다는 사실이다. 물론 인간이 가진 유전자가 인간 외의 다른 동물의 유전자 특성을 모두 가지고 있다는 말은 아니다. 동물들은 제각기 선택적으로 배우고 학습한다. 다시 말해서 어떤 자극은 배우고, 어떤 학습은 배제하며, 또 다른 자극에는 중립을 지킨다.[1] 다만 인간은 인간에게 적합한 가능성만을 지니는 것이며 그 가능성들은 인간 종의 발현과 함께 진화를 통해 동물들에게는 존재하지 않는 독특한 문화를 만들어낸다. 그리고 문화의 진화가 생물학의 진화를 앞질렀다. 진화의 우연성으로 말미암아 현재의 인간이 미래의 삶의 감독관이 되어버렸다.[2]

하지만 우리의 역사는 최근의 역사에서 일시적으로 벌어진 이상현상이 아니다. 오히려 모든 생명체를 포함한 한 편의 다큐멘터리의 마지막 장면일 수 있다. 빅뱅의 에너지가 지난 140~150억 년 동안 방산되어 왔고, 무언가 전혀 불가능할 것 같은 복잡성이 증대되었다. 태양과 초신성의 폭발로 으깨지고 뒤엉켜진 소립자들로부터 상대적으로 무거운 원소들이 형성되었고, 이어 분자들로 농축되었다. 궁극적으로 이런 분자들이 단백질, 생명체들의 다른 구성 부분들을 형성했고, 이로부터 '눈먼 시계공 The Blind Watchmaker'[3]이 세포들을 조합해냈다. 이 혼란의 환경 속에서 박테리아나 원핵생물들은 하이퍼섹스를 거쳐 다세포 생물이 되고, 이들은 다시 다세포 식물이나 동물의 일

1) 『윌슨 1978』, 102쪽.

2) 『포츠 쇼트 1999』, 494쪽에서 인용.

3) Richard Dawkins, *The Blind Watchmaker*, 1986 (『눈먼 시계공』, 이용철 옮김, 사이언스북스, 2004), 도킨스는 이 책에서 생물체의 불완전성을 강조한다. 그는 이렇게 묻는다. 자연의 설계자가 신이라면 왜 생물체를 불완전하게 만들었겠느냐? 자연의 설계자가 정말로 신이라면 그는 '눈먼 시계공'일 것이라고 그는 말한다. 앞으로 이 책은 『도킨스 1986』으로 줄인다.

부가 됨으로써 유전정보를 넘겨주는 기회를 증대시켰다. 우리의 신체는 거의 38~40억 년 이상 경쟁과 진화에 연결되어 한 번도 중단된 적이 없는 유전정보 사슬을 위해 존재하는 복잡한 생존 기계라고 할 수 있다.

우리는 유성생식이 무엇인지, 또 그것이 생식에 있어서 어떤 의미를 갖는지 상세한 지식은 아닐지라도 앞에서 배워 이미 알고 있다. 또한 불가해할 정도로 복잡한 위계질서에서 유성생식은 아주 중요한 위치를 차지한다는 것도 알고 있다. 그러나 또 한 가지 중요한 사실이 있다. 그것은 곧 신경체계의 진화다. 특히, 자의식의 출현은 중요한 의미를 갖는다. 이것이 우리에게 새로운 차원의 활동을 가능하게 하기 때문이다.

자의식은 어느 순간, 즉 전기화학적 신호들의 활발한 활동이 아주 복잡해졌을 때 일어난다. 물론 사람에게만 자의식이 있는 것은 아니다. 원숭이에게도 자의식이 나타나는 것은 확실하다. 그리고 어쩌면 개에게서도 그럴 것이며 또 악어에게도 가능할지 모른다. 그러나 자의식이 비록 새로운 차원의 활동을 나타내는 것임을 인정한다 하더라도, 여전히 신비스러운 점이 남아 있다. 이를테면 어머니의 자궁에 착상된 수정란에서 고집쟁이 어린애가 될 때까지의 과정에서 가장 중요한 단계가 발생하는 시기를 정확하게 정의하는 방법을 아직도 우리는 알 수 없다. 아동기의 천진난만함과 호르몬 활동에 의한 사춘기의 섹슈얼리티 간의 차이에서 보듯이, 어떤 사람이 아동기와 사춘기의 어느 한쪽에 서 있는지는 알 수 있지만, 언제 그 선을 넘어서는지에 대해서는 말할 수 없다.[4)]

4) 『포츠 쇼트 1999』, 496~497쪽.

손가락으로 헤아릴 정도의 종들, 즉 돌고래, 코끼리, 유인원 등에게 진화는 커다란 뇌를 선물해 주었다. 따라서 부분적으로 인간이 성적으로 짝을 맺어서 우리의 이기적 유전자를 다음 세대로 넘겨주는 경주에서 우리 인간 종과 동료인 다른 종들에 앞서 있다고 생각할 수도 있다. 인간의 뇌는 천억 개의 신경세포를 가지고 있으며, 이 뉴런들은 수만 갈래로 서로 연결되어 있다. 그리고 행동들이 더욱더 복잡해지면서 사랑, 친절, 이타주의 등을 발전시키는 것조차 이기심의 일부가 되었다.

생물학적 경쟁을 이해하는 과학자들은 이타주의에 대한 해명에 천착해야 한다. 그리고 그러한 해명은 실제로 가능하다. 복잡하고 미묘한 동물세계와 가장 인간적인 행동에서, 우리는 어떻게 특정한 속성이 진화했는지에 대해, 또는 몇 가지 그럴듯한 이야기 중에서 어느 것이 우리 조상들이 실제로 걸어온 것인지에 대해 전혀 알 수 없을지도 모른다. 그러나 자연에는 진화로서 설명할 수 없는 것은 사실상 존재하지 않는다. 그리고 어떤 것들은 오로지 진화로서만 설명될 수 있다.

진화는 새로운 문제들과의 탄력적 수용과 조정들이 종합되어 이루어진다. 예를 들어, 우리 인간의 커다란 뇌에 프로그램이 짜여지고 그 기능들이 제대로 활용되는 데에는 수년이 걸린다. 그러면 이러한 문제가 어떻게 수용되고 조정되는 것일까? 여성 쪽에서 보면 한 명의 남성이 일부일처제적 관심만을 지닐 수 있도록 만드는 것이 요긴했다. 그래야만 아이를 모체에서 키우고 수유해야 하는, 그래서 아이에게 아주 많은 투자를 해야만 하는 여성과 기회주의적인 남성을 하나로 통합시키는 것이 가능하기 때문이다. 그러나 이러한 전략은 절반은 성공했고, 절반은 실패한 전략이다.

앞에서도 잠시 이야기한 적이 있지만, 남성과 여성의 성적 전략은 엄청난 간격을 가지고 있다. 양성의 성적 전략 목록의 간격이 너무 넓어서, 우리는 사랑이 본격적으로 시작될 때 적지 않은 갈등을 겪는다. 그리고 이는 어제오늘의 일이 아니다. 천천히, 그리고 엄청난 고통과 대가를 치르면서 두 다리로 걷고, 작은 이빨, 네 손가락과 이와 마주 할 수 있는 엄지손가락, 그리고 엄청난 뇌를 지닌 유인원이, 재주와 기억을 그에 대한 보상으로 베풀어준 환경 속에서 진화해 온 것이다. 그리하여 언어와 도구, 문화를 발달시키고 그 결과로 털투성이에 손가락 관절을 땅에 대고 걷는 우리의 사촌으로부터 멀리 떨어져 나왔다. 마침내 인간은 기이하고 모순된 생명체가 되어 버린 것이다.

다윈적 진화가 미래를 예견할 수는 없다. 따라서 우리가 진화를 통해 도달할 종착점이 무엇이든지 간에 우리가 확신할 수 있는 것은, 진화는 우리 인간이 뜻밖에 일구어낸 문명에 대비하도록 우리를 준비시키지 않았다는 점이다.[5] 그리고 또 한 가지 분명한 사실이 있다. 그것은 바로 우리가 동물에서 기원했다는 사실이다. 정신과 육체를 나누는 이분법처럼, 인간과 동물을 나누는 이분법은 더 이상 타당하지 않다. 오랜 철학의 역사에서 항상 근원적인 물음이었던 인간에 대한 물음은 우리가 '문명'의 길을 따라 여행을 계속해 갈수록, 우리가 어디에서 왔는지에 대한 생물학적 지식을 이해할 필요성은 그만큼 더 커진다.

우리가 안고 있는 문제들 중의 하나는, 우리가 지역적 한계

5) 『포츠 쇼트 1999』, 498쪽.

에 갇혀 사고하고 우리를 둘러싼 환경의 문제에 대응하면서도, 전체로서의 세계를 바라보는 균형감각을 너무도 쉽게 잃어버린다는 것이다. 다시 말해서 우리는 문화의 이데올로기로 인해 세계를 세상에서 가장 무서운 편견으로 바라보고 있는 것이다.

우리의 유전적 유산과 마찬가지로 우리의 문화적 유산은 섹슈얼리티에 뿌리박은 행동에 의해서 전승된다. 인간의 사회적 행동이 유전적으로 결정되는가 아닌가 하는 문제는 이제 더 이상 질문거리도 되지 않는다.[6] 다음 세대가 어떻게 살아야 할지 교육하는 사람은 다름 아닌, 성교를 통해 유대관계를 맺는 부모들이다. 문화적 교류와 동물적 교류(성교) 사이에는 유사성이 존재한다. 지식을 의미하는 히브리 단어 da at는 동시에 섹스를 함축하는 말이기도 하다. 이것은 마치 영어의 동사 to know(알다)가 to penetrate(여자의 질 속에 페니스를 삽입하다)라는 뜻을 함축하는 것과 같다. 즉, 인간과 인간의 섹슈얼리티 속에는 동물성이 존재한다는 것이다.[7]

진화론과 사회생물학 sociobiology이 현대세계에서 인간이 어떻게 행동해야 할지, 그 당위적 행동방식을 알려 줄 수는 없다. 그렇지만 그것은 왜 우리가 특정한 방식으로 행동하는가에 대한 가치 있는 통찰을 제공해줄 수는 있다. 남녀 모두 우리 종의 생존에 없어서는 안 될 필수적 요소이다. 그렇지만 여성은 번식에 있어서 비율이 제한된 자원이고, 그렇기 때문에 남성들은 여성에게 접근하기 위해 경쟁한다.

인간은 사회성과 함께 성적 욕망이 강한 존재이다. 우리는 부모한테서 배우고, 주위 사람들한테서 배운다. 그리고 아주

6) 『윌슨 1978』, 46쪽.
7) 『포츠 쇼트 1999』, 488~489쪽.

어릴 적부터 일가친척들과 가까운 사람들을 관찰한다. 인간은 자신이 태어난 집단과 자기를 동일시하고, 일반적으로 외부집단에 대해 적대감을 보인다. 동시에 우리는 명백히 단일한 종으로서, 지구상에는 어떤 외형적 차이가 있는 인종이라 하더라도 만나서 자식을 만들 수 있는 그런 인종이다.

문화란 문화 그 자체로 설명될 수 있는 것이 아니지만, 그것은 부분적으로 우리가 진화를 통해 습득한 행동들에 의해서 쓰인 정교한 구조물이다. 오늘날 급변하는 세계에서 우리가 직면하고 있는 문제는 진화과정에서는 결코 경험한 적이 없는 문화에 우리 스스로를 적응시켜야 한다는 사실이다.

우리는 인간이 어디에서 왔으며 어떻게 현재에 이르게 되었는지 끊임없이 질문하면서 살아왔다. 다윈의 생물진화에 대한 '위험한 생각'은 유사 이래 인간이 믿어왔던 모든 것들을 근본적으로 재규정하는 것이었다. 인간이 신의 계획의 일부라는 정적인 도덕질서 대신에, 모든 생명체는 유전적 변이와 개체들 간의 번식경쟁으로 발생한 아주 느린 변화의 산물이라고 진화론은 주장한다. 즉, 인간만의 외형적 특징과 행동 패턴들 속에 진화가 존재하는 것이다. 그리고 그러한 행동의 패턴들을 만들어 내는 인간의 뇌의 발달과 이타적 행위도 진화의 산물이다. 다시 말해서 이것은 인간 속에 존재하는 동물성이 인간만의 진화의 길에서 표출된 것이라고 해도 좋은 것이다.

진화의 측면에서 볼 때 생물학적 성공 여부는 자손의 수로 판가름이 난다. 만약 우리의 유전자가 엄청나게 복잡한 다세포 신체를 만든 까닭이 단순히 난자와 정자가 서로 만나 다음 세대에 살아남을 기회를 극대화하기 위한 것이라면, 그것은 우리의 뇌나 혹은 성 선택에 의해서 충분히 설명될 수 있어야 한다.

수많은 동물들은 용량이 작은 뇌로도 아주 잘 살아가고 있다. 그렇다면 인간은 왜 큰 뇌가 필요한가? 신체의 크기와 뇌의 크기 사이에는 일반적으로 상관관계가 있다는 것이 분명하다. 하지만 이 점을 고려하더라도 동물의 뇌가 크면 그만큼 지능적이라는 것 또한 사실이다. 궁극적으로 볼 때, 최상의 짝을 확보하기 위해 갖가지 기발하고도 유익한 전략을 구사하기 위해서도 뇌의 능력이 필요하고, 또 친구나 친척들과 힘을 모우거나 연합할 필요가 있을 때도 고도로 발달한 뇌의 능력이 필요했을 것이다.

그렇다면 구체적으로 성 선택은 우리의 뇌가 커지는 데 어떤 역할을 했을까? 제프리 밀러 G. Miller의 설명에 따른다면, 인간의 뇌는 마치 수컷 공작새의 꼬리나 엘크의 뿔처럼 양성 모두가 더 큰 뇌를 가진 파트너를 선택했기 때문에 점점 더 커졌다고 말한다.[8)]

물론 진화의 다양한 압력 때문에 사람의 뇌가 커졌다고 하는 주장도 결코 틀린 말은 아닐 것이다. 비록 성적 경쟁이 뇌가 발휘하는 이 모든 '계산능력(뇌)'의 진화를 이끈 주요한 힘이었다 하더라도, 그것이 유일한 것은 아니기 때문이다. 커져가는 인간의 뇌가 번식과 관계가 없는 영역에서도 엄청난 혜택을 안겨주었다는 것은 누구도 부정하기 힘들다.

아무튼 인간의 뇌는 아마 가장 눈에 띄는 진화의 산물일 것이다. 이것은 우리 유전자의 생존능력을 높이기 위해 수천 또는 수만 세대에 걸쳐서 진화해 온 수많은 다양한 적응결과

8) 『포츠 쇼트 1999』, 469쪽.

를 나타내주는 엄청난 양의 분석능력과 기억의 혼합물이다. 단 하나의 생존 메커니즘이란 존재할 수 없으며, 특정한 목표를 지향하는 일련의 행동들이 맞물려 있는 복합체가 있을 뿐이다. 인간의 기술은 성 선택과 진화의 다양한 압력으로 발달한 큰 뇌와 민첩한 두 손의 결합이 낳은 것이다.

DNA는 수많은 세대들을 하나로 묶어주는 불멸의 유전정보의 탯줄이다. 즉, 우리가 과거로부터 전해 받아 미래로 전수하게 되는 지식의 실타래는 우리가 속한 종의 모든 구성원들에 의해 짜여진다. 여기에서 우리의 개별적 특성의 공헌은 비록 작기는 하지만 필수적이다. 즉, 우리가 문화라 부르는 언어, 정착 등과 인간의 섹슈얼리티를 가능하게 한 것이다.

진화의 최종결과를 보노라면 누구라도 그 설계에 강한 인상을 받을 것이지만, 수십억 년 이상 걸린 느린 변화에서 진화의 방향성이 미리 계획된 것은 아무것도 없다. 그러나 미리 계획되거나 설계된 진화의 방향성이 없다고 해서 비관적인 것은 아니다. 오히려 그런 점 때문에 우리는 오늘날 우리를 괴롭히는 일부 문제들을 피할 수 있는 수단을 마련할 수도 있다. 이를테면 우리의 본능적 성향이 직접적인 욕구에는 쉽게 집중하지만, 오늘날 장기적 진화를 결정짓는다고 알려져 있는 근원적 욕구들에 대해서는 쉽게 집중하지 않는 경향이 있는데, 만일 진화의 본성에 방향성이 있다면 이는 설명할 길이 없다.

많은 사람들은 아기를 원한다. 그 중 어떤 사람들은 자신의 자녀를 낳음으로써 많은 노력과 비용을 감당하고 또한 아기를 입양해서 기쁨과 성취감을 얻을 것이다. 그러나 특정한 수의 어린이를 갖고자 하는 내적 욕구에 대한 경험적 증거는 없다. 만약 사람들이 진정으로 대가족을 갖고자 하는 유전적 욕구를 갖고 있다면 1960년대 한국에 살았던 가임 여성 세대들이 평균 여섯 명의 자녀를 가졌던 반면에, 삼십 년이 지난 후 똑같은 나라에서 살고 있는 그들의 직계 후손들이 평균 두 명 이하의 자녀를 갖게 된 까닭을 설명하기는 불가능할 것이다.[9)]

진화가 하나의 즉흥적 변화이고, 게다가 우리의 본능적 성향들이 유전자 생존 가능성의 증진과 항상 강하게 연결되는 것만은 아니라는 점 또한 우리에게 유리할 수 있다. 진화는 섹스에 대한 욕구를 고안해냄으로써 번식이라는 궁극적 목적을 달성했다. 그러나 우리는 섹스하는 동안 번식에 대해 생각하지 않을 수 있다. 그리고 실제로 번식과 무관한 성행위의 결과인 임신에 대해 두려워한다. 또한 이처럼 인간들의 욕구의 본성이 피상적이기 때문에 우리는 최악의 결과를 회피할 수 있는 것

9) 『포츠 쇼트 1999』, 479쪽.

이다. 만약 우리의 본능적 성향이 여러 명의 자식을 갖는 것이라면, 정상적인 성인들의 성적 활동을 심각하게 제한하는 정책을 결정하는 그런 현대사회를 상상할 수 있을까? 요컨대, 우리 행동의 본능적 성향들의 진화론적 기원을 이해함으로써, 우리는 진화와 반대되는 방법으로 행동할 수 있는 가능성을 찾아낼 수 있으며, 그런 방법이 반대로 현대세계의 안정성과 지속가능성을 증진시킬 수 있는 것이다.

궁극적으로 진화의 목적에서 비롯한 실제행동들 중에서 가장 갑작스럽게 본래의 목적에서 벗어난 것이 어떤 것이 있을까? 아마도 친족의식 kin recognition의 영역에서 가장 쉽게 찾아볼 수 있을 것이다. 다른 사회적 동물처럼 인간도 대개 유전적인 친족을 선호한다. 그러나 이처럼 유전상의 친척들로 이루어진 짝들에 비교해볼 때, 아무런 친척관계도 없는 짝들이 협력해서 창조적인 성과를 올린 사례도 수없이 많다. 이것이 무엇을 말하는 것일까? 인간은 인간의 본성을 가지고 있음과 동시에 또한 인간은 문화적 존재임을 보여주고 있는 것이다. 이런 사례는 수없이 많다.

이처럼 인간들 사이의 친족의식은 유전적 관계 이외의 근접성에 토대를 두고 있다는 사실에 비추어볼 때, 유전적으로 아무런 관계가 없는 개인들 사이에 이루어지는 친밀한 협동은 더욱 촉진될 수 있을 것으로 보인다. 수렵채집사회에서 성욕이 임신으로 이어진 것과 마찬가지로, 우리 종이 작은 규모의 집단을 이루고 살던 역사, 따라서 어린이가 성장기에 만나는 거의 모든 사람들이 형제, 자매, 사촌 또는 다른 친척이었던 역사, 바로 그런 역사의 대부분 동안에는, 근접성에 토대를 둔 친족의식 역시 효과적으로 작동했던 것이다. 만약 우리가 현재의 모든 속성들을 그대로 가지고 있으면서, 친족의식 체계만 다른 것으로 바꾼다면, 현대사회가 현재와 동일한 방식으로 작동하지 않을 수도 있다. 학교에서나 또는 직장에서 친족이 아닌 사람들과 친밀한 교우관계의 유대를 형성할 수 있는 우리의 능력은 더욱 조장될 수 있으리라 생각된다. 이런 현상들은 또한 현대사회의 전쟁을 이해하는 데 하나의 열쇠가 될 수도 있을 것이다.

진화의 영역에서는 친족이 아닌 다른 사람을 위해 목숨을 거는 경우란 존재하지 않는다. 극히 최근까지도 거의 모든 사회는 '내부 집단'의 개별적 구성원에 대한 살인을 회피하고, 잔인함과 냉혹함으로 낯선 '외부 집단'을 몰살하려는 인간의 본능적 성향을 강화시키려고 힘써 왔다. 침팬지의 경우를 보면 이는 너무나도 당연한 일이다. 하지만 이러한 경우의 행동에 있어서도 인간은 인간의 길을 택해 왔다. 인간만의 친족의식을 통해 유대의 방식을 진화시켜 온 것이다. 그리고 인간 간의 유대와 그 유대의 진화에 섹스가 한가운데 있다. 그렇다면 진화는 왜 인간을 포함해서 특정한 유인원들 간의 유대의 기초로서 섹스를 선택했을까?

사회적 지위를 추구하고 짝을 찾는 동안 사람들은 속이거나 꾸미는 법을 배우기 시작한다. 정직함이 효과를 발휘하기 위해서는 그것이 가시적이어야 하고 또 검증될 수 있어야 한다. 동물들은 다양한 방식으로 의사소통을 한다. 의사전달을 위해 많은 대가를 치러야 하는 경우의 메시지는 그렇지 않은 경우보다 신뢰받을 가능성이 더 크다.

성교는 상대방의 취약점을 노출시킨다. 하이에나는 동료가 잠깐 동안 외출한 후 무리로 돌아오면 특이한 환영식을 벌인다. 무리로 돌아온 하이에나는 동료들의 날카로운 이빨 사이에 자신의 페니스가 길게 늘어난 클리토리스를 집어넣는다. 인간과 보노보의 동성애적 유대나 이성애적 유대는 그처럼 등골이 오싹하지는 않지만, 그럼에도 상대방에게 자신의 알몸을 그대로 노출시킨다. 외부 생식기는 쉽게 다칠 수 있다. 섹스행위는 자신을 전체적으로 상대방의 실망이나 비웃음 또는 비판에 노출시킨다.

인간에게 섹스는 하나의 놀이이다. 유대란 혼자서는 이룰 수 없는 것이다. 유대란 두 사람 이상의 관계의 지속을 의미한다. 놀이란 혼자서는 할 수 없는 것이다. 놀이의 상대가 응하지 않는다면 그것은 놀이가 될 수 없다. 즉, 강압적 놀이는 놀이가 아닌 상대의 억압이다. 그러나 인간의 섹스는 유희를 바탕으로 한 분명한 놀이적 섹스이다. 우리는 나 아닌 다른 상대가 있어야 섹스를 하며, 이러한 섹스는 상대방이 거절할 경우 섹스라는 놀이는 이루어지지 않는다. 유대의 기초로서 섹스는 인간에게 놀이를 포함하는 것이다. 섹스는 비용이 많이 드는 거래이며, 따라서 정직한 유대를 형성하기에 적합한 행동인 것이다.

문명화와 인간의 섹슈얼리티는 우리의 생물학적인 본능에 정직함을 높이는 두 가지 새로운 체계, 즉 사회제도 — 예를 들면, 간통의 금지, 일부일처제 등 — 와 과학적 방법을 첨가했다. 사회제도와 이를 지키는 법률체계는 사회적 권력을 행사해서 잠재적 거짓말쟁이를 체포하고, 다른 성인들로 하여금 혐의를 받고 있는 범죄를 저지르지 않았다는 그 사람의 주장이 진실한 것인지 여부를 가장 철저하게 검증하는 데 기초하고 있다.[10)]

우리는 진화론을 믿어야 한다. 왜냐하면 자연세계에는 진화론의 과정에 의해서 설명될 수 없는 구조와 기능이 하나도 없기 때문이다. 물론 현재 일어나는 변화들이 수백만 년 동안에 걸쳐 지속적으로 확산되어온 것일 수도 있지만, 그렇다고 우리의 믿음이 달라져서는 안 된다. 어떤 점에서는 우리의 진화론적 흔적들—인간 속에 내재해 있는 동물성—을 숨길 수 없음이 우리의 문화적 인간성에 반하는 것이기는 하지만, 진화론이라는 과학적 방법은 무엇보다도 세계와 인간을 이해시킬 수 있는 훌륭한 개념임에 틀림이 없다.

2. 섹스와 젠더[11)]

성을 생물학적 범주로 가두어 자연스러운 것으로만 인식하는 태도에 문제가 제기되어 '성 sex'을 역사적·사회적 구성의 시각으로 보는 많은 이론들이 출현하였다. 그리하여 성은 생물학적 성 이외에 '젠더 gender'라는 개념을 획득하게 되었다.[12)]

10) 『포츠 쇼트 1999』, 487쪽.

11) 성 혹은 성차에 관련된 영미권의 용어를 번역할 때 보통 'sex'는 '생물학적 성'이라고 하고, 'gender'는 '사회적 성'이라고 한다. 그런데 최근 이를 둘러싸고 과연 섹스는 온전히 생물학적 내용만 지니고 젠더는 생물학을 제외한 사회적·문화적 내용만을 지니는가에 대한 많은 논쟁이 있었다. 이 논쟁이 함축하는 바는 인간의 성을 생물학적 또는 사회적인 것으로 양분하기 어려우며 현재 우리에게서 나타나는 성차 또한 두 요인 간의 상호작용의 산물이라는 것이다. 이 글에서는 다루는 성의 차이 또한 이런 논쟁의 성과를 기반으로 하는 것이기에 섹스와 젠더를 생물학적 성, 사회적 성이라고 옮기기보다는 그대로 섹스와 젠더라고 하였다(오조영란·홍성욱, 『남성의 과학을 넘어서』, 창작과 비평사, 2002, 23쪽 참조. 앞으로 이 책은 『오조영란(외) 2002』로 줄인다).

생물학적 '성 sex'이란 신체구조, 특히 성기의 생김새에 따른 남녀의 성 정체감을 말한다. 인간의 호르몬이나 생식기능의 차이 및 유전자 등의 생물학적 요소 혹은 정신·심리구조 등의 본질적인 요소들로 인해 역사와 문화를 초월하여 고정불변한 남녀의 차이나 성적 선호의 차이들이 발생된다는 것이다.[13] 앞서 언급한 바와 같이 '성 sex'은 우리의 해부학적 및 유전적 구조, 즉 우리의 염색체와 성선(性腺), 그리고 생식기를 나타낸다. 배아상태에서는 난소와 정소(精巢)가 아직 미발달된 상태이다. 성선이 어느 경우에는 난소로 발달하고 어느 경우에는 정소로 발달한다. 따라서 성선 발달 착오가 생각보다 흔하지 않은 것이 오히려 의아스러울 정도이다.

젠더란 사회적으로 구성되는 남녀의 정체성, 즉 사회·문화적으로 길들여진 성이다. 쉽게 말하면 이는 일반적으로 여성다움이나 남성다움으로 표현된다. 대부분의 사회에서는 특정한 생물학적 '성 sex'에 부합되는 젠더의 특질이 있다는 믿음이 강하게 자리 잡고 있으며, 사회는 그러한 방향으로 남녀의 성을 만들어간다.[14] 젠더는 우리가 스스로 그럴 것이라고 인정하는 성이고, 우리가 입는 의복이나 걷는 모습, 이름 등에 자신의 '섹슈얼리티 sexuality'를 표현하는 방식이다. 젠더는 사회적 고정 관념이다.

동물에게도 젠더가 있을까? 동물들도 성을 갖지만, 그들에게는 젠더가 없다.[15] 어떤 사람은 자기 몸의 호르몬에 전혀 이

12) 부산여성사회교육원, 1993, 213～216쪽.

13) 송무 외,『젠더를 말한다』, 도서출판 박이정, 2003, 107쪽. 앞으로 이 책은『송무(외) 2003』으로 줄인다.

14)『송무(외) 2003』, 108쪽.

상이 없음에도 자신의 젠더를 의도적으로 바꾸고 싶어 한다. 이렇게 자기자신의 젠더를 바꿀 가능성이 있다는 사실은 섹슈얼리티에 미치는 사회적 통제의 정도에 관해 많은 것을 말해준다. 섹스가 고정 불변적인 인상을 주는 반면 젠더는 섹스와는 다른 차원, 즉 사회적인 영역에 속하고 변화의 가능성을 가진 것으로 간주되는 까닭이 바로 여기에 있다.

그렇다면 섹슈얼리티는 무엇일까? 섹슈얼리티는 앞서 잠시 언급한 것처럼 섹스와 젠더의 구성물이다. 섹슈얼리티란 "신체적 차이, 성욕, 욕구, 환상, 출산능력, 젠더 정체성들과 같거나 서로 다른 수많은 신체적·심리적 가능성들이 한데 묶여 고안된 역사적 구성물"[16]이다. 다시 말해서 젠더가 남성과 여성을 구분 짓는 사회적 요건이라면 섹슈얼리티는 섹스와 젠더를 포함하는 문화라는 것이다. 기존의 섹슈얼리티는 인간 행위와 활동으로 표현되며 인간의 모든 커뮤니케이션 속에서 발생하기 때문에 사회적이고 역사적인 맥락 속에서 논의되어 왔다. 하지만 이는 중요한 실수를 저지르고 있는 것이라고 할 수 있다. 섹슈얼리티라는 인간이 만들어낸 문화에 인간에 대한 근원적인 물음이 빠져 있기 때문이다. 인간이 섹슈얼리티를 만들어냈으나 지금은 꼭 섹슈얼리티가 인간의 성적 활동을 만들어내는 것처럼 되어 버린 것이다.

섹슈얼리티를 알려면 먼저 인간의 근원에 대한 설명이 선행되어야 한다. 오늘날 인류사회는 문화의 진화가 인간의 진화를 앞질러 버린 상태라고도 할 수 있는데, 그래서 섹슈얼리티는 문화만이 섹슈얼리티를 설명할 수 있다는 착각 속에 빠져

15) 『오조영란(외) 2002』, 23쪽.
16) 『송무(외) 2003』, 108쪽.

있는 것이다. 우리는 이제 이를 다시 봐야 한다. 이러한 논의 속에 우리가 잠시나마 망각했던 인간의 생물학적 특성을 진화론과 사회생물학을 통해 다시 논의해야 한다.

'성적인 것'은 고정적인 것이 아니다. 그것은 사회적·문화적·역사적 배경과 조건과 행위양식들에 의해 결정되는 유동적 개념이다. 그리고 그 가운데는 분명 진화론과 사회생물학으로만 설명 가능한 것이 있다. 이러한 설명이 가능하기 위해서는 남성, 여성, 이성애, 동성애 등과 같은 이분화되고 위계적인 범주화를 거부해야 한다. 그리고 이것이 바로 진화론과 사회생물학적 관점이다. 다시 말해서 진화론과 사회생물학을 통해 이전의 고정화되고 이분화된 섹슈얼리티와 그에 대한 연구의 한계를 극복해 가야 한다.

3. 젠더의 시작과 강화

문화적 젠더 강화는 요람에서 시작되어 무덤에서 끝난다. 일단 우리가 하나의 성을 부여받게 되면 그것을 바꾸는 것은 매우 어렵다. 과거의 수렵채집사회와 농경사회에서는 대개 성역할이 현대사회에서보다 훨씬 더 분명하게 규정되었다. 각 성에게는 그 자체로 각 성에게 잘 알려진 과업이 부여된다. 이런 유형의 분리 차별은 오늘날 성적으로 평등한 사회보다 남성과 여성을 상대방에게 더 의존하게 만든다. 인간의 경우 여성이 저항력이 약하고 또 성적 대상이라고 보는데, 아마도 이는 성적 대상에 대한 소유욕과 약한 자에 대한 보다 잔인한 지배로 인해 계급 지배보다 훨씬 더 강력한 성적 지배를 실현시키는 것처럼 보인다.

✻ 델마와 루이스 ✻

영화 <델마와 루이스>에서 두 여성이 만나는 무심한 남자, 경찰, 트럭운전사 등은 젠더를 통해 여성을 억압하는 상징적 표상들을 보여준다.

예나 지금이나 인류사회에서 경제활동의 주역은 남성이었고, 일반적으로 여성들은 가사노동을 담당하였다. 이는 사회 속에서 남성만이 주가 되고 여성은 소외되고 있음을 의미한다. 여성의 가사노동은 단순반복적인 것으로 상당히 지루한 것이다. 가사노동을 통해 여성이 개인적인 발전을 기대하기는 어렵다. 더욱이 여성이 가사노동을 통해 자신의 이상을 실현하는 것도 아니다. 남성들은 이 세계 속에서 자신의 에너지를 불태

우며 사회의 주체적 존재로서 살아가는 것에 비해 여성의 노동은 단지 남성의 보조적 수단에 불과한 것이다. 시몬느 드 보부아르 Simone de Beauvoir는 『제2의 성 *Le Deuxieme Sexe*』에서 사회적 주체로서의 남성과 보조적 수단으로 존재하는 여성에 대해 이렇게 말한다.

> 15년간이나 대단히 존경하고 있던 남편과 사별한 총명하고 교양도 높고 자립성을 가진 한 여자가 남편이 죽은 후에 자기의 의견이나 행동을 자신이 스스로 결정해야 하는 것이 얼마나 큰 당혹감을 느꼈는지를 나에게 이야기해 주었다. 그녀는 아직도 그런 경우라면 남편이 어떻게 생각하고 어떻게 결심했을까를 알아내려고 한다.[17)]

이처럼 여성들은 자신이 세계를 구성하는 주체가 아닌 보조자적 입장으로서 배후에 물러서 있는 것이다. 그리하여 "남자는 여자를 남성적으로 사랑하고 여자는 남자에 대해 여성적 사랑을 행하게 된다." 다시 말해서 남편은 여성에게 신성화되는 것이다. "남편은 남성적 사랑을 행한 아내를 보호하는 존재로 '신성화'된다."[18)]

하지만 여기에서 신성화는 보통의 동물적 상태를 벗어나게 하는 것으로, 동물성이나 인간 본성의 존재를 벗어나게 하는 것으로, 인간에 내재해 있는 인간의 동물적 본성의 은폐에 토대를 두는 것이다. 남편이라는 존재가 '보호하는 사랑'으로서의 남성적 사랑을 행하는 존재이기 위해서는 이처럼 '신성화'되어야

17) Simone de Beauvoir, *Le Dexuieme Sexe*(『제2의 성Ⅱ』, 강영희 옮김, 하서출판사, 1996), 560쪽.

18) 이종영, 『성적 지배와 그 양식들』, 새물결, 2001, 54쪽.

하는 것이다. 그렇지만 문제는 그러한 신비화가 결코 충분히 이루어질 수 없다는 사실이다. 부부관계란 본질적인 종의 재생산을 위한 동물적 관계이기 때문에 남편이 가지고 있는 그 본성이 결코 충분히 은폐될 수 없는 것이다. 게다가 부부 사이의 내밀한 관계란 서로의 인간에 내재해 있는 온갖 동물성을 노출시킬 수밖에 없는 정직한 관계이며, 그러한 관계를 통해서 남편의 동물성이 드러나고 신성화가 깨어지게 되는 것이다.

문제는 남편의 '신성화'가 자기 부정적 '신성화'에 기초한 것이고, 이러한 신성화는 그 자신의 동물성이 노출될 때 붕괴되는 성격의 것이라는 사실이다. 남편의 신성화가 깨어지면 남편이 행하는 남성적 사랑도 그의 노출된 동물성과 어울리지 않는 것으로 보이게 되고 결국 우스꽝스럽게 여겨지는 것이다. 하지만 앞서 말한 것처럼 농경사회나 초기 자본주의사회에서처럼 남자만이 경제활동의 주체가 되어 여자를 보호할 경우, 사회적으로 힘을 가진 남성 공동체들을 통해 생겨난 가부장적 남성 지배를 통해 그 통제는 강화된다.

우리 유인원 선조들의 '원시적 사회'에서 노동력의 생산자로서 여성은 가장 중요한 재화로 판단되고 그리하여 여자 약탈이 행해졌을 것이다. 이에 따라 남자들은 자기 공동체의 여자들을 보호하려 했고, 그 결과로 인간이 고도로 사회화되어감에 따라 남성들은 여자들이 남자에 비해 열등하다고 주장하게 된 것이다. 다시 말해서 여자 약탈로 인해 여자가 보호대상이 되고 그 이후 보호대상화된 여자들을 공동체들 사이에서 평화롭게 교환하면서 가부장제가 성립된 것이다.

이러한 가부장적 제도를 통해 남성들은 여성들 위에서 그들의 통제력을 강화하기 위해 각 성에 맞는 행동양식과 문화를 생산하고 강요하게 된 것이다. 그리고 그러한 통제 속에서 양육되어 온 우리들은 그런 젠더 통제를 그대로 받아들이며 당연시 여기게 된다. 우리는 우리가 당연시 받아들이는 남녀의 구분과 행동양식, 그리고 남녀에 따라 다르게 불리는 이름에 대해 어떠한 의문도 없이 수용하고 있다. 그리고 이러한 젠더 통제는 때때로 우리의 생물학적 특성마저도 포장하고 무시함으로써 젠더 통제에서 벗어나는 인간들에게 돌이킬 수 없는 상처를 주기도 한다.

우리는 옷을 입는다. 옷을 입음으로써 우리는 사슴의 가지진 뿔, 울새의 가슴, 비비 원숭이의 부푼 성기와 사자의 갈기 등을 우리 몸에 치장하게 된다. 만약 빈부 차가 큰 사회라면, 부자들은 짝을 서로 차지하기 위해 경쟁하는 화려한 색깔의 날개를 가진 수컷 새들이라도 되는 듯이 옷을 장식할 것이다. 오늘날 남성들은 잘 재봉된 정장을 입거나, 고급차를 타고, 명품구두를 신는 것으로 자신의 부를 표현한다. 제복은 권위를 상징하는 진부한 표현이지만, 아직까지는 대체로 그 역할을 잘 해낸다.[19] 결국 우리 모두는 수탉의 단조롭고 귀에 거슬리는 '꼬끼오' 하는 울음소리에도 불구하고, 수탉들의 행동을 추종하고 있는 셈이다.

그러나 만약 이러한 해석이 옳다면, 생물계의 논리는 또한 암컷과 수컷 간의 균형을 유지하는 위대함을 잘 발휘해 왔다고도 할 수 있다. 왜냐하면 남성이 뽐내는 걸음걸이, 멋 부림과 장식 등 모든 것이 궁극적으로는 반대의 성인 여성에 의해서 통제되기 때문이다. 수컷이 암컷들에게 선택되기 위해 외양

19) 『포츠 쇼트 1999』, 90쪽.

✺사관과 신사✺

<사관과 신사>에서 리처드 기어는 흰색의 멋진 제복으로 여성들을 압도한다. 제복은 단지 옷의 의미를 넘어 사회 속에서의 지위와 힘을 내포하는 지표이다. 수사슴의 커다란 뿔, 화려함을 자랑하는 수컷 공작의 꼬리와 같이 인간 세계에서도 훌륭한 여성들에게 선택당함에 있어 훌륭한 지표가 되는 것이다. 그리고 다시금 이 영화를 볼 때 결코 빠트려서는 안 되는 것이 있다. 선택당한 리처드 기어가 데보라 윙거에게 힘과 권위를 상징하는 사관생도의 모자를 씌워주는 것을 …….

의 아름다움을 추구하듯이, 인간의 남성 역시 여성들에게 잘 보이기 위해 멋을 부린 것이다. 여성들은 번식능력을 자극하거나 상징하는 것들에서 얻은 경쟁적 이익이 무엇이든지 간에 그것을 우아하게 강조하는 법을 안다. 갸름한 얼굴선, 젖가슴 사이의 오목한 곳, 둥그런 엉덩이 위로 걸쳐진 직물의 흘러내림, 이리저리 엉키면서 반짝이는 머리카락 등은 여성의 면모를

보여주는 것들이다. 번식에 들어가는 높은 수준의 투자와, 상대적으로 기회주의적 입장을 취하는 데에 관심이 적은 탓에, 여성은 자신이 매력적임을 알리는 신호나 또는 섹스가 가능하다는 신호를 계속 내보내야만 한다. 이것은 아주 훌륭한 균형이자 조화라고 할 수 있다. 우리가 아무런 생각 없이 그대로 수용해 버리는 젠더 속에도 생물학적 특성들이 내재되어 있고, 그러한 특성들이 젠더 속에서 발현되고 있는 것이다. 그렇다면 성(sex)은 어떠할까? 성은 젠더와는 달리 그 구분이 분명하다. 우리는 다른 동물 종과 마찬가지로 남성 또는 여성으로 갈라지며, 이 점은 자연세계의 대부분도 마찬가지일 것이다.

암컷 포유동물들은 수컷보다 다음 세대를 위해 훨씬 더 많은 투자를 한다. 따라서 생물학적으로 볼 때 종 안에서 성의 분포를 암컷들은 넘치게 하고 수컷들은 상대적으로 더 적게 하는 것이 좋을 것이라고 생각할 수도 있다. 그러나 거의 모든 포유동물에 있어서 출생 당시의 성비는 거의 동일하다. 서유럽의 4천6백만 명의 출생을 분석한 바에 따르면, 신생아의 51.43%가 남자 아이였으며, 160만 마리의 소를 분석해 보니 52.57%가 수컷이었다. 그러나 31만 7천 마리의 양 중에서는 48.7%만이 수컷이었다.[20]

수컷과 암컷이 비슷한 성비를 이루는 것에 대한 설명은 다른 많은 것들과 마찬가지로 다윈주의적 진화론의 토대가 되는 개체 간의 경쟁으로 환원 가능하다. 양친에게는 각 성에 속하는 자손을 같은 수로 생산하는 것이 이득이 된다. 50 : 50의 성비가 어떠한 과정을 거쳐 진화했는가를 뒷받침하는 이론을 최

20) 『포츠 쇼트 1999』, 92쪽.

초로 모델화한 것은 피셔 R. A. Fisher이다. 피셔의 원리 Fisher's principle를 간단히 소개하면 다음과 같다.

만약 한 개체군에서 수컷의 출산이 암컷의 출산보다 적으면 결국 수컷은 암컷보다 교미할 기회를 많이 갖게 된다. 다른 조건이 모두 같다면 수컷은 암컷보다 여러 개체의 상대와 교미할 가능성이 커진다. 따라서 유전적으로 수컷을 비교적 많이 낳을 소질을 갖고 있는 양친은 결국 더 많은 손자나 손녀를 갖게 된다. 그러나 개체군에서의 이러한 경향은 자기 부정적인 성격을 띤다. 왜냐하면 수컷 출산 유전자가 확산되어 결국 수컷이 많아짐에 따라 이러한 이점은 없어질 것이기 때문이다. 결과적으로 성비는 50 : 50을 향해 수렴되게 되는 것이다.[21)]

우리는 비슷한 성비를 가지고 태어난다. 그리고 비슷한 성비를 가지고 태어난 우리들 각자는 두 개의 삶을 영위한다. 하나는 우리가 알고 있는 바의 낭만적인 삶, 즉 사색하고 이동하고 감정을 느끼는 개체로서의 삶이다. 다른 하나는 우리 내부에 잠복해 있는 비밀스런 삶이다. 이것은 우리의 배우자, 즉 생각과 감각이 없는 정자 또는 난자로서의 삶이다. 이 정자 또는 난자는 주인의 성적 파트너의 배우자와 만나 새로운 개체를 생산할 수 있고, 또 그로 인해 생명의 실타래를 한 세대에서 다음 세대로 넘겨줄 수 있다. 그러나 그런 기회가 그리 흔한 것은 아니다. 난자와 정자는 매우 드문 기회가 찾아오기를 기다리며 살아간다.

두 가지 삶 가운데 앞의 세계는 우리에게 매우 친숙하다. 그러나 뒤의 세계는 낯설고 신비스럽다. 앞의 세계는 한 순간

21) 『윌슨 1975』, 386쪽.

의 열정적 감각의 삶이지만, 뒤의 세계는 수십 억 년 동안 느릿느릿 계속되는 진화에 묶여 있는 삶이다. 성숙한 정자에게는 삶이 더럽고, 짧고, 야만적이다. 여성은 각각 별개인 수백만 개의 난자를 가지고 인생을 시작하지만, 거의 모든 난자들은 그녀의 몸 안에서 죽고, 극히 적은 양만이 배란되는데 그 중 대부분은 수정되지 못한 채 생리대와 함께 소각되어 버린다. 정자와 난자는 출생권을 가지고 있지만 우리는 그것들의 존재를 의식하지 못하며 또 그것들을 존중하는 데 인색하다.

이와 같이 필멸의 육체와 불멸의 생식질 gem plasm 사이의 세대교체는 수 세대 동안 철학자, 신학자, 시인, 과학자 등을 사로잡아 왔으며, 먼 미래까지도 그럴 것이다. 왜냐하면 세대교체가 바로 생명의 본성, 죽음의 본성, 세대에서 세대로 이뤄지는 우리의 DNA 전달 등과 관계되기 때문이다.

우리의 육체적 삶은 일련의 불연속적 창조행위였던 것이 아니라, 우리 모두를 우리 선조들과 이어주는 끊어지지 않는 실타래이다. 우리는 생명을 창조하는 것이 아니라, 단지 그것을 다음 세대에 넘겨줄 특권이 있을 뿐이다. 그리고 유전자를 다음 세대에 전달하라는 자연의 법칙은 우리가 배우자와 함께 평등 속에서 그 임무를 수행하기를 바라는 것이다.

정자와 난자는 하나의 수정세포 또는 접합자(zygote : 정자와 난자가 결합된 것)를 형성하면서 하나의 육체가 된다. 이것은 부모와 비슷하지만 분명히 부모와는 다르다. 또 자신을 만드는 데 일조한 정자의 X 또는 Y 염색체에 의해 결정되는 미래의 섹슈얼리티도 간직하고 있다.[22)]

22) 『포츠 쇼트 1999』, 97쪽.

성 염색체의 가장 중요한 기능은 생식선(生殖腺)의 발달을 조절해서 그것을 고환 또는 난소로 바꾸는 일이다. 남성의 고환은 호르몬을 분비하고 순화시키는데, 이때 모든 기관과 조직이 이 호르몬에 흠뻑 젖게 됨으로써 남성다움이 심어지며 고환이 없을 경우 여성으로 발육되는 것이다. 접합자가 가까스로 6주가 되면 길이가 겨우 1센티미터를 약간 넘고 아직 사람으로서의 형태를 찾아볼 수 없을 정도인데, 이때 갑자기 작은 배아에 성(sex)이 침공한다. 즉, 성이 매우 특수한 세포집단을 이루어 배아의 몸체에 들어와 미래의 성선이 있을 자리에 안착하게 되는 것이다. 생식세포가 바로 배아의 영혼이요, 생명의 별이다. 왜냐하면 결국에 가서 이 세포들이 배우자를 생산하게 되고, 이것이 이제 반대로 다음 세대를 발생시키기 때문이다.

호르몬이 젠더를 통제한다는 사실을 보여주는 가장 강력한 증거 중의 하나는 호르몬 분비의 변경으로 자연스럽게 성이 변화된 사람들에게서 찾아볼 수 있다. 유전적으로는 여성이지만 태아 발달의 초기 단계를 거치는 동안 정도의 차이가 있기는 하지만 남성의 해부학적 구조를 갖게 되는 사람들에게서 찾아낸 최근의 생물학적 증거를 보면, 유전자에서 일어나는 변화가 원인인 희귀한 유전적 이상현상이 일어나게 되는데, 이를 '여성 부신생식기 증후군 female adrenogenital syndrome'이라고 말한다. 남성이든 여성이든 그 변형된 유전자를 쌍으로 지니고 있는 사람, 즉 몸의 각 세포에 정상적인 유전자가 전혀 없는 사람은 부신 호르몬인 '코티솔 cortisol'을 만들어 낼 수 없다. 그 대신 부신은 남성 성 호르몬과 유사한 작용을 하는 전구물질을 분비한다. 그 사람이 유전적으로 남성이라면 그 호르몬의 증가는 성 발달에 그리 중요한 영향을 미치지 못한다. 그러나 태아가 여성이라면, 비정상적인 수준의 남성 호르몬은 여성의 생식기를 남성의 것에 가깝게 변형시킨다. 그런 여성은 음핵이 작은 음경과 비슷한 크기까지 커지기도 하고, 대음순이 폐쇄되기도 한다. 극단적인 경우에는 완전한 음경과 텅 빈 음낭이 발달하기도 한다.[23)]

이처럼 젠더는 궁극적으로 유전자에 의해 지배된다. 그러나 사회가 젠더 고정관념을 강화한다는 것 또한 의심할 바 없는 사실이다. 사회는 어느 한 성을 다른 성보다 더 높게 평가할 수 있다. 물론 대체적으로 남성이 더 높게 평가되어 왔지만 항상 그랬던 것은 아니다. 사회가 특정한 성에게 부여한 가치 때문에 무지와 죽음, 또는 의도적인 살인 등이 벌어져 생물학적으로 결정된 성비를 변화시킬 수 있는 것이다. 또 한편 보다 더 중요한 것은 젠더를 재조정해서 남성에서 여성으로 또는 그 반대로 여성에서 남성으로 변경하기로 결심한 많은 사람들이 왜 성을 바꾸려는 강력한 충동을 갖는지, 그것을 설명할 수 있는 유전적 조건이나 호르몬상의 조건을 전혀 모르고 있다는 사실이다.[24)] 이 점을 우리는 결코 간과해서는 안 된다.

남아 선호로 유명한 우리나라의 경우 다음 세대들이 정말 여아보다 남아를 10% 또는 20% 더 많이 갖는다고 가정해보자. 이 경우에도 생물학적 진화가 궁극적으로 같은 성비에 도달하게 하는 것과 마찬가지로, '사회적 진화 social evolution'도 그런 식으로, 즉 같은 성비로 안착할 가능성이 많다. 성 감별로 선택된 남아들이 결혼할 시기가 돌아오면, 한국에서는 예비 신부들이 부족해질 것이다. 따라서 후속 세대에서는 부모들이

23) 『윌슨 1978』, 185~186쪽.
24) 『포츠 쇼트 1999』, 103쪽.

급속하게 딸에게 더 높은 가치를 부여하게 되고 성비의 자동조절이 일어날 가능성이 있게 된다. 실제로 남성들이 대개 자신들보다 어린 여성들과 결혼하고, 많은 나라에서 출산율이 급격히 떨어지고 있는데, 이로 말미암아 이미 신부 '부족'의 상태가 나타나고 있다. 매년 점점 더 적은 수의 아이들이 태어나기 때문에, 결과적으로 여성들은 점점 더 높은 가치를 지니게 되는 것이다.[25)]

또 많은 사회에서 남아들이 그들의 누이들보다 수유기간이 더 길다. 일부 과테말라 원주민들 중에는 어머니들이 나이 어린 여동생이 젖을 뗀 후에도 아들에게 젖을 먹이는 경우가 있다. 그 이유가 무엇일까? 그 이유를 간단히 설명하면 이렇다. 즉, 다음 세대의 번식경쟁에서 어미의 젖으로부터 여분의 영양분을 더 얻은 수컷은 좀 더 강하고 경쟁력 있게 성장할 수 있고 따라서 더 많은 수의 자손을 낳을 수 있다. 이것은 자기 어머니의 유전자를 암컷 자식보다 더 효과적으로 복제할 수 있다는 말이 된다.

괴팅엔대학교의 엑카르트 폴라트 E. Voland는 독일 북부 해안지역에 있는 동(東)프리슬란트의 출생과 사망, 결혼에 관한 교회의 기록을 연구했다. 이 기록들은 여러 가지 흥미로운 사실들을 우리에게 보여주고 있는데, 그 중에서 생존문제에 있어서 나타나는 남녀의 차이는 한층 더 흥미롭다. 18세기에서 19세기의 기록들에 대한 분석은 많은 수의 자식들을 남기고 배우자 한쪽이 사망한 2백 개 경우의 사례를 바탕으로 이루어졌다. 일부일처제의 기독교 농경사회에서는 젊은 부인이 남편을

25) 『포츠 쇼트 1999』, 105쪽.

잃었을 경우 그녀는 거의 예외 없이 경제적으로 매우 궁핍했다. 그런 가정의 여자아이들이 부유한 가정의 남자아이들과 경쟁한다는 것은 거의 불가능한 일이었지만, 마치 클러튼-브록의 연구가 보여주는 낮은 지위에 있는 암컷의 새끼 암컷처럼, 딸들은 언제나 자기보다 높은 계층과 결혼할 수 있는 기회를 가지고 있었다.

이와 같은 특별한 사회적 상황에서 본다면 딸들에게 들이는 투자는 충분히 생물학적 의미를 지니고 있다. 그리고 진화생물학이 예견하는 바처럼, 과부의 아들들은 영아나 유년기에 죽을 가능성이 딸보다 36% 더 많았다. 그러나 남성들이 아내를 잃었을 경우 그들의 경제적 지위에는 변화가 일어나지 않았으며, 그들은 대개 재혼할 기회를 가졌다. 또한 홀아비들의 아들들이 딸들보다 죽을 가능성이 많은 것도 아니었다.[26)]

여성이 자식에게 들이는 투자는 애를 낳을 수 있는 능력이 감소함에 따라 더 커질 수도 있다. 다른 말로 하면, 임신할 수 있는 기간이 많이 남아 있는 젊은 여성은 폐경기에 이르러 임신할 기회를 갖지 못하는 늙은 여성보다 자식들이 위험에 처하는 상황을 감내할 가능성이 더 많다는 것이다. 일부일처제 농경사회였던 18세기의 동프리슬란트로 돌아가 보자. 자식들이 딸린 과부들은 자식이 없는 과부보다 재혼하는 경우가 눈에 띌 정도로 적었다. 과부 어머니들의 자식들은 그들의 어머니가 30대 후반인 경우보다 25세 이하일 경우에 25% 정도 죽을 가능성이 더 많았다. 반면 상처를 한 남성의 자식들은 아버지의 나이에 따라 사망할 가능성이 더 높아지지는 않았다.[27)]

26) 『포츠 쇼트 1999』, 107~108쪽.
27) 『포츠 쇼트 1999』, 108쪽.

이러한 변조는 문화라는 이름 아래에 숨어 있는 인간 본성에 대한 불쾌한 진실을 말해주고 있는 것이라고 할 수 있다. 그 진실의 내용이 무엇인가? 다른 동물들의 경우처럼 인간 부모들의 행위도 역시 언제라도 잔인한 명령에 따라 행해질 수 있다는 것이다. 우리는 그것을 영원히 인식할 수 없기를 바라지만, 그렇다고 해서 그것이 내면 깊숙이 묻혀 있지만도 않는 것을 어쩌랴.

4. 본성과 양육

한 커플이 데이트를 위해 어떤 목적지로 이동 중에 있었다고 가정해 보자. 그들이 가고자 한 목적지는 평소에 자주 가보지 못한 곳이라 가던 도중에 그만 길을 잃어버리고 말았다. 그 순간 남성과 여성은 어떤 행동을 보일까? 흔히 길을 잃게 되면 여자는 차를 세우고 길을 물으려고 하는 반면에, 남자는 이정표를 찾거나 지형지물을 이용하여 스스로가 길을 찾으려고 고집한다. 이는 모든 남성들이 한 번쯤은 경험할 수 있는 사실일 뿐 아니라, 남성과 여성 사이에 존재하는 보편적인 일일 것이다. 따라서 이런 일로 말미암아 남성과 여성 사이에 적지 않은 말다툼이 벌어지기도 했을 것이다.

하지만 우리는 이러한 일상의 사건에 대해 크게 관심을 기울이지 않는다. 으레 있을 수 있는 다반사로 생각하기 때문이다. 그러나 이러한 사소한 문제에도 조금 더 관심을 기울일 필요가 있다. 그 속에는 우리가 미처 알지 못하고 있는 어떤 진실이 존재하기 때문이다. 그리고 이는 우리가 앞서 살펴본 인간의 남성과 동물 수컷이나 인간의 여성과 동물 암컷의 행동들과 많은 부분 맞아 떨어진다.

왜 여자는 차를 세우고 길을 물으려고 하는 반면에 남자는 스스로가 길을 찾으려고 고집하는 것일까? 남성들의 입장에서 보면 남에게 길을 묻는다는 것은 곧 패배를 인정하는 것이다. 지위를 의식하는 남성의 입장에서 보면 차라리 어떤 대가를 치르는 편이 낫다는 것이다. 그래서 길을 묻는 일을 하지 않는다. 그러나 여자들은 다르다. 여자들의 경우에 길을 묻는 것은 오히려 자신의 사회적 재능의 장점을 이용하여 문제를 해결하는 일이 된다. 앞으로 많은 사례와 함께 관찰되겠지만 이러한 현상은 인간의 본성과 양육적인 측면을 동시에 보여준다.

본성 또는 양육이 어느 정도까지 우리의 성적 행동을 통제하는가 하는 것은 매우 흥미로운 수수께끼이다. 암컷과 수컷은 분명히 해부학적으로 다르다. 따라서 번식에 있어서 수컷과 암컷 포유동물의 역할은 다르다. 이 점을 잘 알고 있는 생물학자들은 암컷과 수컷이 행동에 있어서도 서로 다른 본능적 성향을 보일 것이라고 생각할 것이다. 이에 비해 사회과학자들과 철학자들은 대체로 암컷과 수컷이 가지고 있는 그 유사성을 강조한다. 더 나아가 행동이나 젠더에 대한 인식 등과 관련된 차이들이 거의 모두 문화의 영향에 의해 결정된다고 주장한다. 어느 쪽의 주장이 옳을까? 우리는 어느 한쪽의 손을 들 수는 없다. 사실상 본성과 양육 양자 모두가 강력한 영향을 미친다고 보아야 하기 때문이다. 여기서 중요한 것은 남자와 여자의 본성적 차이를 인정하는 일이다.

"남성과 여성은 서로 다른 마음의 구조를 갖도록 진화되었다"라는 명제는 사실이다. 분명 남자와 여자는 서로 다른 진화의 압력을 받아왔으며, 따라서 진화에 성공한 개체는 그러한 압력에 견딜 수 있는 두뇌를 가졌을 것이다. 신경학이나 해부학, 생리학, 심리학 등의 영역에서 많은 학자들이 남성과 여성의 두뇌에는 차이가 있다는 것을 증명할 만한 증거들을 내놓고 있다. 분명 남성과 여성은 진화해 오면서 서로 다른 번식 부담을 지게 되었다. 그 결과 남녀는 평균 신체의 크기가 서로 달라졌을 뿐 아니라, 서로 다른 2차 성징을 지니게 되었으며, 또 짝짓기 전략에 있어서도 차별성을 보여 왔다.

예를 든다면, 신경학자 크리스틴 드 라코스트 Ch. Lacoste는 사체 해부시 복원한 남성과 여성의 뇌를 연구한 끝에 뇌의 양쪽을 결합하고 있는 뉴런 다발들이 남성보다 여성이 더 크다는 사실을 밝혀냈다.[28] 물론 이처럼 뇌의 크기가 다르다고 하더라도 그것이 남성과 여성이 가지고 있는 모든 차이를 설명해 주는 것은 아니다. 더욱이 남성과 여성은 많은 부분에서 동일하다. 남녀 사이에서 서로 겹치는 부분은 엄청나게 많이 존재한다는 말이다. 그러므로 흔히 속설로 전해져 내려오는 남성과 여성의 차이는 대부분 단지 편의적인 성 차별일 뿐이다.

남자가 여자보다 키가 더 크다고 말하는 것은 일반적으로 타당하다. 그러나 많은 사람들 중에서 가장 키가 큰 여자는 가장 키가 작은 남자보다 언제나 더 크다. 이와 동일한 방식으로 이야기하면, 설사 어떤 종류의 정신적인 일을 수행하는 데 있어서 일반적으로 여자가 남자보다 월등하다고 할지라도 가장 잘하는 남자보다 더 못하는 여자도 많이 있다는 주장을 펼 수도 있다. 이러한 논증들은 설득력 있는 합리적 주장들이 아니다.

평균적인 수준에서 보면 남자의 두뇌와 여자의 두뇌는 확

28) 『포츠 쇼트 1999』, 111쪽.

실한 차이가 있다. 그리고 이러한 차이에 대한 증거를 우리는 이제 부정할 길이 없다.[29] 차이는 진화의 산물이며 '유전적'인 것이다. 남자와 여자의 두뇌는 유전적으로 다르다. 그러나 이러한 차이가 일반적으로 우리가 가지고 있는 편견을 정당화할 수 있는 논거가 되는 것은 아니다. 차이가 불평등이나 차별을 뜻하는 것이 아니기 때문이다.

예컨대, 남자 아이들은 대체로 칼과 총을 가지고 놀고, 여자 아이들은 인형을 좋아한다. 이러한 현상은 양육(문화)의 영향일 수도 있고 또 유전적인 것일 수도 있다. 그러나 그것이 어떤 차별을 보여주거나 혹은 어느 한쪽이 '월등'하다는 것을 나타내는 것은 아니다. 이미 앞에서도 잠시 언급했듯이, 여기서 중요한 것은 차별과 불평등이 아니라 '차이'이다. '차이'를 인정하지 않는다면 남성과 여성에 대한 올바른 이해가 불가능하기 때문이다.

진화에 의해 남자와 여자의 뿌리(마음, 정신구조)에 차이가 생겼다고 믿는 데는 크게 세 가지 이유가 있다. 그 첫 번째는 인간 역시 포유류에 속한다는 사실이다. 따라서 모든 포유류의 행동에 나타나는 성적 차이가 인간에게도 나타난다는 것이다. 둘째, 인간은 유인원이며, 따라서 유인원의 성향을 지니고 있다. 모든 유인원에게 공통적인 것은 공격적인 수컷이나 짝짓기 기회를 노리는 수컷, 그리고 새끼를 잘 돌보는 암컷에게는 보상이 주어진다. 마지막으로는 남성과 여성은 다 같이 성에 따른 분업을 하는 포유류이다.

식량을 찾아다니는 침팬지를 보면 암컷과 수컷 사이에 별

29) 『매트 2002』, 313～316쪽.

차이가 없다. 양자가 함께 동일한 식량자원을 찾아다니고 있다. 그러나 인간의 경우는 다르다. 사실상 농업사회 전 단계의 모든 사회에서 남자와 여자는 서로 다른 방식으로 식량을 구했다. 남자들은 집에서 멀리 떨어져 움직임을 예측할 수 없는 식량(동물성)을 찾아다니고, 여자는 아이와 함께 집 가까이에 있는 움직임이 예측 가능한 식량(식물성)을 구한다. 이러한 남자와 여자의 진화적 특징이 남자와 여자의 공간적 및 언어적 차이를 만들어낸 것이다.

공간과 언어 능력에서 남성과 여성의 차이를 검사하기 위해 수많은 연구들이 고안되고 진행되었다. 공간 지각능력 검사는 자원자가 채색된 도형을 만든 무늬를 따라 그리거나, 지도를 해독하거나, 미로찾기 문제를 풀도록 하는 것이었다. 대체로 사춘기 이전에는 남성과 여성의 능력 차이가 상대적으로 적게 나타나며, 약 11세 이후가 되면 소년들이 소녀들보다 공간검사에서 약간 더 나은 결과를 보였다.

이와 반대로 언어능력은 여성이 좀 더 많이 발달한 것으로 나타난다. 여성들은 또 생리주기의 단계에 따라 특정한 언어사용과 기타의 일을 수행하는 데 차이를 드러낸다. 이런 검사는 미묘하고 처음에는 우스워 보이기도 한다. 배란기의 여성들은 '발음하기 어려운 말 빨리 하기' 놀이에 쓰이는 어구를 배란기가 아닌 때보다 10% 정도 더 잘 발음하는 반면, 공간지각능력은 이 기간에 감소하는 경향을 보인다. 소년들은 소녀들에 비해 네 배 정도 더 말을 더듬고, 미국 학교의 읽기 교정반에는 남학생들이 여학생에 비해 세 배 정도 그 수가 더 많다.[30]

30) 『포츠 쇼트 1999』, 111~112쪽.

오리건 주립대학교의 배리 유리트 B. Hewlent는 중앙 아프리카 피그미 Pygmy족들의 방랑생활을 추적하면서 조사한 적이 있었다. 그의 조사에 따른다면, 피그미 남성들이 본진(베이스캠프)에서 평균 61킬로미터의 거리를 활동범위로 삼는 데 비해서 여성들은 평균 41킬로미터밖에 되지 않는다는 사실이 밝혀졌다. 이런 연구들을 통해서 일반적으로 소년들이 소녀들보다 더 멀리까지 자기 영역을 확보한다는 사실을 알 수 있다. 그리고 이런 경향은 소년들이 사춘기에 접어들면서 더욱더 분명해진다.[31] 특히, 훨씬 많은 양의 성 호르몬이 분비되기 시작하는 시기인 사춘기에 이러한 행동의 차이가 급격하게 커진다는 사실이 밝혀지고 있는데, 이는 인간의 행동에 있어서 생물학적 차이가 실제로 존재함을 보여주는 강력한 증거라고 할 수 있다.

인간이나 원숭이 모두에게서 관측할 수 있는 수컷과 암컷 간의 행동상의 차이 가운데 하나는 우연한 사고에 의한 사망 위험이다. 야생의 짧은 꼬리 원숭이의 어린 수컷과 현대사회의 어린 소년들은 자신들의 누이들보다 사고를 더 많이 당한다. 원숭이들과 유인원들이 나무에서 떨어지는 경우가 실제로 발생하며, 또 그로 인해 부상을 당한다. 어린 침팬지에 대한 한 연구에 따르면, 나무를 오르다가 사고를 당하는 경우는 수컷들이 암컷보다 서너 배 더 많았으며, 10미터가 넘는 높이에서 떨어지는 사고는 모두 수컷들에게만 발생했다. 어른이 거의 다 된 짧은 꼬리 원숭이에 대한 한 연구에 따르면, 암컷들보다 수컷들이 여섯 배나 더 많이 죽었다고 한다.

그렇다면 인간의 경우는 어떨까? 오스트레일리아에서는 사

31) 『포츠 쇼트 1999』, 112쪽.

고로 죽는 소년들과 젊은 남성들(15세에서 24세까지)의 수가 같은 나이의 여성들보다 서너 배나 많다고 한다. 물론 이런 수치를 곧이곧대로 인정하기는 어려울 것이다. 그 차이가 문화적 분석에 의해 과장되거나 축소될 수도 있을 것이다. 그러나 한 살도 안 된 어린 사내아이가 자신을 위험에 빠뜨리는 사고가 어린 여자아이보다 훨씬 더 흔하게 발생한다는 것은 부정할 수 없는 사실이다. 물론 이에 대해서도 반론이 있다. 대부분의 문화가 소녀보다 더 모험적으로 자라도록 어린 소년을 유도한다는 것이다. 이런 반박에 따르면 그런 기회와 훈련이 양성 간의 공간 지각능력이나 언어능력상의 차이를 가져오는 원인이 될 수 있다는 것이다.

우리는 이러한 주장들을 전적으로 배척할 수는 없다. 남성과 여성의 차이는 문화적 요인과 생물학적 요인이 동시에 영향을 미치기 때문이다. 다시 말해서 우리 뇌의 대부분의 기능들은 우리의 유전자에 암호화된 청사진에서 만들어진 해부학적 측면과 그리고 우리가 태어나 성장하게 되는 세계에 의해 결정되는 학습요소를 함께 갖고 있다.[32]

다시 한 번 더 강조하건대, 차이가 차별을 뜻하는 것은 아니다. 특히, 다음과 같은 점은 매우 중요하다. 유전적 차이는 아주 엄청난 수의 개인들을 통계적으로 비교해서 나오는 것인 만큼, 특정한 한 명의 여성이나 또는 특정한 한 명의 남성이 반대 성의 평균치보다 또는 자신이 속한 성의 평균치보다 훨씬 더 뛰어나게 어떤 능력을 발휘할 수도 있다는 점을 유념해야 한다. 남성과 여성의 차이는 우리의 삶에 풍요로움을 더해

32) 『포츠 쇼트 1999』, 114～115쪽.

준다. 남성과 여성의 차이는 어느 한쪽이 다른 쪽보다 열등하거나 우월하다는 것을 의미하는 것은 아니다. 생물학적으로 볼 때, 여성은 번식을 결정하는 요소인데도 역사적으로 대체로 낮게 평가되었다. 모든 연구결과를 종합할 때, 남성과 여성의 능력은 상당한 범위에서 중첩될 가능성이 높다.

이스라엘의 키부츠운동의 신조 중 우리가 주목할 만한 것이 있다. 그것은 곧 모든 젠더적 혹은 사회적 차별을 가능한 한 철폐한다는 것이다. 키부츠 실험은 사회의 다른 어떤 것보다도 젠더 인식에 미치는 생물학적 및 문화적 영향에 대해 설득력 있는 분석을 가능하게 한다. 사회학자 라이오널 타이거 L. Tiger와 조집 셰퍼 J. Shepher는 3만 4천 건이 넘는 사례와 많은 양의 키부츠 운영자료를 조사했다. 키부츠 출신의 여성들이 이스라엘 군대에 입대하면, 소총을 메고 실탄을 장전한 채 훈련하는 무장부대에 배치된다. 타이거와 셰퍼에 따른다면, 그럼에도 불구하고 세대가 지남에 따라 성적 고정관념이 증대되고 있음을 발견하였다. 제1차 세계대전 전에는 여성들이 도로를 건설하는 데 참여하고, 남성들은 설거지를 했다.

그러나 오늘날에는 나머지 이스라엘 사회에서보다도 오히려 키부츠 안에서 성 역할이 더 확연하게 구분되고 있다. 가부장적 사회가 다음 세대에게 성 차별주의자가 되도록 교육한다는 페미니스트의 불평이 키부츠에서는 역전되고 있다. 성 역할을 없애려 노력했던 키부츠에서 그것이 급속하게 다시 부활되었던 것이다. 즉, 어린아이들이 똑같은 환경에서 인생을 시작하고, 성적 평등을 진지하고 명백하게 약속하는 환경에서 어린이가 성장하여 어른이 되는 키부츠에서도 공학 쪽에 진출하는 것은 소년들이 더 많고, 사회사업 분야에 진출하는 것은 소녀들이 더 많다. 키부츠에서는 여전히 공동체의 목표가 개인적인 요구에 우선하고 있으나, 남성들이 집회에 더 많은 시간을 보내고, 키부츠의 집행부에서 활약하는 남성이 여성보다 여섯 배나 더 많다. 그리고 여성들이 자식들을 기숙사제도에서 끌어내 가정에서 키우기 위해 계속해서 투표를 실시하기도 했다. 그것은 왕왕 기숙사제도를 유지하려는 남성들에게 반대하는 의사표시이기도 했다.

성에 관한 생각도 엄격함과 정숙함에서 낭만과 안락함으로 변해갔다.[33] 문화근본주의자들(cultural fundamentalists)은 어린이 교육에서 성 고정관념을 제거하기 위한 가장 근본적인 시도가 실패한 것은 현실적으로 그것이 근본적이지 못했기 때문이라고 주장할 수도 있다. 이에 반해 사회생물학자들은 시간이 흐름에 따라 부모들과 어린이들은 자신들의 본능적 성향으로 되돌아오고 말았다고 주장할 것이다.[34]

5. 동성애

인간 사회 속의 젠더, 즉 문화의 젠더 구분으로 인해 가장 큰 피해를 입는 사람들은 아마도 동성연애자일 것이다. '동성애 homosexual love'란 정확히 무엇인가? 동성애는 분명 색다른 행동특성들의 어떤 범위를 가리킨다.[35]

인간 문화의 산물이면서 가장 강력한 헤게모니를 행사하는

33) 『포츠 쇼트 1999』, 118~119쪽.

34) 『포츠 쇼트 1999』, 119쪽.

35) Matt Ridley, *Nature Via Nurture*, 1994(『본성과 양육』, 김한영 옮김, 김영사, 2004), 227쪽. 이 책은 앞으로 『매트 2004』로 줄인다.

것이 종교인데, 그 중에서도 유대교 및 기독교는 성의 생물학적 중요성을 크게 오해해 왔다. 오늘날까지도 로마 천주교회는 성적 행동의 주된 기능을 남성이 여성을 수태시키는 것이라고 주장하고 있다.

예컨대, 초기 기독교의 '교부 church father'들은 성이 인간관계의 기초이자 성인들의 사랑의 기초라는 점을 이해하지 못했다. 그들은 성을 오로지 임신이나 출산과 관련해서만이 정당성을 인정했다. 창세기 38장에 나오는 유다와 다말의 이야기는 이에 대한 좋은 본보기이다.

유다는 몇 명의 아들을 두었지만, 유다의 큰 아들이 여호와의 눈에 사악해 보였다 하여 그를 죽였다. 그러자 유다는 아들 오난에게 너의 형수에게로 가서 형수와 잠자리를 같이 하여 형의 대를 이을 씨앗을 뿌리라고 했다. 그러나 오난은 형수와 잠자리를 할 때마다 그의 씨앗을 바닥에 흘렸으므로 여호와는 오난 역시 죽였다. 유다는 막내아들 셀라도 신에게 죽음을 당할까봐 걱정이 되어 첫째 며느리 다말에게 막내인 셀라가 장성할 때까지 미망인으로 기다리라고 명했다. 그러나 아직 아이가 없는 다말은 어린 셀라가 장성할 때까지 기다릴 수가 없었다. 그래서 그녀는 얼굴을 가리고 창녀로 변장하여 시아버지와 잠자리를 같이 하기로 결심했다.

어느 날 유다는 창녀로 변장한 다말과 몸값을 두고 흥정하게 되었다. 다말은 유다에게 무엇을 주겠느냐고 물었다. 유다는 자신의 양떼 중에서 새끼 한 마리를 주겠다고 했으나, 다말은 유다의 반지와 팔찌, 그리고 지팡이를 요구했다. 유다는 다말의 요구를 들어주고 그녀와 잠자리를 같이 했다.

얼마 후 유다는 자신의 며느리가 매춘을 했다는 소문을 듣고 그녀을 끌고 와 불태워 죽이라고 노발대발했다. 유다에게 끌려온 다말은 그의 반지와 팔찌, 그리고 지팡이를 내놓았다. 그녀가 몸을 판 상대가 바로 유다임을 밝히는 증거였다. 어쩔 수 없이 유다는 다말을 받아들였고, 결국 다말은 시아버지의 자식들인 쌍둥이를 낳았다. 출산과 관련된 성의 관계가 얼마나 너그럽게 용인되고 있는가를 보여주는 한 단면이라고 할 수 있다.

교회는 신이 인간 본성에 거스르지 말라는 명령을 내렸다는 생각에 바탕을 둔 자연법 이론에서 권위를 찾는다. 하지만 이 이론은 틀린 것이다. 자연법이 제시하는 법칙들은 생물학에 무지한 신학자들의 오류로 인해 잘못 해석되었다. 자연법은 종교나 세속적 권위의 힘을 빌린 어떠한 강제력도 필요하지 않은 자연 선택에 의거한 생물학인 것이다. 인류 진화의 유전적 역사의 단서들은 모두 성적 활동이 일차적으로는 결합 장치로 간주되어야 하고, 단지 부차적으로만 생식수단으로 여겨져야 한다.[36)]

서구의 오랜 도덕적 윤리의 근간에는 유대-기독교 윤리가 놓여 있다. 허나 우리는 이 윤리의 근원인 구약성경에 대해 다시 생각해 볼 필요가 있다. 유대-기독교의 구약성경은 반복되는 영토 정복을 통해 강화된, 급속하고 순조로운 인구증가를 밑거름 삼아 성공한 공격적인 유목민족이 쓴 윤리라고 할 수 있다. 그리고 이러한 윤리가 신성화되면서 지금껏 우리의 젠더 개념을 강화시킨 것이다. 구약성경이 탄생할 무렵에는 인구의 증가가 곧 국력에 부합되었을 것이다. 인구의 증가가 가장 직

36) 『윌슨 1978』, 199~200쪽.

접적인 성의 목적이었으며, 이러한 목적은 지금껏 신성화되어 계승되어 온 것이다.

분명 성은 유전자의 번식을 목적으로 하고 있다. 그러나 이러한 목적이 그것의 전부는 아니다. 비록 낮은 비율이기는 하지만, 철저하고 일관되게 자기와 같은 성을 좋아하는 개체들이 존재하고 있다. 진화는 한 개체의 유전자를 다음 세대에 성공적으로 전달함으로써 이루어진다는 점에서 보면, 동성애 행동은 번식의 성공과는 정반대되는 행위이다. 하지만 역사나 문화와 상관없이 어느 시대 어느 사회에서도 동성애 행동이 존재해 왔다.

물론 동성애가 이성애의 대안으로 발현되는 영장류도 존재한다. 그러나 그들은 인간과 다르다. 동물의 경우는 뇌 속에 잠재된 진정한 양성성이 표출되는 것이지만, 인간의 경우에는 인간에게 주어져 있는 양성의 가능성이 성적 선호 양상을 전환할 수 있는 사람을 통해 발현된다는 점이 다르다. 특히, 여기서 놀라운 것은 일단 동성애가 발현되면 동물적 패턴의 성 선택 및 대칭성은 상실되고 진정한 사랑이 이루어진다는 사실이다. 다시 말해서 사회적 젠더의 규정들은 사라져 버리는 것이다. 이런 독특한 동성애 성향은 인간 동성애의 생물학적 중요성을 간파할 수 있는 열쇠가 될지도 모른다.

에드워드 윌슨에 따른다면, "동성애는 결합의 한 유형"[37]이다. 그리고 이것은 이성애 행동이 관계를 확고하게 하는 중요한 장치라는 점과도 상당히 일치한다. 그렇다면 우리는 여기서 한 가지 의문이 생긴다. 인간의 동성애적 행동이 유전적으로 존

37) 『윌슨 1978』, 202쪽.

❋ 여성 동성애 ❋

재 가능하다면 어떻게 자손을 증식시킬 수 없는 동성애가 그러한 행동의 성향을 자손들에게 남길 수 있단 말인가? 이 물음에 대한 대답은 의외로 간단하다. 이른바 '혈연선택가설 Kin-Selection Hypothesis'의 대답을 빌린다면, 그들이 존재하기 때문에 오히려 그들의 친족들이 더 많은 아이를 가질 수 있다는 것이다.

그렇다면 동성애로 특화된 사람들의 유전자는 그들과 혈연관계에 있는 사람들에게도 분명히 존재한다고 보아야 한다. 따라서 비록 동성애자들이 아이를 갖지 못한다고 하더라도 그 자신들의 유전자를 증식할 수는 있었다고 할 수 있다. 다시 말해서 동성애는 인간의 생물학적 특성으로도 엄연히 존재하고 있는 것이다. 그러므로 동성애는 남성과 여성의 생물학적 특성에 따라 조금씩 서로 다른 양식으로 표현되며, 이는 너무나도 당연한 현상이다. 일반적으로 우리는 젠더라는 이름으로 남성과 여성을 수많은 측면에서 구별해 왔다. 그 결과 동성애가 가지고 있는 이러한 생물학적 특성을 편견 속에서 무시해 왔다.

지금까지 알려진 바로는 다른 포유류 종에서 오르가즘이 암컷의 성적 충동에 수반되는 경우는 매우 드물다. 그러나 인간의 경우는 다르다. 인간은 자기 자신이나 상대방의 신체 가운데 성욕을 자극하는 부위가 엄청나게 많다는 점을 알고 있다. 그리고 이러한 이유로 말미암아 인간의 성적 행동이 다른 동물들의 행동과 달라진다. 양성의 경우 성적 욕구의 강도와 대칭성(symmetry : 양성의 성욕은 어느 한쪽이 더 많거나 강하지 않고 동일하다는 의미), 그리고 신체의 많은 부분을 성욕을 자극하고 성적 자극에 민감하도록 바꿀 수 있는 능력 등이 우리 종으로 하여금 동성애적 성행위에 대한 본능적 성향을 갖게 한 것으로 보인다.[38)]

남성 간의 동성연애의 원인은 무엇일까? 남성의 뇌는 일정한 방식으로 발달하기 때문에 남성은 여성에 대한 선호도를 발달시켜 왔다. 유전적으로 결정된 정신에서 만들어진 테스토스테론도 나중에 사춘기 때 테스토스테론이 다시 뇌에 영향을

38) 『포츠 쇼트 1999』, 125쪽.

✻ 남성 동성애 ✻

미치는 것처럼 모체의 자궁 속에서 뇌를 변화시킨다. 이런 이유로 말미암아 성적 선호도는 일정한 방식으로 발달한다. 정소 유전자나 사춘기 시절에 일어나는 테스토스테론의 폭발적 증가 중 어느 한 가지만 빠져도 남자라고 부를 수 없게 되는 것이다. 아마 남성 동성연애자들은 정소의 발달에 영향을 미치는 유전자가 다르거나 테스토스테론이 폭발적으로 증가하는 사춘기 시절에 다른 학습경험을 하였거나, 아니면 이들 요인들 가운데 몇 가지를 동시에 지닌 남성일 것이다.[39] 그리고 이러한 남성 동성연애자들은 여성 동성연애자들과는 그 유형이 다르다.

남성들은 여성들보다 훨씬 더 쉽게 시각적 자극에 흥분되고, 더 많은 성적 파트너를 구하고, 더 자주 오르가즘을 동반

39) 『매트 2002』, 335쪽.

하는 육체적 관계를 경험한다. 여성들은 오랜 기간 지속하면서 정서적으로 끌리는 관계, 즉 충실한 동반자 관계가 유지될 수 있거나 그런 성향의 관계를 갈구한다.

예컨대, 게이 남성들의 섹스는 사회적 지위에 아랑곳하지 않고 젊음과 눈에 들어오는 아름다움에만 초점을 맞춘다. 따라서 이들의 섹스는 아무런 대화도 나누지 않고 온갖 환상을 그리면서 아주 짧게 끝나는 경우가 많다. 그러나 레즈비언의 생활방식은 근본적으로 다르다. 레즈비언들은 육체적 경험에 앞서 사랑하는 관계를 설정하는 것이 일반적이다. 그리고 두 여성이 함께 사는 경우에도 그들의 관계는 두 남성이 함께 사는 경우보다도 성적으로 충실할 뿐 아니라 그 관계가 오랫동안 지속될 가능성이 크다. 레즈비언의 경우에는 인간적 동료관계가 주는 따뜻한 유대감이 시간이 경과함에 따라 더욱 중요해지는 반면에 섹스의 육체적인 측면은 오히려 거꾸로 덜 중요해지고 섹스의 횟수도 줄어든다.

이성애의 관계에서는 타협이라는 것이 필수적인 요소이지만, 동성애적 관계에서는 이러한 타협이 없는 가운데서 각 성의 번식목록을 표현한다. 두 명의 남성 또는 두 명의 여성이 성 관계를 맺을 경우 그들은 아주 분명하게 자신들의 불변적 번식목록을 무의식적으로 행동에 옮기는 것으로 보인다. 아마도 이런 이유 때문에 일부 이성애자들이 동성애적 행동에서 아주 위협적인 느낌을 갖는 것일 것이다.

동성애의 남성과 동성애 여성 간의 생활방식이 이처럼 큰 차이를 보인다는 것은 성적 행동이 단순히 어릴 때의 교육이나 양육의 차이 때문에 생기는 것이 아니라는 사실을 말해준다. 남성과 여성의 동성애 커플은 타고난 생물학적 이유 때문에 서로 다른 방식으로 행동한다.[40] 다시 말해서 동성애자들은 반대 성의 전략 목록에 대응해서 자신의 행동을 변경할 필요가 없는 상황이라면 생명현상이 남성 또는 여성에게 프로그램한 것을 그대로 행동에 옮길 따름이다. 그리고 이러한 인간의 생물학적 특징을 인정하고 가끔씩 젠더가 우리에게 가하는 압력을 벗어버린다면 우리가 사는 이 지구라는 환경은 더욱 다양해질 것이다.

성적 욕구라는 것이 때로는 우리의 지성을 압도할 수 있다는 점을 우리는 알고 있다. 진화의 관점에서 보면 난자나 정자에게 다음 세대까지 생존할 수 있는 최상의 기회를 주려는 유전자에 의해서 구성된 것이 바로 우리 자신이다. 우리의 뇌와 그리고 우리의 뇌를 중심으로 형성되는 우리의 세계관은 우리의 생식선이 뿜어내는 성 호르몬에 크게 의존해 있다는 사실은 결코 놀라워할 일이 아니다. 어쨌거나 우리의 몸에 관한 지식을 우리가 더 많이 가지면 가질수록, 그리고 진화를 꿰뚫어 보는 우리의 통찰력이 더 커지면 커질수록, 우리 자신이 번식의 노예가 될 가능성은 그만큼 줄어들 것이다. 예를 든다면, 우리는 임신과 섹스를 분리하는 방법을 개발할 수도 있고, 또 이를 통해 우리는 결혼에 대한 이해를 한 차원 높일 수도 있는 것이다.

인생이란 어쩌면 끝나지 않는 카드게임과도 같은 것일지도 모른다. 뒤섞고 나눠주고 하면서 좀 더 나은 패를 희망하는 그런 게임 말이다. 50일의 시간적인 여유만 있다면 남성은 현재 지구상의 사람들과 같은 수만큼의 정자를 생산할 수 있다. 그

40) 『포츠 쇼트 1999』, 124~125쪽.

리고 각각의 정자는 유전적으로 다른 모든 동료들과 구별되고, 잠재적으로 또 하나의 인간 존재이다.[41] 그러나 유전자의 궁극적인 목표가 단순히 유전자 자신의 영구적 생존에 있다 하더라도, 유전자에게 스스로를 드러낼 수 있는 기회를 주는 것은 육체의 발현이라는 사실은 의심의 여지가 없다. 인간으로서 우리는 정자와 난자라는 성적으로 별개의 존재에 젠더라는 독특한 특성을 추가함으로써 삶을 더욱 풍요롭게 하고 있다. 그리고 한 사람의 인간 존재가 된다는 것은 하나의 배우자가 되는 것보다 훨씬 더 재미있는 일이 될 수도 있을 것이다.

41) 『포츠 쇼트 1999』, 128쪽.

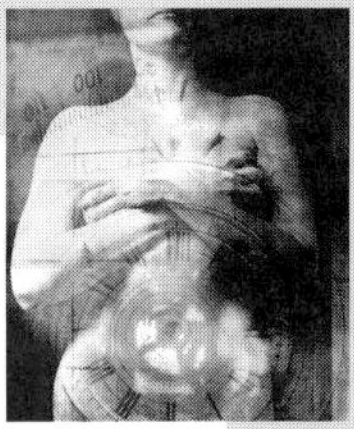

chapter

5

성의 문화

1. 성과 결혼
2. 8백만 년 전의 남녀
3. 다양한 결혼풍습들
4. 배우자 선택
5. 이 혼
6. 결혼생활과 섹스
7. 성과 권력

1. 성과 결혼

결혼하는 사람들에게 "왜 결혼하느냐"고 물으면 거의 이구동성으로 사랑하기 때문이라고 말한다. 인간은 사랑하기 때문에 결혼한다. 여기서 '사랑한다'라는 말은 어떤 의미를 갖는 것일까? 흔히 우리가 말하는 성적 관계로서의 섹스가 배제된 행위일까? 아니면 성적 관계로서의 섹스가 사랑의 근원적인 토대가 되는 것일까? 그리고 결혼은 이러한 섹스와 어떤 관련이 있는 것일까?

포츠 쇼트는 이렇게 말했다. "인간의 결혼을 이해하는 데 핵심이 되는 열쇠는 결혼이 섹스를 허용하는 것이 아니라 오히려 섹스의 한계를 규정한다는 점이다."[1] 일반적으로 우리가 가지고 있는 결혼에 대한 관념도 포츠 쇼트와 별 차이가 없다. 결혼이란 신부와 신랑에게 성적 접근의 자유와 권리를 허용하는 것이 아니라 오히려 서로의 섹스를 상대에게만 귀속시키는 것이기 때문이다. 결혼을 약속한 사람들은 결혼 전에는 어떤 사람들과 어떤 식으로 성적 접촉을 했든 결혼하고 나면 달라질 수밖에 없다. 결혼은 섹스의 한계를 정하는 것이며 이 한계가 결혼을 성립시키는 중요한 조건이 된다.

결혼의 두 번째 중요한 의미는 자식 양육이다. 자식 양육의 문제는 결혼 당사자 간에 이루어지는 일종의 '타협'이라고 할 수 있는데, 이는 결혼 당사자들이 자식 양육이라는 특별한 과업에 투자하기 위해 반드시 이루어내야 할 전제이다. 물론 그들

1) 『포츠 쇼트 1999』, 129쪽.

마리아와 요셉의 결혼으로 손에 들고 있는 마른 나뭇가지에서 새싹이 솟아나면 마리아와 결혼할 수 있다. 요셉의 가지에서 새싹이 솟아나 결혼을 하며, 투덜거리며 가지를 꺾어버리는 구혼자의 모습도 보인다. 마리아와 요셉의 결혼이 주는 숭고한 이미지만이 결혼의 전부는 아니다. 분명 결혼은 상호 간의 유대와 함께 섹스라는 행위도 존재한다.

을 결합시켜 주는 성적 유대관계는 항상 임신과 직결되어 있는 것은 아니다. 결혼생활이란 임신과 무관한 숱한 섹스 행각들로 점철되게 마련이기 때문이다. 그리고 이런 의미에서 본다면, 결혼이란 본성적으로 여러 명의 짝을 찾는(일부다처제 또는 일처다부제) 동물이 힘겹게 일부일처제를 쟁취하려는 노력이 투영된 상징물로 볼 수 있는 것이다.

결혼이란 번식을 위한 행동에서 아주 대담한 조치가 문화적으로 표출된 것이다. 사실 번식의 기회는 아주 많지만 문제투성이기 때문이다. 전부는 아닐지라도 대부분의 인간 사회에서는 성적 배타성을 확보하고자 하는 특별한 정념과 욕구가 비록 짧은 순간일지라도 남성과 여성 간의 성적 관계를 지배한다는 것은 널리 알려진 사실이다. 그러므로 결혼이 잘못될 경우 그것은 인간관계에서 일어날 수 있는 그 어떤 실수보다도 큰 고통을 초래하는 것이 일반적이다. 그럼에도 불구하고 결혼에 실패한 사람이나 이혼한 사람들 가운데 많은 사람들이 다시 결혼을 한다. 그들은 왜 재혼을 하는 것일까?

이에 대해서는 여러 방면에서 여러 가지 해답을 내놓을 수 있을 것이다. 그러나 우리가 주목하는 것은 생물학이다. 생물학이 이 물음에 대해, 특히 우리를 아주 강하게 사로잡으면서도 그토록 실패가 잦은 결혼이라는 사건에 대해 아주 많은 유용한 통찰을 제공해주기 때문이다. 동시에 생물학은 결혼제도의 다양성에 대해서 뿐만 아니라, 문화마다 다른 결혼에 대한 기대치의 다양성이 자식 양육과 연관된 인간 행동에 얼마만큼 영향을 미치는지에 대해서도 유익한 설명을 제공해주고 있다.

2. 8백만 년 전의 남녀

'오스트랄로피테쿠스 Australopithecus'[2]는 약 8백만 년 전에 아프리카의 밀림에서 광대한 사바나지역으로 이동하기 시작했다. 이러한 이동과정에서 그들은 손가락 관절의 등으로 땅을 짚고 걷는 네 발 유인원에서 직립동물로 변해 갔다. 두 발 보행이 먹이를 찾고 옮기는 일을 보다 용이하게 할 수 있도록

2) 1925년 R. A. 다트가 남아프리카에서 출토한 유아두골(幼兒頭骨)에게 '오스트랄로피테쿠스 아프리카누스 Australopithecus africanus'라는 학명을 주었던 것이 이 속명의 시초이다. 다트는 유인원의 화석인 줄 알고 이 이름을 붙였던 것이나 그 후 이것은 화석인류인 것으로 밝혀지게 되었는데, 학명은 최초의 명명을 존중하게 되어 있어 그대로 사용하고 있다. 오스트랄로피테쿠스는 일반적으로 '아파렌시스 Australopithecus afarensis', '로부스투스 Australopithecus robustus' 및 '아프리카누스 Australopithecus africanus' 등 3종으로 분류되어 왔는데, 아파렌시스는 두개골의 구조상 현생 인류보다는 이전의 유인원과 유사한 모습을 보이고 있으나 두개골을 제외한 나머지 골격구조는 현생 인류와 매우 흡사한 형태를 하고 있어 직립보행을 하였을 것으로 추정된다. 로부스투스는 다른 종에 비해 두개골과 안면형태 및 치아구조가 거대하고 튼튼하다. 특히, 먹이를 씹는 기능을 가진 어금니가 매우 크다는 점이 이 종의 특징이다. 큰 어금니에 비해 앞니와 송곳니는 작은 편으로 전체적인 치열형태는 뒷부분이 크게 벌어진 포물선형을 이루고 있다. 아프리카누스는 아파렌시스와 로부스투스보다 현생 인류와 유사한 형태를 지니고 있다. 이러한 오스트랄로피테쿠스는 주변의 식물을 채집하거나 육식동물이 먹다 남긴 찌꺼기를 먹으면서 작은 무리를 이루어 생활하였다는 설이 정설로 되어 있다. 이들은 유인원에서는 찾아볼 수 없는 인간다운 특징을 지니고 있다. 말하자면 생활 근거지의 확보, 성에 따른 노동의 분담, 의사소통의 수단, 친족관계 등의 문화적 요소를 지니고 생활하였으며, 도구를 만들어 사용했다는 점 등이 바로 그것이다.

해주었기 때문이다. 특히, 암컷의 경우는 먹이를 찾고 운반하는 일이 더 중요할 수밖에 없었다. 번식을 성공적으로 수행하기 위해서는 먹이를 구하고 운반하는 기술이 결정적인 일이었기 때문이다.

오스트랄로피테쿠스 남성들의 신체적 특징 가운데 가장 돋보인 것은 커다란 송곳니인데, 이는 침팬지들과 같지만 인간과는 다른 점이다. 그리고 남성들의 체구는 여성들보다 대략 35% 정도 더 컸다. 따라서 그들은 오늘날의 우리보다 성적인 면에서 훨씬 더 '동종이형 heteromorphism'이었다고 할 수 있다. 물론 이런 남녀 차이는 부분적으로 도구를 사용하고 또 공격무기를 쓰기 시작하면서 차츰 사라졌을 것이다.

오스트랄로피테쿠스의 화석이빨을 검사해본 결과 그들이 채소, 과일, 유충, 동물의 고기 등 다양한 음식을 섭취했음이 밝혀졌다. 이것은 그들이 생활의 터전인 지형에 대한 높은 기억력과 의사소통 능력이 요구되는 생활양식을 가졌음을 의미한다.[3] 주변의 지형에 대한 폭넓은 정보를 기억하지 못했다면, 그리고 그들 상호 간에 원활한 의사소통이 이루어지지 않았다면 저러한 다양한 음식물의 섭취가 불가능했을 것이다.

남성에 비해 여성의 신체는 또 다른 특징을 가지고 발달했다. 성적으로 성숙한 여인의 특징은 허벅지나 엉덩이, 가슴 등으로 드러났다. 진화를 통해 허벅지, 엉덩이, 가슴 등에 지방질이 축적되었던 것이다. 때때로 척박해지는 환경에서 살아가야 하는 동물에게 지방질의 축적은 유비무환의 대책이었으며, 특히 이는 번식능력을 판가름하는 중요한 지표가 되었다. 그러므

3) 『포츠 쇼트 1999』, 134쪽.

✻ 비너스의 탄생 ✻

로 특정한 부위에 지방이 축적된 여성들이 남성들에게 인기가 있는 것은 당연한 일이었다. 그 가운데서도 가슴이 발달한 여성들은 더 자주 선택되었을 것이다. 가슴이 발달한 여성들이 자신들의 유전자를 더 널리 퍼뜨리는 데 유리하다고 판단되었기 때문이다. 오늘날 인간 여성의 가슴은 이러한 선조 여성들에 의해 진화되었다고 볼 수 있다.

지금까지 발굴된 고고학적 자료를 종합적으로 정리해 본다면, 성적 동종이형을 보여주는 해골의 증거는 우리가 곧 그려낼 '화석화된 행동'에 대한 가장 강력한 증거가 될 것이다. 그러나 이러한 증거를 바탕으로 실질적인 증명을 제시하더라도 관념적 사고에 물들어 있는 사람들이 쉽게 받아들이지는 않을 것이다. 또 설사 받아들인다손 치더라도 극히 드물 것이다.

최소한 우리는 다음의 두 가지는 확신할 수 있다. 첫째, 사랑은 섹스에 기초하여 부모를 유대관계 속에 묶어 둔다는 것이고, 둘째는 피곤한 자식 양육과정 동안 그 부모들을 지탱하게 해 주는 것 역시 섹스에 기초한 사랑이라는 것이다. 그리고 이것이 바로 인간의 가족이 유인원과 구별되는 핵심요소이다. 그러나 우리가 이러한 사실에 대해 확신을 가진다고 하더라도 여전히 수많은 의문들이 남는다. 이를테면 그것들은 곧 다음과 같은 의문들이다.

여성의 배란이 공개되지 않고 비밀스럽게 감추도록 진화한 것은 남성들이 여성들을 통제하고 할당하는 사회체제에 대한 적응의 일환이었을까? 우리 인간 조상들이 자발적으로 번식과 무관한 섹스를 하도록 진화한 것은 자발적인 일이었을까? 그리고 이것은 이미 낳아 기르고 있는 자식을 죽이려는 새로운 남성의 위협에 대한 여성들의 대안적 반응이었을까? 사냥이 점점 남성들만의 고유활동으로 되어갔기 때문에, 여성들은 배란의 징후를 겉으로 드러내지 않음으로써 생리주기에 관계없이 효과적으로 남성이 사냥해 온 고기를 얻을 수 있었던 것일까? 또는 결혼제도의 발생으로 말미암아 점차적으로 부성에 대한 인식이 증가되었기 때문일까? 또는 여성들이 성적 사랑을 한 명의 남성 배우자에게 주는 대신 그의 보살핌 및 보호와 더불어 양성이 별도의 먹이 습득방법을 이용하는 데서 오는 이득을 얻도록 진화했을까? 이상의 것들 중 어느 것이 보다 더 사실에 가까운지 아닌지 우리는 알 수가 없다. 또는 앞에서 언급되지 않은 어떤 것이 사실일 수도 있을 것이다. 그러나 설사 그렇다고 할지라도 최소한 우리는 가장 가능성 있는 이야기를 찾아낼 수는 있다. 또한 그렇게 함으로써 우리들 자신의 행동에 대한 보다 정교한 통찰을 얻어낼 수 있을 것이다.

비(非)서양권에서는 대체로 여성들은 남자들에 의해 한정된 자원으로 가치 있는 소유물로 취급되어 '상승혼 hypergamy'이라는 혼인풍습의 수혜자가 된다.[4] 일부 수렵채집인 사회에서는 젊은이들이 낭만적인 애정을 바탕으로 자신의 짝을 고르기도 하지만, 많은 정주 농업사회에서는 결혼이 부모나 혹은 그 집단의 우두머리에 의해서 진행되고, 신부는 신랑의 확장된 가족으로 합류해서 매일 그녀의 시댁 식구들과 얼굴을 마주치면서 생활한다.

결혼식을 올리기 전 사랑에 빠진 두 사람을 전제로 하는 현대적 의미의 결혼은 비교적 최근에서야 사회적으로 고안된 것이다. 그렇지만 이것의 인기와 호응도는 전염성이 커서 현대세계에 빠르게 널리 확산되었다. 심지어 불과 1~2백년 전인 19세기 초의 결혼관도 오늘날의 결혼관과 달랐다는 점을 감안한다면 그 확산 속도를 충분히 짐작할 수 있을 것이다. 사회는 여성에 대한 강력한 권한을 남성에게 부여했고, 여성들은 마돈나 아니면 창녀 중 하나로 취급되었다.

4) 『윌슨 1978』, 179쪽.

3. 다양한 결혼풍습들

우리는 남녀가 언제부터 같은 보금자리에서 함께 잠자기 시작했는지 정확하게 알 수는 없다. 다른 유인원들을 보더라도 우리가 취하는 이러한 동침의 습관은 거의 찾아볼 수 없다. 부부가 함께 잠을 자는 동침의 습관은 지금의 우리에게는 너무나 당연시되고 있지만, 그것은 19세기가 되어서야 비로소 보편화되었다.[5)]

인류학자들이 조사한 바에 따른다면, 이 지구상에는 아주 다양한 모습의 결혼유형들이 있어 왔다. 오스트레일리아의 티위 원주민들은 씨족을 이루고 살아가며, 모계를 통해 상속이 이루어진다. 그들은 소녀의 사춘기 의식을 거행할 때가 되면, 그녀의 아버지는 남성 한 명을 선택하고 그에게 의식용 창을 준다. 이것은 그의 딸이 나중에 낳게 되는 딸들은 모두 그 남성의 부인들이 되어야 한다는 징표이다. 그리고 그 남성은 그의 장모에게 음식, 의복, 담배 등을 제공하는 계약을 맺는다. 그러면서도 혼외정사가 흔히 일어난다. 젊은 여성들이 동년배의 남성들을 유혹하는 경우가 많다. 이들이 부정한 밀회를 즐기기 위해 수풀 속으로 갈 경우, 여성은 남성에게 자신의 발자국을 조심스럽게 밟고 오라고 일러둔다.[6)] 그렇게 해야만 그녀의 흔적이 자연스럽게 지워질 것이고, 그녀의 남편이 그들의 애정 행각을 의심하지 않을 것이기 때문이다.

5) 『포츠 쇼트 1999』, 139쪽.
6) 『포츠 쇼트 1999』, 140~141쪽.

생물학적으로 보면 결혼이란 유익할 수도 있으나, 또한 어떤 유형의 결혼들은 비록 종의 생존에 명백하게 반하지 않는다 하더라도 기형적인 문화적 전통이 될 수도 있다. 마누족의 경우를 보면 우리가 사용하는 '사랑'이라는 말에 해당하는 단어가 없다. 그들은 사랑을 찬미하는 낭만적인 노래도 부르지 않거니와 또한 구애행위를 할 때에도 부드러운 맛이란 찾으려야 찾을 길이 없다. 심지어 여성이 약혼자의 이름을 부르는 것까지도 금지되어 있다. 이 뿐만이 아니다. 결혼 후에도 우리로서는 이해할 수 없는 갖가지 일들이 벌어진다. 이를테면 결혼하고 난 다음에도 수년 동안 여성은 같은 집에서 살면서도 시아버지의 얼굴을 볼 수가 없다.

그렇다고 해서 마누족의 성 윤리가 매우 엄격한 것은 아니다. 마누족의 부모들은 우리가 생각하는 것과는 정반대로 매우 관대하다. 따라서 소녀들은 약혼할 때까지는 아주 자유분방한 경험을 할 수 있다. 약혼은 사춘기 이전에 하는 것이 보통이다. 어머니들은 통증과 메스꺼운 증상이 있는 경우를 제외하고는 딸들에게 섹스에 대해 가르쳐주지 않는다.

마누족은 모두가 철저한 상인들이다. 이러한 부족의 특징 때문인지 결혼은 양가 사이에 이루어지는 일종의 교환행위로 간주될 따름이다. 결혼식은 신부의 시댁 식구들이 신부를 공격하는 것으로 시작된다. 그들은 신부의 의상을 갈기갈기 찢어내고 숨겨진 재산을 찾아낸 다음, "신부가 충분하게 가져왔다"고 크게 외쳐댄다. 그리고 남편은 전희나 애정표현 없이 성 관계를 갖는다. 만약 시집살이가 참기 힘들 정도로 너무 힘들어지면, 부인들은 친정 오빠들에게 도움을 요청해서 그들의 남편들이 좀 더 합리적이게끔 압력을 가한다.[7]

왜 시댁 식구들이 신부의 옷을 찢으며 재산을 찾아내는 관습이 생겨났을까? 쉽게 이런 의문이 생길 수도 있을 것이다. 그 해답은 유전자의 공유도에 의해 설명이 가능하다. 자기 유전자의 25%를 공유하는 형제자매에 대한 투자가 중요한 까닭은 그것이 신부에게 바치는 헌신과 맞바꿀 수 있는 현실적 대안이 되는 번식전략이 되기 때문이다. 신부가 낳는 자식은 자기 유전자의 50%를 갖게 된다. 이러한 결혼풍습으로 말미암아 마누족의 남편과 부인 간에는 사실상 적대감이 존재하는 반면에 남자 형제와 누이 사이에는 신뢰와 의존관계가 계속 유지된다. 그러므로 마누족의 결혼풍습은 일종의 생물학적 전략으로 이해된다. 이러한 마누족과 마찬가지로 티위족의 경우에도 친족과의 정서적 관계가 배우자와의 정서적 관계보다 더 긴밀한 것이 일반적이다.

4. 배우자 선택

결혼풍습은 매우 다양하다. 다양한 결혼풍습을 책으로 옮긴다면 몇 권의 책이 되고도 남을 것이다. 하지만 이런 다양한 결혼풍습 속에서도 배우자를 선택하는 데 있어서는 모든 문화권을 가로지르는 어떤 공통된 특징들이 있다는 것은 실로 놀라운 일이 아닐 수 없다. 흔히 사람들은 문화권이 다르면 배우자를 선택하는 방식도 극명한 차이를 보일 것으로 생각하기 쉽다. 그러나 사실은 그렇지 않다. 생물학적 차이에서 비롯되는 인간의 배우자 선택은 놀라울 만큼 다양한 문화권을 가로

7) 『포츠 쇼트 1999』, 143쪽.

지르고 있다.

남편을 고르는 여자들의 기호가 다른 어떤 종보다 더 복잡하고 어렵다고 하는 것이 단지 남성 중심적인 사고에서 나온 말은 아니다. 여성의 욕구가 무엇인지 그 뿌리를 파헤쳐 보라. 그 욕구의 뿌리를 찾아내기 위해서는 생식의 근원까지 거슬러 올라가야 한다. 이미 지적했듯이 여자가 짝짓기 상대를 선택할 때 유별나게 까다롭게 구는 가장 큰 이유는 생물학적 특성 때문이다. 다시 말해서 여자는 남자에 비해 생식을 위해 투자하는 비용이 월등히 많다. 정자와 난자의 크기를 보더라도 엄청난 차이가 있을 뿐 아니라, 자식들의 양육에 있어서도 여성은 남성보다 훨씬 많은 투자가 있어야 한다. 예를 들어, 남성은 매 시간 1,200만 개의 정자를 생산하는 반면, 여자는 평생 대략 400개의 난자를 생산할 따름이다.[8)]

동물의 세계에서는 암컷에게 수컷보다 더 많이 투자를 해야 한다고 가르치는 법은 없다. 인간의 경우는 다르다. 그러나 여성의 생식을 위한 어머니로서의 투자는 여성을 가치 있는 존재로 여기게 하지만, 또 다른 한편으로는 여성을 제한적인 존재로 만들기도 한다.

진화의 기나긴 역사 속에서 여성들은 성 관계의 결과로서 엄청난 투자를 감수해 왔다. 또한 이러한 부담 때문에 짝을 선택하는 일이 매우 중요했으며, 짝을 잘 선택한 여성이 진화에 유리했다. 역으로 성적으로 난잡했을 경우 여성들은 혹독한 대가를 지불해야 했다. 진화의 역사 속에서 남자들은 단 몇 시간만 손해를 보는 것으로 불륜의 잠자리를 털고 나올 수 있었지

8) 『부스 1994』, 49쪽.

만, 여성은 임신이라는 굴레 속에서 그 대가를 혹독하게 치러야 했던 것이다.

물론 오늘날에는 많이 달라졌다. 현대의 피임기술은 과거의 여성들이 치러야 했던 그 혹독한 대가로부터 여성들을 해방시켜 주었기 때문이다. 그래서 오늘날의 여성들은 임신의 공포에 대해 한시름 놓고 자유분방한 성 생활을 즐긴다. 그러나 인간의 성 문화는 우리 선조의 적응문제와 보조를 맞추어 수백만 년이 넘는 세월을 진화해 온 것이므로, 환경이 변했다 하더라도 우리는 여전히 그런 성 심리나 그 본능적 성을 잠재적으로 갖고 있다.[9] 그리고 뿌리칠 수 없는 이러한 근원적 이유로 말미암아 여성의 선택은 여전히 신중하다.

여자들은 남자에게 짝이 되겠다고 승낙할 때, 앞에서 본 알바트로스 암컷처럼 먼저 상대를 사려 깊고 신중하게 잘 따져보게 된다. 왜냐하면 그들은 너무나 가치 있는 생식적 재산을 제공할 것이기 때문이다. 선택이 실패했을 때, 우리네 선조 여인들이 감수해야 했던 혹독한 대가가 무엇이었는가? 구타당하거나 질병에 걸리기 십상이고, 자신에게서 태어난 아이들도 학대를 당하고, 급기야 나중에는 자신의 짝으로부터 버려지게 되는 위험까지도 감수해야 했다. 그러나 제대로 선택만 잘 하면 그 상황은 완전히 역전된다. 잘 먹고 잘 사는 것은 물론이고 호의호식하면서 극진한 보호 속에서 살아간다. 또한 자신이 낳은 자식들에 대한 아버지의 투자도 풍족해진다. 상당한 재산을 가진 장기간의 동반자를 선택하는 까닭도 이와 무관하지 않다.

여자들이 평생의 반려자를 고를 때 재산을 고려한다는 것

9) 『부스 1994』, 50쪽.

❋ 결혼은 미친 짓이다 ❋

은 자명한 일일지 모르나 그것은 분명 매우 복잡한 시도임에 틀림없다. 소유하고 있는 재산을 유지하거나 증식하는 능력은 물론이고 앞으로 재산을 모울 수 있는 능력도 아주 중요한 것이므로, 여성들은 야망, 지위, 지성, 나이, 신체적 조건을 염두에 두고 남편을 선택해야 하기 때문이다. 이런 조건을 갖춘 남자를 짝으로 선택했을 경우에 여자들은 생존과 생식에 성공을 거둘 확률이 높았다. 이러한 현대 여성들의 복잡한 짝짓기 선호도에 대한 측면들은 수천 년 전에 선조 여인들이 직면했던 복잡한 적응문제의 측면과 완벽히 일치하는 것이다. 그렇다면 남자들은 언뜻 보기에 자신의 유전자 증식에 별다른 도움이 되지 않는 듯이 보이는 결혼을 왜 하는 것일까?

남자가 왜 결혼하는가 하는 난제를 풀 수 있는 하나의 해결책은 여자들에 의해 만들어진 기본법칙에서 나온다. 많은 선조 여인들은 성 관계를 허락하기 전에 남자의 약속에 대한 믿을 만한 표시를 요구했고, 약속을 하지 않거나 약속을 할 능력이 없는 남자들은 결혼시장에서 아예 외면당하거나 상당한 어려움을 당했을 것이다. 다시 말해서 그 약속에 대한 이러한 믿음의 표시가 바로 결혼이라는 제도의 근간이 되었다고 할 수 있다.

매트 리들리에 따른다면, 남자에게 여자는 자신의 유전자를 다음 세대로 전해줄 수 있는 운반도구이다.[10] 그러므로 만약 생식에 필요한 경제성을 따져 볼 때 평생의 반려자를 찾으려고 하지 않으면 그 손실은 남자들에게도 엄청나게 컸을 것이다. 결혼을 하지 않을 때 오는 더 큰 손해는 자식들의 생존과 생식력에도 장애를 가져온다는 점이다. 인간의 원시적인 환경 속에서 아이들은 부모와 친족들이 오랫동안 보살펴 주지 않으면 죽을 확률이 매우 컸다. 인간의 진화 역사를 통해 아이들은 아버지의 투자 없이 목숨은 부지할 수 있다고 하더라도 아버지의 가르침이나 정치적 동맹이 없이는 엄청난 생존의 어려움

10) 『매트 2002』, 223쪽.

을 겪게 된다. 과거나 현재나 여러 지역문화 속에서 아버지는 그들의 아들과 딸을 위해서 이익이 되는 결혼을 주선해 줄 수 있는 큰 힘이 되어준다. 이러한 진화론적 압력이 수만 번의 세대를 통해 내려오면서 결혼한 남자에게 유리한 조건을 형성해 주었을 것이다.

물론 결혼이 안겨주는 이익이 이것만은 아니다. 결혼을 하는 데서 오는 또 다른 이익은 남자가 유혹할 수 있는 짝의 자질이 향상된다는 점이다. 일반적으로 남자들은 일시적인 관계를 맺고자 할 때는 가능한 한 많은 여성들을 만나고자 한다. 그리고 이것이 남자의 전형이라고 할 수 있다. 그러나 아내를 고를 때는 다르다. 아내를 고를 때는 대부분 매우 엄격한 기준을 적용한다. 이 또한 지구상의 모든 남성들의 보편적 성향일 것이다. 그리고 선조 남성들은 이러한 기준은 여성의 가치를 알아볼 수 있도록 구조를 진화시켜 왔을 것이다.

남성의 기준 속에는 눈에 보이는 여성의 외모도 당연히 포함된다. 두 가지 명백한 단서는 젊음과 건강이다. 늙거나 건강치 못한 여성들의 경우 생식적 이득이 줄어드는 것은 당연한 일이었기 때문이다. 그래서 선조 남성들은 젊고 건강한 여성을 선호함으로써 생식적으로 가치 있는 여자가 어떤 여자인가에 대한 문제를 해결한 것이다.

그렇다면 동물의 세계에도 이런 일이 벌어지고 있는 것일까? 아니다. 남자가 여자의 용모를 크게 강조하는 것은 동물의 세계에서는 찾아볼 수 없는 인간 고유의 생물학적 법칙이다. 실제로 앞에서 본 공작을 비롯하여 다른 많은 종에서 암컷들은 수컷들의 용모에 더 많은 가치를 두고 있다. 그러므로 남자들이 젊음을 선호하는 것은 동물의 세계에서는 생물학적으로

혹? 남편이나 남자친구와 드라이브를 할 경우가 생기면 여성들이여 남성들을 유심히 보라. 과연 그들이 사이드밀러 옆으로 지나치는 젊고 매력적인 여성들을 무시한 채 오로지 여성들의 안전만을 생각하며 운전에만 집중하는지 …….

일반적인 것이 아니다. 그런데 인간의 경우 남자들은 왜 젊음을 선호하는 것일까?

인간의 경우 남자들이 젊음을 선호하는 것은 짝짓기에서 차지하는 결혼의 중요성 때문이다. 남자들의 욕구는 가능한 한 빠른(즉각적인) 임신을 원할 뿐만 아니라 여성이 갖는 장래의 생식적 잠재력을 계산할 수 있도록 설계되어 있다. 신체적인 용모가 짝의 생식적 잠재력을 점칠 수 있는 풍부한 단서를 제공해 주기 때문에 용모에 큰 가치를 두는 것이다.[11]

전세계적으로 남자들은 육체적으로 젊고 매력적일 뿐 아니라, 죽을 때까지 자신들을 위해 충성스럽게 남아 있으면서 성적으로 충실한 그런 아내를 원한다. 짝에 대한 선호도는 우리

11) 『매트 2002』, 132쪽.

의 내부 깊숙한 곳에 잠재되어 있다가 우리가 짝짓기 결정을 내리려고 할 때, 진화되어 온 심리구조가 밖으로 표출되는 것이다. 아이러니컬하게도 동성애를 하는 사람들의 짝 선호도가 이러한 진화적 심리구조의 깊이를 증명해 준다. 육체적인 외모가 동성애 남성의 짝 선호도에서 중심적인 요소가 된다는 사실, 그리고 젊음이 그들의 미에 대한 기준에서 핵심적인 요소가 된다는 사실은 성적 원칙이 바뀐 경우에도 이러한 기본적인 짝 선호도가 변하지 않는다는 것을 암시해 주고 있는 것이다.

흔히 사람들은 미에 대한 기준은 독단적인 것이고 아름다움은 피부 한 장 차이라고 말한다. 또한 많은 사람들이 용모를 중시하는 것은 문화마다 극단적으로 다르고 서구의 미적 기준은 매스컴이나 다른 사회요소들을 통해 세뇌받아 생겨난 것이라고 한다. 그러나 이는 사실과 다른 그들 나름의 상상적 견해에 불과하다. 매력의 기준은 독단적인 것이 아니다. 매력이란 젊음과 건강, 그리고 생식적 가치를 함께 담고 있다. 아름다움은 그저 단순히 피부 차이인 것만은 아니다. 그것은 내부의 생식적 능력을 반영하고 있다. 현대의술이 제법 나이가 든 여자들도 아기를 낳을 수 있게 해준다고 해도 남자들은 오늘날까지도 계속해서 확실한 생식적 기능의 상징들을 보여주는 젊은 여성들을 더 선호한다. 그 선호도는 아득히 먼 옛날부터 우리의 선조 때 만들어졌다. 비록 그것이 앞으로 더 이상 존재하지 않을지라도 말이다.

✸ 마릴린 먼로 ✸

20세기, 전세계의 남성들을 열광시킨 마릴린 먼로. 과연 미에 대한 기준이 독단적이고 제각기 다르게 처한 문화에 의해서만 결정된다면 과연 마릴린 먼로가 전세계적으로 사랑받을 수 있었을까?

그러나 이 모든 것을 반드시 결혼과 직결시킬 필요는 없다. 짝짓기의 세계는 결혼만이 전부가 아니기 때문이다. 만약 우리의 선조 부부들이 항상 서로에게 충실하게 살았더라면 정절에 관해서 강한 관심을 나타내는 선택적 부담감이 있었을 리가 없다. 이러한 관심이 존재한다는 것은 남녀 모두가 일시적 외도나 자유연애에 관련되어 있었다는 걸 의미한다. 그래서 이제 우리는 터부시된 인간 성욕의 장 속으로 시선을 돌려 보고자 한다. 왜냐하면 그 속에 저러한 관심의 비밀이 숨겨져 있을 것이기 때문이다.

남자와 여자는 바람을 피울 기회가 왔을 때 서로 다른 반응을 보인다. 바람을 피우는 것은 두 사람의 합의에서 이루어지기 때문에 우리 선조 남성들도 상대방의 아무런 도움 없이 혼자서 바람을 피울 수 없었을 것이다. 적어도 몇 명의 선조 여성들이 그에 상응하는 행동을 보여주었어야만 가능했을 것이다. 만약 역사적으로 모든 여자들이 평생 한 남자와 살고 혼전 경험도 없었다면 여자의 합의가 있어야만 이루어지는 외도의 기회는 영영 사라지고 말았을 것이다.

원시적 환경 속에서 여성들이 혼외정사를 벌이게 되는 요인들 중 하나는 장기적인 짝이 감시를 소홀히 한 경우이다. 그리고 우리는 단 몇 사람만이라도 바람을 피우고 있는 것을 부끄럽게 여기도록 하기 위해 그런 사람들에게 오명을 씌운다. 그러나 외도가 이처럼 터부시되는 일이면서도 그것은 우리를 동물적 본성으로 끌어들인다. 자유로운 성 생활은 사람들의 성장단계와도 관계가 있다. 여러 지역의 문화에서 청년들은 짝짓기시장에서 자기의 가치를 평가할 수단으로 여러 가지 전략들을 실험해 본다. 또한 그들은 짝을 유혹하는 기술을 연마하거나 그들 자신의 선호도를 명확하게 정립하기 위해 일시적인 짝짓기를 이용하기도 한다. 그렇게 한 연후에야 비로소 그들은 결혼할 준비를 갖추게 되는 것이다.

결혼한 부부 사이의 관계 변화도 바람을 피울 수 있는 기회를 제공해 준다. 예를 들어, 이혼을 하게 되면 현재 자신의 가치를 짝짓기시장에서 다시 평가해 보는 기회를 갖는다.

이 모든 변화된 환경이 특정한 사람에게 어떤 효과를 주는가 하는 것은 단기간의 외도로써 가장 정확하게 평가할 수 있다. 이는 현재 그 사람이 얼마나 매력이 있는가 하는 것을 더욱 잘 평가할 수 있도록 해주고, 그럼으로써 그 사람의 짝짓기 노력이 어느 방향으로 나아갈 것인지를 결정할 수 있게 해준다. 자유로운 성 생활은 결코 진공상태 속에서 추구되는 것은 아니다. 그것은 개인적인 성장배경과 기호, 성 비율, 문화 그리고 다른 사람들이 추구하는 성 전략 등에 영향을 받는다. 이 모든 배경요소들이 인간의 전체적인 성 생활 레퍼토리 속에서 자유로운 성 생활을 선택할 가능성에 영향을 미친다.

5. 이 혼

20세기의 짝짓기에 대한 과학적인 연구는 거의 결혼 중심으로 이루어졌다. 그러나 인간을 대상으로 하는 해부학과 생리학, 심리학 등은 바람기로 가득 찬 조상의 옛 모습을 여지없이 드러내 보여준다.[12] 우리는 우리가 접하게 되는 배경에 맞게 짝짓기 전략을 만들어낸다. 더 나아가 현대의 기술과 주거환경은 우리 조상들이 겪었을 자유로운 성 생활의 여러 대가로부

12) 남성 정소의 평균 중량은 약 42.5그램이다. 대략 200킬로그램 정도 나가는 수컷 고릴라의 정소는 인간보다 훨씬 작다. 그러나 체중이 45킬로그램 나가는 침팬지의 정소는 약 110그램이다. 이는 무엇을 말하는 것일까? 앞의 장에서 동물의 페니스 크기에 대해 이야기한 것처럼, 정소의 크기는 그 종의 성의 형태에 따라 그 크기가 다르다. 즉, 일부다처제를 형성하는 고릴라는 자신이 원하는 때에는 언제든지 성 행위가 가능하므로 페니스의 크기가 상대적으로 클 필요가 없으며, 난교를 하는 침팬지는 부성의 확보와 정자 경쟁의 승리를 위해 그만큼 더 많은 정자의 수를 확보해야 하므로 그 크기가 상대적으로 큰 것이다. 이 두 유인원의 중간 크기의 페니스를 가지고 있는 인간은 일부일처를 지향하나 이 두 유인원의 중간 정도의 외도율이 존재함을 보여주는 것이다(『다이아몬드 1993』, 120쪽).

터 우리를 자유롭게 해준다.

우리의 짝짓기 전략의 복잡성을 그대로 받아들이는 것은 결혼에 대한 관념에 위배될지도 모른다. 그러나 동시에 이를 아는 것은 다른 어떤 사람도 소유해보지 못한 우리 자신의 짝짓기 운명을 스스로 설계할 수 있는 커다란 힘을 우리에게 제공해 주는 것도 또한 사실이다. 그리고 이러한 힘이 종종 평생의 반려자로 생각했던 배우자와의 이별을 가져오기도 한다.

성적 욕구의 강도는 남녀 간의 관계가 친밀해지면서 점차 약화되고, 시간이 흐르면서 그 성격도 변한다. 사랑은 평생 동안 지속될 수도 있지만 '7년 간의 참을 수 없는 욕망'[13]이나 '쿠울릿지 효과 The Cooldge Effect[14]에 굴복할 수도 있다.

통계에 따르면 현대 미국의 성인 부부가 이혼할 시점까지 진행되는 혼인 지속기간은 자녀가 없는 경우는 평균 5년 이하이고 자녀가 있는 경우에는 대략 7년이라고 한다. 이런 사실을 미루어 볼 때 성적인 사랑은 힘겨운 임신기간, 수유의 부담, 부모의 집중적인 보호를 받아야 하는 유아기 등 여성들이 일부일처제적 도움을 필요로 하는 기간 동안만 유지되는 경향이 있다는 추론이 가능할 것이다. 이러한 기간이 지나고 나면 때때로 앞에서 설명한 바 있는 부정이 시작되고, 두 사람 사이의 신뢰관계는 서서히 무너져 간다.[15]

어떤 측면에서 보면 이혼을 거부하거나 이혼을 회피하려는

13) seven year itch : 결혼 후 7년 무렵에 나타나기 쉽다는 따분함이나 권태를 말한다.

14) 새로운 여성이 나타나면 성적으로 다시 흥분하게 되어 여러 번의 성적 접촉을 하고자 하는 강한 충동을 느끼는 남성의 성향을 말한다 (『부스 1994』, 151쪽).

15) 『포츠 쇼트 1999』, 154쪽.

사회적 관습이 여성의 생물학적 전략들에 도움이 되었을 수도 있을 것이다. 적어도 남성이 자식을 보살펴줄 것이라는 기대가 남아 있는 한에서는 말이다. 그러나 이혼을 거부함으로써 치러야 하는 비용이 용납하기 어려울 정도로 높은 경우도 있을 것이다. 예를 들어, 18세기까지만 해도 법원은 전혀 마음이 내키지 않는데도 아내를 남편의 침대로 돌아가도록 명령할 수 있었다. 이 경우 간통하거나 물리적 학대를 하는 남편의 아내들은 대부분 기도 외에는 달리 할 것이 없었다.

실제로 중세세계에서는 불행한 아내들이 기도를 드린 성인(聖人)이 한 분 있었다. 그 성인의 내력은 대략 이렇다. 산타 빌케포르티스라는 처녀가 있었는데, 그녀는 포르투갈 왕의 딸이었다. 어느 날 그녀의 아버지는 그녀에게 시실리 왕에게 시집을 가라고 했다. 부득이 그녀는 그녀의 의지와는 달리 시실리의 왕과 약혼을 했다. 그 날부터 그녀는 그녀가 가지고 있는 여성으로서의 매력을 깡그리 사라지게 해달라고 기도했다. 그리고 신에게 콧수염이 나게 해줄 것을 간청하였다. 결국 시실리의 왕은 자신의 신부인 빌케로프티스를 거부했고, 그녀의 아버지는 딸을 십자가에 매달아 처형해 버렸다. 영국에서는 이러한 빌케포르티스가 성 엉컴버 Saint Uncumber로, 그리고 프랑스에서 성 리브라드 Saint Livrade로 알려져 있다.[16)]

결혼생활은 격렬한 부부싸움으로 인해 갑작스럽게 끝이 날 수도 있고, 아니면 서서히 파경에 이를 수도 있다. 그러나 어느 경우이든 언제나 배우자들은 '결코 좋아할 수 없었던 배우자에 관한' 일들을 장황하게 늘어놓게 마련이다. 이러한 습관

16) 『포츠 숖트 1999』, 155쪽.

에는 두 가지 종류가 있는데, 하나는 자신의 배우자에 대한 구체적인 불만사항을 늘어놓는 것이고, 다른 하나는 반대 성의 좀 더 일반적 속성을 드러내는 것이다. 전자에 해당한 말들을 보면, “당신은 나를 이해 못해”, “나만의 공간을 원해”, “나 자신을 희생시키면서 아이들을 키웠어”, “도대체 어찌란 말이야” 등등의 말들이 있다. 그러나 가장 자극적이고 혼란스러운 것은 후자이다. 이혼문제가 법원까지 가면, 남성의 첫 질문은 대개 “이혼 소송비용이 얼마나 드나요?”인 반면에 여성은 “아이들에게 어떤 일이 벌어지나요?”라고 묻는다. 동일한 이혼사유가 양성 모두에서 나타나기도 하지만, 생물학적으로 차이가 나는 양성의 번식에 대한 투자에서 비롯된 그림자가 이혼문제에 있어서도 확연히 드러나는 것이다.

이혼이란 특정한 결혼의 실패로 간주될 뿐 더 이상 결혼 일반의 실패로 간주되지는 않는다. 이혼하지 않고 결혼생활을 계속 유지하는 사람들은 단지 한 번 한 결혼에 성공한 까닭으로 결혼생활을 유지하는 것뿐이다. 하지만 이혼이 장기적으로 엄청난 불행으로 귀결될 수도 있다. 만약 우리가 이 엄청난 불행을 염두에 둔다면, 대부분의 혼인에서 각 배우자가 자신들의 이혼서류를 작성하는 일은 남편과 아내가 발전시켜야 할 관용적이고 성숙한 동료관계가 존재하지 않을 경우에나 가능한 일일 것이다. 하나의 제도로서의 결혼은 동시에 커다란 복원력을 가지고 있다. 그래서 사랑에 기초한 결혼은 이제 지구촌에서 점점 영향력을 넓혀가고 있는 문화적 이상이 되었다.

동물의 세계에서는 환경의 압력에서 벗어난 일부일처제를 강요하는 그 어떤 압력도 존재하지 않는다. 일부일처제는 ‘반쪽의 성공’인 인간 고유의 이타적 행위의 산물이다. 비록 이혼

비율이 상대적으로 증가하지만 우리가 다시 보아야 할 것은 그러한 와중에도 신뢰를 바탕으로 서로를 평생의 반려자로 여기며 함께 살아간다는 것은 대단한 일이 아닐 수 없을 것이다.

6. 결혼생활과 섹스

결혼생활을 영위하고 있는 남성과 여성 사이에는 항상 긴장이 존재하게 마련이다. 이러한 긴장의 가장 큰 원인은 배우자 각자가 번식에 들이는 투자가 서로 다른 데서 비롯한다. 그렇다면 부부는 이러한 긴장에 대해 어떻게 대처하며 살아가는 것일까?

때로 이러한 긴장은 두 사람을 서로 사랑하는 동반자 관계로 전환시켜 주는 경우도 있지만, 어떤 때는 긴장이 속임수나 불평등, 고통, 심지어는 잔인한 행위로 변할 경우도 있다. 여기서 우리가 주목해야 할 것이 바로 화해와 타협이다. 부부 사이에 상당한 긴장과 갈등이 있음에도 불구하고 그들이 대체로 풍요로운 삶을 영위해 가는 것은 바로 결혼생활 속에서 이루어지는 화해와 타협 때문이다. 그리고 우리의 본능적 성을 문화적 성으로 이끈 것도 다름 아닌 남성과 여성 사이의 협동이었으며, 이 협동은 남성들과의 과도한 경쟁을 피하면서 필요한 식량을 확보하고자 하는 여성들의 필요가 진화적으로 발전되어 온 것이다.

협력의 가장 대표적인 형태는 자식 양육에서 나타난다. 수컷 침팬지와 달리, 남성은 부성의 의미를 알고 있으며 자기 자식에게 투자를 한다. 물론 남성들이 들이는 시간과 정력의 총량은 문화와 가족마다 매우 큰 차이를 보인다. 그러나 이러한 차이가 있음에도 불구하고 그들이 자식의 양육에 투자하는 이유는 같다. 남성들의 이러한 투자는 부부 사이의 유대에 기초하고 있으며, 그 유대는 여성의 비밀스런 배란, 성교의 은밀성, 성기의 은폐 등에 의존해 있는데, 이들은 곧 생리주기에 상관없이 성교를 할 수 있는 능력과 결부되어 있다. 한마디로 섹스가 부부 유대의 가장 중요한 요인이 되고 있다는 말이다. 혼인관계 속에서의 섹스는 매우 다른 두 종을 결합시키는 접착제와도 같은 것이다. 가정생활, 성인의 성적 사랑, 부모의 자식사랑과 보호 등의 토대를 이루는 것도 역시 저러한 행동 특성들 때문이다.

좀 더 구체적으로 말한다면, 여성은 그녀의 성적 취향을 한 남성에게만 한정할 것을 약속하는 반면, 남성은 그가 낳게 한 자식들의 보호에 헌신할 것을 약속한다. 이런 관계는 대부분 여성이 배란을 하지 않아 임신으로 이어질 수 없는 때에 발생하는 빈번하고 은밀한 섹스를 중심으로 형성된다. 임신으로 이어지지 않는 섹스는 인간에게 특유한 것이다.

물론 이 말을 듣는 순간 어떤 사람은 보노보를 떠올릴 수도 있을 것이다. 그리고 보노보도 사람 못지않게 다양한 섹스를 체험하고 있지 않느냐고 되물을지 모른다. 사실 보노보들의 생활을 보면 동성끼리의 성 관계가 장기간 동료관계를 맺고 있는 암컷들의 유대를 강화시키는 경우를 허다하게 볼 수 있다. 또한 이성 간의 섹스가 그들 사이에 자유롭게 이루어지고 있을 뿐 아니라, 대체로 그것이 쾌락을 동반하는 것임에 틀림없다. 사람들처럼 그들도 섹스를 즐기고 있는 것이다. 그러나 보노보와 사람 사이에는 명확한 차이가 있다. 보노보들이 섹스를 즐기는 것은 분명하지만 그것을 통해 수컷과 암컷 간의 안정적인 유대관계를 형성하지는 않는 것이다.

여기서 우리는 섹스를 통해 이루어지는 이러한 유대가 인류사회에 있어서 가족구성의 근본원리가 되었으리라는 것은 어렵지 않게 추론할 수 있다. 그러나 그것이 인간의 결혼문화를 일의적으로 규정하는 것은 아니다. 비록 진화가 인간의 섹슈얼리티를 조직하여 이를 가족생활의 기초로 만들어왔다고는 하나, 가정생활의 세부사항들은 임의적인 것으로 남겨두어 문화적 변형이 가능할 수 있는 여지를 남겨두었던 것이다. 따라서 결혼에 대한 다양한 문화적 해석이 가능하다. 달리 말한다면 어떤 형식의 결혼이든 그 어느 것도 완벽하지 못하다는 말이다. 그것이 완벽할 수 없는 가장 큰 이유는 이미 여러 번 지적했듯이 남성과 여성의 번식전략의 본질적인 갈등관계 때문이다.

또 한 가지 염두에 두어야 할 것은 설사 이 점들을 감안한다고 하더라도 성적 행동이 문화에 따라 다양한 방식으로 형성될 수 있다는 사실 때문에 우리는 언제나 과연 어떤 것이 올바르게 행동하는 것일까에 대해 불안해하는 경향을 보일 수밖에 없다. 더욱이 현대세계는 여러 가지 선택지를 제시해서 우리를 매우 혼란스럽게 만들고 있다. 결혼하기에 적당한 연령이 몇 살인가? 결혼하기 전에 동거를 해도 되는가? 직업에 종사하는 아내로 말미암아 출산을 늦추어도 되는가?, 아니면 아기를 일찍 낳고 난 후 직업을 가져야 하는가? 혼인상의 문제를 안고 있는 부부가 결혼을 계속 유지해야 하는가, 아니면 새로운 출발을 해야 하는가?[17)]

17) 직장에서 일에 종사하는 남녀의 비율이 점차 비슷해지고 있지만, 여성들은 계속해서 가사노동을 부담하고 있다.

이처럼 결혼은 완벽하지는 않다. 그러나 결혼은 인간의 섹슈얼리티가 만든 가장 보편적이고 인기 있는 발명품 중의 하나이다. 섹스는 진화의 절대적인 명령이며, 결혼은 우리의 종을 지속적으로 존재하게 하는 훌륭한 수단이라고 할 수 있다. 그리고 그것을 지탱하는 것은 협력과 협력을 바탕으로 한 배려, 즉 사랑이다. 사랑에 기초한 유대관계는 진화가 만들어낸 다른 차이들을 초월한다. 그것은 서로 사랑하는 한 남성과 여성이 자신들이 처한 환경에서 서로로부터 모든 것을 얻어낼 수 있도록 하며, 마침내 느리게 진행되는 자녀들의 양육을 함께 책임지도록 한다.

다시 말해서 생물계의 한 부분으로서 우리는 일반적으로 가족관계에 시간과 관심을 최대한 투자한다. 또한 사랑은 상대방을 호모 사피엔스로서 인정하고 존중하는 것이다. 성적 사랑은 진화가 만든 가장 흥미롭고 상상을 초월한 창조물이다. 이기적 유전자는 각 배우자의 이익을 우선하려는 강한 충동을 느끼는 유인원에게서 절정을 이루었지만, 인간의 사랑은 저러한 생물학적 특성에는 반하지만 두 사람을 하나로 결합시킬 수도 있다.

인간은 서로 협력하며 살아가는 사회적 존재이며, 또한 성적 결합을 유지하려고 애쓰는 일부일처제의 옹호론자이다. 그리고 우리는 또 생물학적 존재이며, 대다수의 생물들에게 생물학이 부여해 온 가장 뿌리 깊은 진화론적 성향들에 완벽하지는 않지만 우리 나름의 방식으로 대항하고 있다.[18] 사랑과 결혼은 신기하고 놀라운 자연과 문화의 혼합물로서, 비록 완벽하

18) 『부스 1994』, 11쪽.

✳ 클림트 「키스」 ✳

지는 않지만 한 쌍의 친밀한 남녀를 더불어 살게 묶어주는 단단한 끈이다.

7. 성과 권력

수컷 침팬지들은 암컷들보다 더 건장하며 때로는 암컷에게 화를 내기도 하지만, 암컷들은 일반적으로 자신들의 분노를 삭

이면서 살아간다. 암컷 보노보들은 수컷들이 완력으로 자신들을 제압하는 것을 막아내기 위해서 여럿이 짝을 이루어 대항할 수 있도록 진화해 왔다. 그러나 침팬지 집단 안에서 양성간의 적대감이 오랫동안 지속되거나 심각한 상해를 입히는 경우는 드물다. 이에 비해 인간 사회의 경우에는 여성들이 한 명의 남성과 강한 성적 유대관계를 형성하고 있다.

동물의 암컷과 수컷 혹은 인간의 남성과 여성 사이에 벌어지는 적대적 관계는 사소한 갈등이나 냉전으로 시작되는 경우가 대부분이다. 그리고 이러한 갈등이나 싸움이 확대될 때 지는 쪽은 대체로 암컷이거나 여성이었다. 진화가 양성의 투쟁으로 표면화될 때, 몇 가지 이유 때문에 여성들은 불리한 처지에 놓이게 되었던 것이다. 남성들은 대개 여성에 비해 몸집이 크고 상대적으로 강한 신체적 힘을 소유하고 있을 뿐 아니라, 부성을 확보하기 위한 욕구로 말미암아 2차적 문제를 발생시키기도 한다.

예컨대, 침팬지는 난교의 습성을 가지고 있다. 따라서 침팬지는 암컷이 낳은 새끼가 누구 새끼인지 알 수가 없을 뿐 아니라 또한 그에 대해 관심도 없다. 따라서 침팬지에게 부성은 중요한 관심사항이 아니다. 그러나 사자나 고릴라의 경우는 다르다. 사자나 고릴라처럼 암컷을 여러 마리 거느리고 사는 종들에게는 부성의 확보가 가장 중요한 목적이다. 따라서 이들은 부성의 확보를 위해 비교적 직접적인 방법으로 해결한다. 다시 말해서 경쟁의 상대인 수컷을 싸워서 제거해 버리는 것이다.

인간의 경우에도 부성의 확보는 중요한 문제이다. 그러나 다음 세대의 양육에 공동으로 투자하는 인간들의 상황은 저들에 비해 상당히 복잡하다. 인간이 더 큰 사회집단을 형성해감에 따라 남성들은 일부일처제 짝짓기제도를 확립하는 문제에 직면하게 되었던 것도 바로 이 때문이다.

만약 우리 자신의 유전자를 퍼뜨리려는 이기적인 관점에서 본다면, 남성의 간통은 여성의 간통과는 근본적으로 다를 수밖에 없을 것이다. 왜냐하면 남성은 자기 자식에게 장기적 투자를 하지 않고도 한 아이의 아버지가 될 수 있는 반면에, 간통으로 임신한 여성은 현재 성적으로 유대관계를 맺고 있는 남성(남편)을 속여서 임신한 아기에게 장기간 투자를 해야 하기 때문이다. 남성들이 자신의 부성을 확보하려고 노력하는 것, 또 가능한 한 바람둥이 남편이 되는 것을 피할 방법을 고안하고 노력하는 것 등이 왜 남성의 번식전략 목록의 일부가 되는지는 진화론상으로 분명한 근거가 있다.

대부분의 사회에서 여성은 자신이 태어난 가족을 떠나 자신의 성적 파트너의 가족에 합류한다. 갈등상황에서 남성의 친족은 남편의 지지자가 될 가능성이 있지만, 여성은 의지할 사람이 아무도 없을 수 있다. 또 전쟁을 자주하는 사회에서는 여성들이 잔혹하게 취급되는 경우도 더러 있다. 만약 아이의 혈통이 의심스러울 경우 아내 구타와 영아 살해는 언제든 일어날 수 있다. 아내들은 종족 간 전쟁 중에 포로로 붙잡힌 여성일 경우가 많다.

이슬람권 사회에서는 20세기 초에 이르기까지 여성들이 집 밖으로 외출할 경우에는 베일을 썼다. 그리고 이러한 관행은 오늘날까지도 많은 중동국가와 아프카니스탄에 여전히 존재한다. 1997년 아프카니스탄에서는 남성들과 분리시킬 목적으로 여성들을 아예 병원치료에서도 배제시켰다. 인도의 라지푸트족의 경우에는 남성의 부가 크면 클수록 그의 아내는 더욱더 안전하게 갇혀 지내야 했다. '중간계급'은 자신의 아내를 담으로 둘러친 정원 안에서만 머물게 했으며, 상류계급은 자신의 아내를 작은 창문이 딸린 방 안에 가두어 생활하게 했다.[19]

생물학에서 주장하는 바와 같이 여성의 전략들이 번식 성공에 절대적으로 중요하다면 권력 방정식에서 여성의 면면을 좀 더 철저하게 주목할 필요가 있다. 최근의 각종 연구보고서에 따르면 암컷 침팬지들 사이에는 그들만의 권력구조가 존재한다. 제인 구달과 그 동료들이 암컷 침팬지 사회에서 평범한 눈으로는 알아내기 힘든 내밀한 비밀을 밝혀내는 데에는 35년이라는 기간이 걸렸다.[20]

수컷들의 위계질서는 쉽게 드러난다. 지배적 위치에 있는 수컷은 물리적인 힘을 통해 자신의 집단 내에서 일인자 자리를 차지한다. 또한 그 수컷은 암컷들을 지배할 뿐 아니라 대부분의 짝짓기 기회를 확보한다. 암컷의 위계질서는 끄덕임과 윙크에 해당하는 '팬트-그런트 pant-grunts[21]'라는 체계에 의해 유지된다. 자기보다 우위에 있는 암컷을 만났을 때 그보다 하위의 암컷은 시끄러운 소리를 낸다. 구달과 그녀의 동료 연구진들이 침팬지의 지배유형과 그들의 성공적인 번식을 결부시켜 관찰했을 때, 그들은 실로 놀라움을 금치 못했다. 어미의 지배력이 강하면 강할수록 그 어미의 딸의 임신가능 시기가 그만큼 빨라졌고, 어미의 지위가 낮으면 낮을수록 그 자식의 사망률은 그만큼 높았다는 것이다.

인간의 일부다처제나 일부일처제와 같은 짝짓기 유형에서

19) 『포츠 쇼트 1999』, 320쪽.
20) 『포츠 쇼트 1999』, 320쪽.
21) 헐떡이며 낑낑거리는 침팬지의 행동을 표현한 말이다.

는 여성의 지위가 필연적으로 남성의 섹스 파트너와 결부되게 마련이며, 이는 결과적으로 남성의 권력을 강화시켜 주는 역할을 한다. 그렇다고 해서 여성의 대항전략이 반드시 무시되거나 배제되는 것은 아니다. 지금까지 주목해온 바와 같이, 섹스가 엄청난 투자를 해야 하는 임신과 출산으로 이어지는 경우, 여성은 한층 더 주의를 기울여 짝짓기 상대를 고르는 경향을 보인다. 그러나 섹스에 대한 여성의 수줍음이 크면 클수록 표면적으로 드러나는 것 이상으로 섹스는 그만큼 더 복잡해진다. 한편으로 이것은 부성을 확보한다는 구실로 남성들이 여성에게 부과하는 처벌에 대비하기 위한 일종의 유전적 방어 메커니즘일 수 있다.

다시 말해서 인간에게도 독재자 비비 원숭이의 수컷처럼 남성의 행동 본성은 여성들에게 큰 골칫거리였을 것이다. 인간이 진화의 산물인 만큼 아직도 남성에게는 이러한 동물적 본성이 완전히 사라졌다고 볼 수 없다. 동물의 경우를 보면 수컷의 무자비한 행동 본성은 원숭이, 침팬지, 고릴라 등과 같은 몇몇 일부다처제 종들에서 흔히 찾아볼 수 있다. 하누만 랑구르 Hanuman langurs라는 원숭이는 인도 전역에 걸쳐 서식하고 있는데, 이들은 번식행동 때문에 발생하는 양성 간의 경쟁이나 동종 내에서 일어나는 개체들 간의 경쟁을 아주 잘 보여주고 있다.

암컷 랑구르는 다른 암컷의 새끼를 낚아채어 새끼를 빼앗긴 암컷이 먹이를 찾아다닐 시간적 여유를 만들어 주며 서로의 육아의 부담을 덜어주기도 한다. 그러나 수컷들은 어린 새끼들을 죽이려고 할 때만 낚아챈다. 랑구르 원숭이의 임신기간은 여섯 달 반이고 수유기간은 20개월이다. 따라서 새로운 수컷이 암컷을 임신시키기 위해서는 2년 동안을 기다려야만 한

하누만 랑구르 원숭이

다. 만약 새 수컷이 젖먹이 새끼를 죽인다면, 수일 내에 그 어미는 성 관계를 받아들이게 될 것이다. 그러므로 수컷의 관심은 온통 전 남편의 젖먹이 새끼를 살해하는 데 쏠려 있다.[22)]

그렇다면 인간의 남성은 어떠한가? 자식을 향한 부모의 사랑은 지극하지만 어떤 조건 하에서는 그렇게 지극하지 않을 수도 있다. 재미있는 것은 이런 현상을 진화론적 관점이 아니면 설명할 수 없다는 것이다. 진화론에서는 다음과 같은 조건에서는 부모의 사랑이 상대적으로 지극하지 않을 수 있다고 말한다. 첫 번째, 부모가 유전적 부모가 아닐 경우이다. 두 번째는 부성이 확실하지 않을 때이고, 세 번째는 자식이 열등한 표현형질을 가지고 태어났을 때, 그리고 네 번째는 양육능력의 부재일 경우이다. 부모에 의한 영아 살해의 경우는 정확히 이

22) 『포츠 쇼트 1999』, 324쪽.

런 조건 하에서 발생한다고 할 수 있다. 그리고 이러한 부모의 차별적인 심리기제를 진화론에서는 '부모의 차별적 심려(discriminative parental solicitude)'라고 말한다. 죽음을 초래하는 폭력이 자식에 대한 애정에 따라 달라진다면 자식에 대한 애정이 그 자식의 번식가치에 의해 좌우되므로, 아동이 부모에 의해 살해당할 위험은 자손으로서의 번식가치에 의해 결정된다고 할 수 있다.

그러면 앞서 언급한 랑구르 원숭이처럼 어린 자식이 딸린 여성들이 남편이나 섹스 파트너를 새로 얻게 되면 어떤 일이 벌어질까? 자식 살해와 영아 살해는 성 관계상의 주도권 쟁탈전이 가장 극적으로 표현된 것일 뿐 아니라, 혈연과 연루된 확실한 사건이어서 기록되지 않은 채 지나치는 경우는 거의 없다.

어린이와 성인 사이의 살인을 분석했던 윌슨 M. Wilson과 데일리 M. Daly는 북아메리카에서 발생한 영아 살해의 유형에 대해 주목했다. 그들은 의붓아버지들이 의붓자식을 죽일 가능성이 친아버지가 친자식을 죽일 가능성보다 60배나 높다는 사실을 발견했다. 그리고 이러한 현상을 '신데렐라 효과 Cinderella Effect'라고 말한다.[23] 홀아비나 홀어미들은 가난하게 살 가능

23) "부모에게 있어 자식의 번식가치는 자식의 자질, 나이, 부모와의 유전적 연관도, 부모의 번식 전망, 양육환경의 적합성 등에 따라 달라진다. 이 중 부모와의 유전적 연관도는 자손을 통해 부모의 유전자가 전달될 가능성을 일차적으로 결정짓는 요인이므로, 유전적 연관도가 전혀 없는 부모, 자식 사이에는 그렇지 않은 부모, 자식 사이보다 자식 살해가 일어날 가능성이 더 크게 존재한다고 할 수 있다. 이를 '신데렐라 효과 Cinderella Effect'라고 한다"(Daly and Wilson, 1998). 최재천 외, 『살인의 진화심리학』, 서울대학교 출판부, 2003, 47쪽에서 인용. 앞으로 이 책은 『최재천 2003』으로 줄인다.

✵ 귀도레니의 영아살해 ✵

헤롯 왕 때에 예수가 베들레헴에서 탄생할 무렵 동방으로부터 세 박사(이들은 페르시아의 점성술사(magi)로 별을 관측하던 도중 왕의 탄생을 예측하고 두 달간의 여행을 거쳐 경배를 하러 왔다 함, 황금과 유황과 몰약이 든 보배합을 예물로 주었다고 하여 3명으로 추정)가 헤롯왕을 찾아가 유대인의 왕으로 태어난 분이 어디에 계신가를 물었다. 이에 왕과 예루살렘은 '소동'하였고, 왕이 대제사장과 백성의 서기관에게 물으니 베들레헴이라고

> 하였다. 왕은 박사들을 불러 베들레헴으로 보내며, 자신도 왕에게 경배할 테니 아기에 대하여 자세히 알아보고 아기가 있는 곳을 알면 가르쳐 달라고 한다. 하지만 세 박사는 돌아오지 않았고, 왕권의 위협을 느낀 헤롯왕은 그들에게 속은 것을 알고 심히 노하여 군사를 보내 베들레헴과 그 근방의 두 살 이하 어린아이를 모두 살해하라고 지시한다(마태복음 2：1～2；18). 예수의 탄생이 죄 많은 인류를 구원하기 위함이었는데 같은 시간대에 태어난 어린아이들이 예수에게 바쳐진 희생양이 되었다는 점이 역설로 다가온다.

성이 크지만, 의붓어버이가 되는 사례는 경제수준에 상관없이 전계층에서 발견된다. 따라서 의붓어버이가 영아 살해를 저지르는 경향은 사회경제적인 여건과 무관하며, 오히려 생물학적 측면을 잘 보여주고 있다고 할 수 있을 것이다.

비극적인 일이지만 인간의 경우도 침팬지와 큰 차이가 없는 듯하다. 인간도 섹스 파트너와 전 연인과의 사이에서 생긴 아이를 죽이고 싶은 충동을 느끼는 듯하기 때문이다. 분명한 것은 의붓자식을 공격하는 남성이나 또는 다른 남성과 새로운 관계를 맺은 후 전 남편의 자식을 학대하는 여성들이 있음에도 불구하고, 자애롭고 충실한 부모로서 역할을 수행하는 사람들이 그래도 아주 많다는 사실이다. 그러나 상대적으로 60배에 달하는 위험성은 여전히 주목할 만한 충분한 가치가 있다고 해야 할 것이다.

지금까지 살펴본 바와 같이 여성의 간통을 방지하려는 남성들의 노력은 남성들이 가지고 있는 상대적으로 더 강한 힘과 그리고 부계 중심적 사회구조와 결부되어 있다. 그 때문에 여성들의 처지는 불리할 수밖에 없었다. 이러한 이유로 다양한 방식의 이중적 기준이 발생하게 되었는데, 그 이중적 기준은 어느 시대 어떤 문화에서나 공통적으로 발견된다.

우리나라의 경우에 그리 오래되지 않은 과거에 엄청난 수의 여성들이 일자리를 위해 도시로 몰려옴에 따라 간통이나 성희롱이 더욱더 자주 저질러졌었다. 수렵채집사회에서는 남성은 사냥을 하고 여성은 채집을 했다. 이에 비하여 자급자족적 농업의 출현과 함께 여성들도 기본적 경제단위가 되었다. 남성들은 사냥할 일이 거의 없어졌지만, 계속해서 경제를 장악하고 통제했다. 성 도덕에 있어서 이중적 기준은 정주사회에서는 예외가 아닌 정식규범에 가까웠다. 남편들은 끊임없이 여성을 감시했지만, 자신의 아내가 아닌 경우에는 다른 여성들을 훌륭한 사냥감으로 여긴 것이 사실이다.

이러한 이중적 기준으로 말미암아 남성을 간통으로 처벌하는 국가보다 여성을 간통으로 처벌하는 국가가 두 배나 많았으며, 처벌형태에 있어서도 여성에 대한 처벌이 상대적으로 더 극단적인 경향을 띠었다. 다음의 예는 『규장각한국본종합목록 奎章閣韓國本綜合目錄』에 실린 조선시대 간통에 대한 이중적 기준을 보여주는 사건으로서 남편의 외도에 대해 불만을 표시했다가 오히려 남편에게 살해된 사건이다.

사 건 번 호 : #154
문 서 제 목 : 榮川郡奉香面下望里致死女人成召史文案
발생지역 및 시기 : 경상도 영천군, 1902년 12월
사 건 개 요 : 이재길의 부인 성소사는 20여 년을 같이 살면서도 아이를 생산하지 못하였다. 이재길이 이웃집 여인에게 눈을 돌리자 심하게 투기를 하였다. 이 해 12월에도 읍내에 이재길이 다녀왔는데 성소사가 게으르게 누워 있다가 어떤 여자

> 랑 또 놀아나다 오느냐 하며 대들자 이재길은 가뜩이나 부인 성소사가 게으른 것이 마음에 안 들었는데 투기까지 부리므로 격분하여 부인을 구타, 살해한 사건이었다.[24)]

이렇듯 남편의 외도에 대해 아내가 항의하는 것은 죄악시 되고, 남편의 그러한 행동을 너그럽게 받아들이고 남편의 다른 여성들과 화목하게 지내는 것이 부인의 마땅한 미덕으로 권장되었다. 이러한 이중적 잣대는 앞서 말한 바와 같이 우리나라에만 국한된 것은 아니다. 선진국이라 불리는 프랑스에서도 살인범죄에 대한 처벌이 치정사건이라고 변호할 경우 고살(故殺)[25)]로 축소되어 처리될 수 있다.

섹스의 추구에서 인간이 얼마나 잔혹해질 수 있는지를 깨닫는 것은 우리에게 고통스러운 일일 수 있다. 포유동물의 암컷들은 대게 오랜 간격을 두고 짧은 발정기에 들어가는데, 발정기에 동반되는 생생한 시각적 신호나 강한 냄새는 강력하게 수컷을 유혹한다. 동물들의 성 관계는 기본적으로 이렇게 짧은 시간대에 이루어진다.

그러나 사람의 경우는 다르다. 사람의 경우는 여자들이 배란이나 발정기 같은 생식적 노출을 하지도 않을 뿐더러 또한 이를 은밀히 감지할 만한 어떤 기관을 갖추고 있는 것도 아니다. 그 결과 숨겨진 배란은 인간 짝짓기의 기본법칙을 극적으로 바꾸어 놓았다. 수컷 영장류가 암컷이 발정기에 있는 짧은 시간에 그녀를 독점하고 있다고 생각해 보자. 인간의 남성들과

24) 『최재천 2003』, 93쪽.

25) '고살 a crime passionnel'이란 죽이고자 하는 의도 없이 벌어진 살인으로 의도적인 살인보다 가벼운 처벌을 받게 된다.

요아킴비에벨, 아프로디테와 아레스의 밀애 현장을 덮친 헤파이스토스

헤파이스토스 몰래 간통을 한 아프로디테와 아레스는 태양신의 밀고로 그 현장을 헤파이스토스와 동행한 다른 신들에게 들키게 된다. 아프로디테와 아레스의 민망한 장면이 계속되자 신들은 헤파이스토스에게 둘을 잡은 그물을 풀어주길 부탁했고, 그 대가로 포세이돈은 아레스에게 사과와 보상을 받아주기로 했다. 만약 신의 세계에서 사과가 없었다면 그리고 아레스가 무일푼이었다면 어떠했을까? 신의 세계에도 고살은 존재했을까?

는 대조적으로 그 수컷 영장류는 부권에 관한 한 상당히 자신이 있을 것이다. 왜냐하면 그 수컷은 암컷의 발정기 동안 암컷을 지키면서 다른 수컷과 성 관계를 갖지 못하도록 감시할 수 있기 때문이다. 암컷이 발정기가 아닐 때에는 암컷의 간통 위험에 관계없이 수컷은 다른 일을 보러 안심하고 나다닐 수 있는 것이다.

하지만 우리 선조 남성들에게는 이러한 행운이 따르지 못했다. 인류의 조상들은 여성의 배란기가 언제인지 알지 못했다. 짝짓기만이 인간의 생존과 생식을 위해 요구되는 행위의 전부가 아니었기 때문에 여자들을 시간을 재가면서 지킬 수는 없는 노릇이었다. 남자가 여자를 지키는 데 시간을 많이 보낼수록 그는 다른 중요한 생존문제를 위한 투쟁에 시간을 덜 쏟을 수밖에 없었다. 그래서 선조 남성들은 다른 영장류들이 겪지 않아도 될 독특한 부권 확인의 문제에 부딪히게 되었다. 그리고 이러한 문제상황에 부딪쳤을 때 문제해결의 방안이 바로 결혼이었을 것이다. 결혼을 통해서 남성들은 다른 남자들에 비해 그들의 부권에 대한 확실성도 증가되고 생식적인 이익도 훨씬 많이 가질 수 있었을 것이다. 또 배란주기를 통한 반복적인 성 접촉으로 남자는 여자에게 그의 아기를 임신시킬 수 있는 확률을 높일 수 있었다. 뿐만 아니라 결혼은 공동체의 구성원으로서 사회적 결속의 역할도 해주었다.

하지만 여성의 숨겨진 배란은 인간의 섹슈얼리티에 이중적 잣대를 마련하게 되는 원인이 되었다. 남성들은 결혼의 생식적인 이득을 거두기 위해 진정으로 아내가 자신에게 충실할 수 있을지에 대한 확신을 가져야 했다. 이렇게 부권을 안심시킬 확률이 높은 배우자를 선택하기 위한 우리 선조 남성들의 요구가 바로 순결과 결혼 후의 성적 충실에 대한 요구인 것이다.[26] 즉, 순결을 지키려는 여자들의 성향을 통해 여자들의 장래 충실도를 점치려 한 것이다. 이러한 남성들의 이중 잣대로 인해 남성들은 여러 섹슈얼리티의 결과물들을 만들기에 이른다. 그리고 이러한 결과물들은 서로 다른 문화권에서도 다양하게 발견되고 있다.

현대 레바논이나 파키스탄에서는 결혼 전에 처녀성을 잃은 소녀는 가까운 남성 친척들에게 살해될 수도 있다. 그리고 이렇게 벌어진 살인은 법정에서 아주 가벼운 처벌을 받게 되는 경미한 범죄에 불과할 뿐이다. 사생아의 아버지인 남성은 처벌하지 않고, 그 아이를 임신한 여성만을 처벌하는 사회가 훨씬 더 많다. 아시아와 중동, 그리고 미국에 있는 한 유대교 종파에서는 성형외과 산업이 번창하고 있다. 여기서 성형외과 의사는 처녀막을 복원해줌으로써 잃어버린 처녀성을 되살려 주는데, 이 시술은 기술적으로 꽤나 어렵다고 한다. 한 가지 간단한 방법은 결혼식에 앞서 소량의 피를 추출한 다음, 그것이 응고하지 않도록 헤파린과 섞어 조그마한 플라스틱 주머니에 넣어 신부가 결혼 첫날밤에 자신의 허벅지에 매달아두는 방식이다. 만약 신부가 결혼식을 올리기 전에 예비 신랑에게 자신의 처녀성을 잃었다면, 저런 방식으로 신랑과 신부가 공모하여 부모나 인척들을 속일 수 있는 것이다. 또 만약 신랑이 동정이고 신부가 성 경험을 가진 경우라면, 그 주머니를 터뜨리는 바로 그 순간에 아픔을 표현함으로써 격정상태로 흥분하고 있는 신랑을 속일 수도 있다.[27] 이렇듯 남성의 권력 장악으로 인해 만

26) 『부스 1994』, 126~128쪽.
27) 『포츠 쇼트 1999』, 334쪽.

들어진 이중적 잣대의 성도덕은 많은 가학적 형태의 산물들과 함께 그것을 신성화시키고 포장하여 다양하게 의식화되었다.

여성의 성기를 절제하는 의식은 부성을 확보하고자 하는 남성의 욕구가 가장 잔인하게 표현된 것이다. 부성 확보의 가장 극단적인 형태로서 여성 성기의 절제는 영원한 처녀성을 상징한다. 현재 전세계적으로 8천만 명이 넘는 여성들이 이런 저런 형태의 절제의식을 겪는다고 하는데, 그 의식은 대체로 다음과 같은 세 가지 유형으로 진행된다. 첫째는 수나 suna로서 클리토리스의 표피를 제거하는 것이고, 둘째는 클리토리스 절제로서 클리토리스를 전부 제거하는 것이며, 셋째는 파라오닉 pharaonic으로서 클리토리스 및 대음순과 소음순을 모두 잘라내는 것이다.

여성의 성기절제는 동아프리카와 사우디아라비아 반도 등지에서 널리 행해지고 있으며, 일부 특정 부족들의 경우에는 사실상 보편적인 관행으로 이루어지고 있는 실정이다. 파라오닉 할례는 이따금 음부 봉쇄술 infibulation이라고도 불리며 대개 아프리카 수단에서만 행해진다.

이는 유년기 어느 순간 또는 사춘기가 시작되기 바로 직전에 이루어지는데, 대체로 그 소녀의 친척들 가운데 여성들이 지켜보는 가운데 소녀를 자리에 눕히고 출산을 전담하는 산파가 시술한다. 클리토리스 및 대음순과 소음순을 잘라내는 것이기 때문에 결국 모든 외부 성기를 제거하는 것이나 다름없다. 그런 다음 피가 나는 상처 부위의 양끝을 오므려 꿰매는데, 봉합하는 실은 동물의 가느다란 가시 털이나 다른 원시적인 실이 사용되고, 봉합이 끝나면 소변과 월경액이 빠져나갈 수 있는 작은 구멍만 남겨 놓는다. 상처부위가 부풀어 오르거나 시

할례 직전의 아프리카 여성들

할례 직전의 아프리카 여성들의 얼굴에 두려움이 가득하다.

술이 잘못될 경우, 소변이나 월경액이 조금도 빠져 나오지 못하는 지경에 이를 수도 있다. 시술이 '성공적'이면 여성의 회음부는 봉합자국이 하얗게 남아 있는 민들민들한 둥근 덩어리가 되어서 남성의 대머리와 비슷한 모습으로 되고, 그 중간에 작은 구멍이 나 있게 된다. 음부 봉쇄술은 여성의 실제 살점으로 만든 일종의 정조대를 채우는 것이나 마찬가지이다. 그러므로 이러한 시술을 받은 여성은 결혼생활 내내 성교는 고통스러울 수밖에 없으며, 성교 자체가 이루어지기 어려운 경우도 흔히 있고 때로는 불가능하기까지 한 경우도 발생한다. 만약 여성이 임신을 하게 되면, 출산은 또 하나의 공포로 다가온다. 왜냐하면 태아가 밖으로 나올 수 있도록 하기 위해 봉합된 부분을 잘라내야 하는 경우가 자주 발생하기 때문이다. 출산으로 절개된 부분은 다시 한 번 꿰매지는데, 거의 언제나 마취를 하지 않고 행해지며 또 최초의 의식 때나 마찬가지로 원시적인 기술을 사용하는 게 일반적이다.[28)]

중국 여성의 전족은 할례와는 달리 상류계급에만 국한되어 있다. 그리고 여성을 통제할 목적으로 행해졌다는 의미에서 본다면 이 또한 또 다른 형태의 절제라고 할 수 있을 것이다. 전족을 하게 되면 발이 골절되고 크지 못해 실제 발 크기의 절반으로 줄어든다. 남성들은 전족이 여성의 걸음걸이를 바꾸게 해 질 근육을 강화시키고 궁둥이가 튀어나오게 한다고 주장했다. 그러나 전족의 실제기능은 여성의 이동능력을 크게 저하시킴으로써 여성을 남편이나 주인의 노예로 묶어두는 데 있었다고 해야 할 것이다. 전족을 한 여성은 '바람직한 절름발이'가 되었으며, 가장 부유한 남성만이 걷지도 못하는 절름발이를 신부로 맞이할 수 있었다. 따라서 이것은 남성의 지위를 과시하는 한 방법이었다고 할 수 있다.

가끔씩 우리가 현대사회를 철저히 조사한다면 어디에선가 좀 더 극단적인 행동들의 포장된 그림자를 발견할 수도 있을 것

28) 『포츠 쇼트 1999』, 335～337쪽.

✺ 전족 ✺

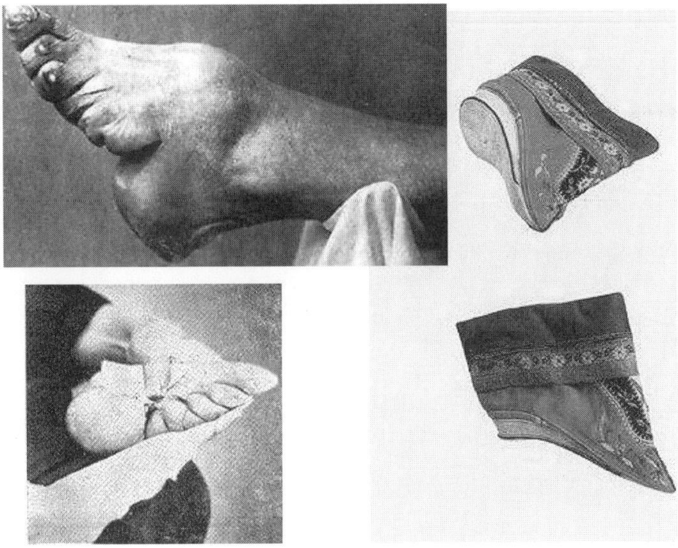

이다. 거의 모든 서양 여성들은 이런저런 이유로 하이힐 구두를 신거나 밑창이 평평한 가죽신발을 신는다. 그런데 하이힐은 보다 부드럽고 받아들이기 훨씬 수월한 방식으로 전족의 역할을 수행한다. 예컨대, 전족처럼 하이힐은 여성적 걸음걸이를 강조하고 편안한 동작으로 움직일 수 있는 범위를 제한하며, 밑창이 평평한 신발보다 아킬레스건의 부상과 관절 골절상을 유발하기 쉽다.[29] 즉, 하이힐은 여성의 감성적 측면을 교묘히 이용한 우리 시대의 전족인 것이다.

힌두교의 전통인 수티[30]는 여성에 대한 남성의 통제를 가장 극단적으로 보여준다. 이것은 남편을 화장하기 위해 쌓아놓

29) 『포츠 쇼트 1999』, 341쪽.

30) '수티 suttee'는 남편이 죽었을 경우 아내가 따라서 죽는 것. 아내의 순사를 의미한다.

은 장작더미 위에 부인이 올라가 남편 시체 옆에서 목숨을 바쳐야 하는 전통이다. 알렉산더 대왕 치하의 그리스인들이 인도에 진군했을 때, 처음으로 이 수티 풍습을 보고 기록으로 남겼다. 그 기록에 따르면 남편의 화장용 장작더미에 자신의 육신을 산 제물로 바친 미망인은 천상에서 35만 년 동안의 행복한 결혼생활을 누릴 거라고 믿었다고 한다. 그러나 대부분의 부인들은 자신의 자유의지로 죽지 않았다. 때로는 깊은 구덩이를 파서 그 안에 장작더미를 쌓기도 했는데, 부인의 마음이 도중에 바뀔 경우에도 불꽃 속에서 빠져 나올 수 없도록 하기 위함이었다. 뱅갈지역에서는 미망인의 발을 장작더미 중간에 세운 기둥에 단단히 결박하기도 했다.

수렵과 채집을 하던 시절에 유목집단들이 사회를 이뤄 정착하게 되면서 차츰 부가 축적되고, 이렇듯 증가한 부는 왕이나 부족장들과 같은 소수의 손아귀에 집중되었을 것이다. 그리고 이런 남성들은 때때로 한 번에 여러 명의 부인을 두는 관습 대신 하렘을 만들어 그곳에 많은 여성을 거느리기도 했다. 실제로 구약의 솔로몬 왕, 인도의 무굴 통치자들, 일부 로마황제들, 터키의 술탄들과 중국의 황제들이 그랬다. 그들도 공식적으로는 몇 명의 부인을 거느리고 있었지만, 그 부인들은 수많은 후궁들과 분명하게 구분되었다.

중국 당나라의 황제들은 모두 후궁을 두었는데, 나이가 지긋한 시녀들이 그곳의 일을 관장했다. 그녀들은 황제가 누구와 성 관계를 하는가, 또 성 관계를 하는 시간은 어느 정도인가 등 아주 은밀한 사항을 관리했다. 중국 황제의 후궁에서는 첩들의 생리일, 합궁에 좋은 날짜와 시간, 최초의 임신 징후 등이 모두 기록되었다. 최초의 임신 징후 등이 모두 기록되어 있기도 하고 황제와 동침한 첩들에게는 계피로 지워지지 않는 문신을 새긴 경우도 있었다.

1288년부터 군주제가 폐지된 1922년까지 터키와 드넓은 중동 일대를 통치했던 오스만제국의 황제들은 처음에는 다소 유별난 까닭으로 하렘을 만들었지만, 아이러니컬하게도 결국에는 권력을 여성들에게 되돌려주고 말았다. 오스만제국 초창기에 여성들은 명백히 전사 남편들의 동지였다. 그러나 제국이 점차 부유해지자 여성들은 파트너에서 사치품으로, 그리고 결국에는 단순한 성의 파트너로 전락했다. 영토확장 전쟁의 결과로 나타난 여성노예의 범람으로 말미암아 역사가 에드먼드 테일러가 말한 이른바 '에로틱 인플레이션'을 가져왔던 것이다. 손쉽게 얻을 수 있는 여성들의 수가 점차 많아지는 바람에 술탄은 더 이상 왕비들과 후궁들을 차별하거나 구분하지 않았다. 여성들은 왕위를 계승할 후계자를 낳기 위해 목숨을 걸고 경쟁했다. 오스만제국의 말기에 이르러서는 술탄과 정기적으로 동침을 한 후궁이 왕의 성적 쾌락을 위해 교태를 부리는 시간만큼이나 자신의 잠재적 암살자들을 감시하는 데 많은 시간을 들이는 경우도 있었다. 여성들은 모두 임신하기를 바랐고, 경쟁자가 출산하는 것을 막고자 했다. 후궁은 자신이 임신했다고 생각되면, 가능한 오랫동안 그 사실을 비밀에 부쳤다. 그러나 이렇듯 어려운 우여곡절 끝에 태어나지만, 그 아이들이 각종 '사고'의 위험으로부터 벗어나 있는 것은 아니었다. 예를 들어, 30여 명에 이르는 압둘 메드지드의 자식들 중에서 절반이 유아기에 죽었다는 사실이 이를 반증하고 있다.[31)]

31) 『포츠 쇼트 1999』, 345~348쪽.

하지만 20세기에 접어들면서 이러한 남성의 여성통제에 대해 서서히 변화가 생겨나기 시작하였다. 역사상 여성의 지위와 관련된 혁명이 있었다면, 그것은 오로지 지난 1백 년 동안 일어난 단 하나의 혁명뿐일 것이다. 불평등이 여전히 존재하고 있다는 점은 의심의 여지가 없지만, 법적·경제적·사회적 차원에서 볼 때 현대 산업사회에서 여성의 지위와 관련한 거대한 진보가 진행되어 온 것은 부정할 수 없는 사실이다.

오늘날 세계 모든 나라 중에서 스웨덴이 양성 평등을 달성하기 위해 가장 힘든 투쟁을 해왔다고 할 수 있다. 1960년대 말 이후 직장에서의 양성 평등을 촉진하는 법률들이 계속해서 제정되었다. 결혼은 더 이상 아이를 갖기 위한 선결조건으로 생각되지 않았다. 이제는 결혼 이전에 남성과 여성이 동거하거나 자녀를 갖는 것이 흔한 일이 되었다. 부모들은 출산 후 12개월의 유급휴가를 받을 법적 권리를 갖는다. 본인의 의사에 따라 이혼도 쉽게 할 수 있으며, 이혼율도 눈에 띄게 증가하고 있다. 그러나 이 모든 것에도 불구하고 초중등학교나 대학교육 과정상의 교과목 선택이나 직업 선택에 있어서 여전히 양성 사이에 중요한 차이가 존재한다.[32)]

양성의 평등을 위한 존엄하고 불가피한 투쟁은 양성의 차이를 인정할 때 성공할 가능성이 훨씬 크다. 어떤 사람들은 남녀 간에 차이가 있다는 것을 부정하고 그런 차이가 없어지기를 희망하는가 하면, 또한 차이를 주장하는 쪽에 비난을 퍼붓기도 한다. 전통적인 사회과학에 따른다면 남성과 여성은 동일한 심리구조를 가지고 있다고 하는데, 일반적으로 인정되어 온

32) 『포츠 쇼트 1999』, 350쪽.

이러한 가정은 우리의 진화된 성 심리에 역행하는 것이다.

수백만 년 동안 그들이 직면해온 생식적 문제가 다른데도 불구하고 짝짓기상황 속에서 남녀의 심리가 동등하게 나타난다는 것은 어불성설이다. 지금까지 우리가 찾아낸 수많은 증거와 자료들을 보면 남녀 사이에 차이가 존재한다는 것은 명백한 사실이다. 그러나 수염이 자라고 가슴이 커가는 것을 막을 수 없는 것처럼 단순히 우리가 희망하거나 거부한다고 해서 성의 차이가 없어질 수는 없는 것이다. 남녀 간의 조화는 이러한 거부감이 사라지고 우리가 남녀의 서로 다른 욕망에 정면으로 맞설 수 있을 때 비로소 이루어질 수 있을 것이다.[33)]

그리고 이러한 조화가 이루어지기 위해 아주 중요한 전제가 있다. 차이는 차별과 다르다는 점이다. 우리 사회는 한쪽 성이 다른 성보다 더 높게 취급되거나 불평등한 처우를 해서는 안 된다는 점을 명백히 할 필요가 있다. 차이와 차별을 혼동해서는 안 된다. 평등을 위해 투쟁하는 사람들도 마찬가지이다. 이에 대해 혼돈하지 않을 때, 이러한 오해가 없는 투쟁이 오히려 성공할 확률이 높은 것이다.

인간의 행동에 관한 생물학적 통찰들이 잘못 받아들여지는 경우가 흔히 있다. 특히, 인간의 성적 행동에 관해서는 더 그렇다. 예를 들어보자. 일부다처제의 성적 전략목록이 남성들 속에 내재되었을 수도 있다는 생각이나 양성 간에는 예증될 수 있는 행동적 차이가 있다는 생각 등이 바로 그것이다.

상당수의 여성들이 실제로 정기적인 성적 파트너를 속이고 다른 남자와의 간통을 시도한다는 사실은 부성을 확보하고자

33) 『부스 1994』, 363쪽.

하는 남성의 전략이 중요함을 예증하고 있다. 다시 말해서 가부장제는 그 자체가 목적이 아니라 남성의 번식 성공을 확보하기 위해 발달해 왔던 것이다.

지금까지 우리가 살펴본 남성과 여성의 서로 다른 번식 전략목록은 가까운 미래에도 지속될 것이다. 따라서 부성을 강화하고자 하는 남성의 욕구도 지속될 것이다. 또한 그런 욕구와 함께 성적 불평등의 가능성, 여성 착취, 육체적, 정신적 폭력 등도 계속해서 발생할 것이다.

생물학적 관점에서 볼 때, 번식에 있어서 남성보다 여성이 더 많은 투자를 한다는 점은 의심의 여지가 없다. 현대의 기술은 남성과 여성 모두에게 번식상의 선택권을 제시하고 있다. 역사상 처음으로 언제 아이를 가지고 언제 가지지 않을 것인가를 결정할 수도 있게 되었다. 법과 교육을 통해서 사회가 여성들에게 출산에 관한 선택권을 주고, 남성들의 폭력에서 여성과 아이들을 보호할 수는 없을까? 현대의 상호 의존적이고 기술적으로 복합적인 사회가 여성들에게 임신기간 동안 의료보호를 제공하고, 아이들에게 젖을 먹이고 양육할 수 있도록 임금노동에서 벗어날 수 있는 시간을 충분하게 줄 수는 없을까?

다행스럽게도 인간의 자유의지와 합리적 사고는 우리의 이기적 유전자들의 자기 본위적인 이해관계를 극복할 수 있는 힘을 가지고 있다. 인간은 개인들 간의 생물학적 경쟁에서 멀리 벗어날 수 있었으며, 인간이라는 종 안에서 이타주의를 강화하려는 시도를 할 수도 있다. 거의 모든 사회에서 남성들이 전(前) 남편의 어린 자식을 살해하지 못하도록 하고 있으며, 자식을 살해할 경우 엄청난 비난을 받게 된다. 우리는 경탄할 만한 이타주의적 행위를 얼마든지 할 수 있다. 우리는 이웃들을

✽ 세계 여성학 서울대회 ✽

우리 자신처럼 사랑할 수 있고, 친구를 위해 우리의 목숨을 내던질 수도 있다. 최고의 이타주의적 행위는 아마도 다른 사람의 아이를 양자로 삼아 친자식처럼 보살피면서 애정을 아낌없이 나누어 주는 일일 것이다. 진화론의 용어로 말한다면, 우리의 이기적 유전자는 행동의 원동력일 수는 있지만, 우리는 그 원동력에 새로운 방향을 제시해주는 능력을 문화를 통해 획득해 왔다고 할 수 있다.

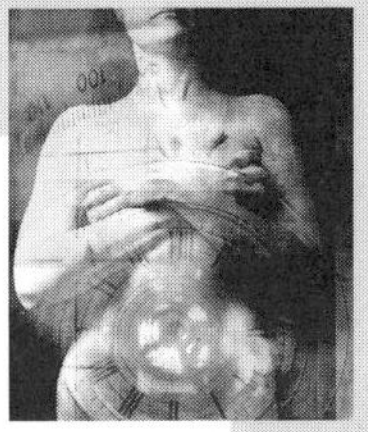

chapter

6

진화를 두려워하는 이들

1. 진화론에 대한 비판
2. 전통적인 인간관
3. 희망의 다리를 건너
4. 생물학과 문화의 다리

지금껏 우리는 인간의 섹슈얼리티를 다윈의 진화론에 근거하여 규정하고, 인간의 생물학적 특징을 통해 인간의 문화, 그 중에 가장 중심에 있는 인간의 성 문화를 살펴보았다. 이는 조금 우회적으로 이야기한다면 인간의 내면에 동물적 특성이 존재한다는 말이고, 인간에게 일반적으로 말하는 것과는 다른 본성이 존재한다는 말이기도 하다. 하지만 우리가 말하는 이러한 인간의 본성을 인정하지 않거나 부정하는 이론들도 있다. 따라서 마지막으로 우리는 인간의 섹슈얼리티가 동물적 본성에 기초한다는 사실을 인정하지 않는, 이른바 진화론적·사회생물학적·진화생물학적 인간의 섹슈얼리티를 두려워하는 사람들의 주장을 살펴보고자 한다.

1. 진화론에 대한 비판

진화에 관한 이론은 최근 수십 년 동안 지속적으로 우리를 하나의 길로 안내하고 있다. 그 중에서도 대표적인 것이 바로 에드워드 O. 윌슨이 1975년에 발표한 『사회생물학 *Sociobiology*』이었다. 윌슨의 이 책은 조지 윌리엄스 George Williams, 윌리엄 해밀턴 William Hamilton, 존 메이너드 스미스 John Maynard Smith, 로버트 트리버스 Robert Trivers 등이 제시한 자연선택 natural selection의 새로운 이론을 이용하여 동물의 행동을 고찰한 방대한 문헌이었다. 이 책은 의사소통, 이타주의, 공격성, 성욕, 육아의 진화에 대한 원리들을 검토한 후, 그것을 곤충, 물고기, 새와 같은 주요한 사회적 동물군에 적용했다. 그리고 나아가 그 연장선상에서 인간을 동물의 왕국에 속한 한 종으로 규정하기에 이른다. 윌슨의 사회생물학에 대한 다각적인 공

✻ 에드워드 윌슨 ✻

격이 촉발된 것이 바로 이 마지막 단락이다. 인간을 동물의 왕국 속으로 밀어 넣을 수는 없다는 것이다.

사회생물학에 대해 최초의 공격을 시도한 사람은 인류학자 마셜 살린스 **Marshall Sahlins**였다. 마셜 살린스는 '천박한 사회생물학'을 뒤르켐과 크로버의 초유기체 학설 — 문화와 사회는 개인이나 그들의 사고와 감정과는 별개의 영역에 존재한다는 믿음 — 에 대한 도전이라고 규정했다. 살린스는 이렇게 말한다. "천박한 사회생물학의 핵심은 인간의 사회적 행동을 인간 유기체의 욕구와 충동 — 생물학적 진화에 의해 인간 본성 안에 형성된 갖가지 성향 — 의 표현으로 설명하는 데 있다."[1] 그런

1) 『핑커 2002』, 201쪽.

견해가 자신의 학문영역을 잠식할 것을 두려워하면서 그는 다음과 같이 덧붙였다. "핵심적인 지적 문제가 문화의 자율성과 문화연구의 자율성으로 연결되지 않고 있다. 『사회생물학』은 문화 그 자체의 완전함, 인간 고유의 상징적 창조물에 도전하고 있다"라고 했으며 윌슨의 두 동료인 고생물학자 스티븐 제이 굴드 Stephen Jay Gould와 유전학자 리처드 르원틴 Richard Lewontin은 사회생물학이 인종, 계급, 성의 차별을 정당화는 카스트적 학문이며 나치 독일에서 "우생학 이론에서 집단 학살극을 이끌어낸 이론적 틀을 제공한 것은 …… 바로 사회생물학이었다"라고 공격했다.[2)]

그러나 '반(反) 사회생물학'의 비판은 명백한 오류이다. 그들은 윌슨을 '결정론자'로 규정했다. 그러나 윌슨은 다음과 같이 말했다.

> 가장 쉽게 입증할 수 있는 [인간 사회의] 제1의 특징인 자연의 통계학이다. 사회조직의 매개 변수들은 …… 다른 영장류 집단보다 인간 집단들 사이에서 더욱 큰 다양성을 보인다. …… 왜 인간 사회는 이렇게 유연한가?[3)]

비슷한 맥락에서 윌슨은 "유전이 사회적 지위를 고착화한다는 증거는 거의 없다"라고 말했으며, 또 "유전적으로 인간 집단은 서로 크게 다르지 않다"[4)]고 했다. 윌슨은 인간이 진화하는 과정에서 "공격성이 억제되었고 영장류에게 어울리는 낡은 지배형식이 복잡한 사회적 기술로 대체되었다"고 말했다.

2) 『핑커 2002』, 203쪽.
3) 『윌슨 1975』, 548쪽.
4) 『핑커 2002』, 550쪽.

윌슨이 개인적 편견 때문에 인종 차별, 성 차별, 불평등, 노예제, 집단 학살 등을 옹호한다는 비난은 특히 부당하고 무책임한 것이다.

윌슨을 제외한다면 그들의 주요 공격 표적은 당연히 리처드 도킨스 Richard Dawkins일 것이다. 1976년의 책『이기적 유전자 *The Selfish Gene*』에서 도킨스는 윌슨과 같은 개념들을 다루었지만, 동물학적인 세부 내용보다는 새로운 진화이론의 논리에 초점을 맞추었다. 그는 인간에 대해 거의 언급하지 않았다. 윌슨과 도킨스를 향한 급진주의 과학자들의 공격은 '결정론 determinism'과 '환원주의 reductionism'라는 말로 요약된다.

결정론과 환원주의는 무엇을 의미하는 것일까? 수학자들이 사용하는 엄밀한 의미에서의 '결정론적' 체계는 현재 상태가 이전 상태에 의해 확률적으로가 아니라 절대적으로 확실하게 결정되는 체계를 말한다. 도킨스는 물론이고 어느 멀쩡한 생물학자도 인간 행동이 결정론적이라는 주장을 꿈꿔 본 적이 없다. 어느 누가 사람들이 기회가 있을 때마다 난교, 공격성, 이기심에 행동을 맡긴다고 생각하겠는가? 급진적 과학자들과 그들에게서 영향을 받은 많은 지식인들 사이에서 '결정론'은 진정한 의미와는 정반대가 되는 의미를 띠게 되었다. 현재 그것은 사람에게는 특정한 환경에서 특정한 방식의 행동을 나타내는 경향이 있다는 모든 주장을 지칭하는 말로 쓰인다.[5]

그렇다면 도킨스야말로 모든 특성에 그에 해당하는 유전자가 있다고 믿는 '가장 환원주의적인 사회생물학자'라는 반대론자들의 주장은 어떠한가? 르원틴, 로즈 S. Rose, 카민 L. Kamin

5) 『핑커 2002』, 207쪽.

은 자신들이 환원주의의 대안으로 제시하고 있는 이른바 '변증법적 생물학'이 생물의 존재를 어떻게 설명하는가를 독자들에게 교육시키려고 노력한다. 그들이 그들의 책에서 주장하는 사회생물학의 환원주의는 이렇다.

첫 번째는 환원주의이다. 이 이름은 물질적 대상 세계와 인간 사회 모두에 대한 일반적 방법과 설명양식의 한 집합에 주어진 것이다. 넓게 보아 환원주의자들은 복잡한 전체, 말하자면 분자들이나 사회들을 구성하는 단위들로 설명하려고 한다. 예를 들면, 이들은 하나의 단백질 분자의 성질들은 그 분자를 구성하고 있는 원자들 내의 전자들과 양성자들의 성질에 의해 유일하게 결정되고 예측될 수 있다고 말한다. 그리고 환원론자들은 어떤 인간 사회의 성질들은 위와 유사하게 그 사회를 구성하고 있는 개별 인간들의 개별적 행동들과 경향들의 총합 이상은 아니라고 주장한다. 사회는 그 사회를 구성하는 개인들이 '공격적'이기 때문에 '공격적'인 것이다. 형식언어로 표현하면 환원주의는 어떤 전체를 구성하는 단위들이 그 단위를 포함하는 전체보다 존재론적으로 우선한다는 주장이다. 즉, 단위들과 그들의 성질은 전체에 앞서 존재하고, 단위들로부터 전체에 다다르는 인과작용의 사슬이 존재한다는 것이다.[6)]

사실 환원주의에 대한 비난은 거꾸로 서 있다. 르원틴과 로즈의 연구를 보면 그들이 바로 현상을 유전자와 분자의 차원에서 설명하는 전형적인 환원주의적 생물학자이기 때문이다. 이와는 대조적으로 도킨스는 동물행동학자로서 훈련을 받았고,

6) Steven Rose, R. C. Lewontin, Leon J. Kamin, *Not in Our Gennes*, 1985 (『우리 유전자 안에 없다』, 이상원 옮김, 한울 과학문고, 1993), 23쪽.

자연 서식지에 사는 동물의 행동에 관해 글을 쓴다.

모든 공격이 실패하자 르원틴, 로즈, 카민은 마지막으로 도킨스의 이론에 "그것(유전자)이 우리의 몸과 마음을 지배한다"는 인용문을 붙였다. 이것은 상당히 결정론적으로 들린다. 그러나 도킨스가 실제로 쓴 글은 인용문과는 완전히 달랐다. 도킨스가 실제로 쓴 글은 "그것이 우리의 몸과 마음을 창조했다"[7]는 것이다. 르원틴은 이렇게 도킨스의 이론을 변조한 인용문을 사용하면서 그를 비판했지만, 실은 그것은 지독한 오류에서 나온 무지한 비판이 아닐 수 없다.

어떤 행동은 어떤 유전자들의 영향을 받아야 한다. 그렇지 않으면 왜 사자가 양과 다르게 행동하는지, 왜 닭은 알을 먹지 않고 품는지, 왜 수컷 사슴은 머리를 받는지 설명할 길이 없다. 진화생물학과 사회생물학의 요점은 어떻게 이 동물들이 다른 결과를 유도하는 유전자가 아니라 왜 하필 그러한 유전자를 갖게 되었는지를 설명하는 것이다. 그런데 주어진 유전자는 모든 환경에서 똑같은 결과를 내거나 모든 게놈에서 똑같은 결과를 내는 것이 아니라, 항상 평균적인 결과를 낸다. 그 평균은 자연선택이 선택하는 진정하고도 유일한 의미이다.

위에서 말한 인간 본성의 존재에 대해 반대하는 지지자들의 행동에는 두 가지 이유가 있다. 우선 20세기 들어 빈 서판이 신성한 종교가 되었다는 것이 한 이유이다. 오로지 그런 흑백논리를 신봉할 때에만, 지능의 모든 차이가 환경에서 비롯된다는 신학적 필연성을 인정할 때만 비유전적 요소에 기인한

7) Richard Dawkins, *The self gene*, 1976 (『이기적 유전자』, 홍영남 옮김, 을유문화사, 2002), 20쪽. 이 책은 앞으로 『도킨스 1976』으로 줄인다.

비율이 내려가면 유전적 요소에 기인한 비율이 올라간다는 진부한 수학적 원리에 분노할 수 있을 것이다. 또 마음이 빈 서판일 필요가 있을 때에만, 우리가 인간 본성 때문에 사랑하는 사람과 섹스를 할 때 화를 내기보다는 기쁨과 웃음으로 상대를 대한다는 주장에 격분할 수 있을 것이다.[8)]

두 번째 이유는 '급진적' 사상가들이 그들 자신의 설교에 갇혀 버렸기 때문이다. 그들은 인종 차별, 성 차별, 전쟁, 정치적 불평등이 논리적으로 박약하거나 현실적으로 틀린 이유는 그런 것이 애초에 인간 본성에 존재하지 않기 때문이라는 나태한 논리에 빠지고 말았다. 그로 인해 자신들이 쌓아 올린 권력의 유지를 위해 그런 사실을 발견하는 이단자들을 깎아 내릴 필요성이 갈수록 커졌다. 과학적 논증의 평범한 기준들을 적용해도 소용이 없을 때에는 다수의 이익이 위태롭다는 이유에서 다른 기술을 동원한 것이다.[9)]

2. 전통적인 인간관

앞에서 우리는 성의 탄생과 생물 종의 발현과 지구상의 다양한 생물들의 여러 삶의 형태를 보았다. 그리고 우리는 인간의 내면에는 분명히 본성이 내재해 있다는 점을 밝히고, 이를 바탕으로 인간의 성(性)을 살펴봄으로써 이 글의 주제가 되는 인간과 인간의 섹슈얼리티의 실체를 규명해 보았다. 이는 지금까지 우리가 인간과 인간의 성을 바라본 방식과는 분명 다른 것이었다. 그렇다면 인간을 이야기하고 인간을 이해하고자 할

8) 『핑커 2002』, 219쪽.
9) 『핑커 2002』, 219~220쪽.

때 우리로 하여금 우리 자신을 자유롭게 볼 수 없도록 만든, 이른바 인간에 관한 전통적인 규정들은 어떤 것이 있었을까?

아마도 지금껏 우리를 규정지은 것은 네 가지 정도의 인간에 대한 전통적 규정들일 것이다. 그 중 첫 번째는 바로 대표적 종교의 입장, 즉 유대교-기독교에서 찾을 수 있을 것이다. 인류사회의 대표적 종교 중의 하나라고 해야 할 유대-기독교이론은 성서에서 말하는 사건들에 기초를 두고 있다. 「창세기」에는 인간과 동물을 구분하면서 이렇게 적혀 있다.

> 하나님이 자기 형상대로 사람을 창조하시되 남자와 여자를 창조하시고, 하나님이 그들에게 복을 주시어 그들에게 이르시되, 생육하고 번성하여 땅에 충만하라, 땅을 정복하라, 바다의 고기와 공중의 새와, 땅에 움직이는 모든 생물을 다스리라 하시니라.[10)]

「창세기」에 따르면, 하나님은 동물을 먼저 만들고 그 다음 이들을 다스릴 인간을 창조했다. 다시 말해서 인간과 동물은 따로 따로 창조되었다. 그리고 이처럼 독자적으로 창조되었기 때문에 인간과 동물 사이에는 어떠한 공통점도 있을 수 없다. 인간이 가지고 있는 정신능력은 인간에게 고유한 것이며, 비물질적인 것이고 어떤 신체구조도 갖지 못하는 힘을 가지고 있다. 인간이 동물을 지배할 수 있는 것은 바로 이 힘 때문이다. 그리고 이러한 정신능력은 몇 가지 요소로 구성되어 있는데, 여기에는 도덕성, 사랑의 능력, 어떤 능력이 도덕적 이상과 일치하는가를 판단하는 사고능력, 어떻게 행동할 것인가를 선택하는 결정능력 등이 포함된다. 인간의 정신능력은 선천적으

10) 「창세기」 1장 27~28절.

로 주어져 있기 때문에 자연의 인과법칙을 따르는 것이 아니며, 인간의 인식능력이 정확하게 작용하는 이유는 신이 그 속에 현실과 대응하는 이상을 불어넣어 주었기 때문이다.

이러한 유대-기독교적 이론은 오늘날까지도 우리를 어떤 특정한 종교적-문화적 이데올로기에 갇혀 버리게 하는 가장 보편적인 이론이다. 예컨대, 오늘날에도 이것은 미국에서 가장 인기 있는 인간 본성 이론인데, 여론조사에 따르면 미국인의 76%가 성서의 창조 이야기를 믿고 있으며, 79%가 성서에 기록된 기적들이 실제로 일어났다고 믿는다는 것이다. 그리고 미국인들의 76%가 천사와 악마를 비롯한 영적인 존재들을 믿고, 67%가 어떤 형태로든 사후세계에 대한 믿음을 가지고 있다고 한다.[11] 이에 반해 다윈의 진화론이 지구상에 출현한 인간의 기원을 가장 적절히 설명하는 것이라고 믿는 사람은 불과 15%에 불과하다.

그러나 이제 우리는 이러한 이데올로기로부터 해방될 수 있게 되었다. 우주론, 지질학, 생물학, 고고학 등과 같은 현대 과학에 대한 지식을 가진 사람이라면 누구나 성서의 창조 이야기를 실제라고 믿는 것은 불가능하게 되었다. 특히, 우리는 이미 살펴보았듯이 인간의 내면에도 분명히 동물적 본성이 존재하며, 이를 우리는 인간과 동물의 성을 비교해 봄으로써 확인할 수 있었다. 다만 인간은 그 자신이 가지고 있는 동물적 본성을 인간 사회에 맞게 진화시켜 왔을 따름이다.

유대-기독교적 관점에 이어 두 번째로 지적할 수 있는 것은 '빈 서판 Blank Slate' 이론이다. '빈 서판'이라는 개념은 중세

11) 『핑커 2002』, 27쪽.

라틴어 '타불라 라사 tabula rasa'를 의역한 말로서 일반적으로 그 기원을 존 로크의 『인간오성론 *An Essay Concerning Human Understanding*』에 둔다. 로크는 인간이 선천적으로 본유관념(本有觀念)을 지니고 태어난다는 데카르트의 가정을 반박하고, 모든 관념과 지식은 감각과 반성이라는 과정을 거쳐 후천적으로 얻어진다고 주장하였다. 그의 이러한 주장 속에는 지식이 후천적이라는 것뿐만 아니라, 인간 정신이 외부 세계를 단지 수동적으로 받아들이기만 한다는 가정도 포함되어 있다. 그는 이러한 자신의 주장을 강조하기 위하여 '흰 종이'의 비유를 들고 있다.[12] 로크는 이렇게 말했다.

> 이제 마음이 가령 아무 글자도 적혀 있지 않고 아무 개념도 담겨 있지 않은 흰 종이라고 가정해 보자. 이 흰 종이가 어떻게 채워지는가? 그 종이는 어떻게 인간의 분주하고 무한한 공상에 의해 거의 무한할 정도로 다양하게 그려지는 광대한 내용을 획득하게 되는가? 그것은 어떻게 이성과 자식의 모든 재료를 갖게 되는가? 이에 대한 내 대답은 단 한마디, 바로 '경험으로부터'라는 것이다.

마음이 경험으로부터 채워지기 전에는 문자 그대로 빈 서판에 불과하다는 것이다. 그러므로 우리는 우리가 획득할 수 있는 지식에 근거하여 이 세계와 모든 사회제도에 대해 완전히 처음부터 다시 논의해야 한다. 로크의 '지적 상속인'이라고 할 수 있는 존 스튜어트 밀 John Stuart Mill은 이렇게 말한다.[13]

12) 로크는 다만 '흰 종이'의 비유를 들고 있었을 뿐인데, 나중에 라이프니츠가 그의 저서 『신인간오성론』에서 로크를 비판하기 위해 '타불라 라사'라는 말을 사용하였다.

> 개인적 성격의 모든 특징들을 선천적이고 대부분 씻을 수 없는 것으로 간주하고, 개인이나 인종 그리고 성별 간의 차이를 대부분이 환경의 산물이라는 거부할 수 없는 증거들을 무시하는 현재의 경향이야말로 중요한 사회문제들을 합리적으로 해결하려는 데 주요한 장애물이자 인간의 발전을 저해하는 가장 큰 걸림돌이라고 나는 오랫동안 생각해 왔다.

존 스튜어트 밀이 말하는 '장애물'이라는 것이 무엇일까? 그것은 바로 자명한 진리로 강요되었던 교회의 권위와 신성왕권이 대표적인 것이었다. 이것들이 당시 '중요한 사회문제들을 합리적으로 해결하려는 데 주요한 장애물'이 되었던 것이다. 그래서 스티븐 핑커는 "로크의 빈 서판은 교회와 전제 군주제를 겨냥한 무기였다"[14]고 말한다. 모든 사람이 빈 서판, 즉 백지상태로 출발했다면 왕과 귀족은 물론이고 어느 누구도 타고난 지혜나 미덕을 가졌다고 주장할 수 없다. 그것은 또한 전통적인 신분제도에 대한 반론이기도 했다. 더 이상 낮은 신분의 사람들을 선천적으로 열등하거나 천한 존재로 생각할 수 없기 때문이다. 인종, 성, 개인들 간에는 어떤 선천적인 차이도 없으며, 만일 차이가 있다면 그것은 경험의 차이에서 비롯된 것이다. 교육을 비롯한 여러 가지 경험을 통해 나를 바꾸면 나의 정체성 및 삶이 바뀐다는 것이다.

스티븐 핑커에 따르면, 이러한 빈 서판은 두 가지 다른 학설을 동반하고 있었는데, 그 중 하나가 바로 장자크 루소 Jean-Jacques Rousseau의 '고상한 야만인 the Noble Savage'이다. 이 개념은 유럽의 식민주의자들이 남북 아메리카와 아프리카

13) 『핑커 2002』, 50쪽.
14) 『핑커 2002』, 50쪽.

원주민들을 발견하면서부터 촉발되었다. 자연상태의 인간을 보니까 욕심이 없고 평화로우며 탐욕이나 폭력과 같은 병폐가 없더라는 것이다. 루소는 이렇게 말한다.

> 우리가 자연상태에 관해서 깊이 숙고할수록 더욱 확신하게 되는 것은 그러한 상태야말로 어떤 혁명도 필요치 않았던 상태, 즉 인간에게 가장 좋은 상태였다는 사실과, 그리고 만인의 이익을 위해서는 결코 일어나지 말았어야 했던 어떤 치명적인 사건이 아니었다면 어떤 것도 인간을 그 상태에서 끌어내지 못했을 것이라는 사실이다. 실제로 이런 상태로 발견된 야만인들의 예는 인간이 영원히 그런 상태로 남도록 만들어졌다는 사실과 그리고 그 상태가 세계의 진정한 유년기라는 사실, 그리고 지금까지의 모든 진보가 겉으로는 개인의 완성을 향한 것처럼 보이지만 사실은 인류의 노쇠를 향한 걸음이었다는 사실을 확인시켜 준다.

루소는 인간의 본성을 욕심이 없고 평화롭다고 보았다. 그리고 탐욕과 불신, 폭력을 문명의 산물로 규정한다. 다시 말해 인간을 고상한 야만인에 비유하고 있는 것이다. 루소의 이러한 입장은 누구보다 토마스 홉스 Thomas Hobbes를 염두에 두고 있었다. 홉스는 전혀 다른 견해를 가지고 있었기 때문이다. 홉스에 따르면, "인간은 그 자신을 두려운 존재로 만들 공동의 힘을 갖지 못하고 사는 동안에는 이른바 전쟁이라는 상황이 인간을 지배하게 되는가 하면, 그것은 만인이 만인에 대해 벌이는 싸움이다." 다시 말해서 홉스의 자연상태는 평화로운 낙원이 아니라 전쟁상태이다. 이런 상태에서는 "예술도 없고, 문학도 없고, 사회도 없다." 끝없는 두려움과 폭력적인 죽음의 위험이 있을 뿐이다. 홉스에 따르면 이 지옥 같은 삶에서 벗어날 수 있는 유일한 대안은 자신의 자치권을 군주나 지배집단에게 넘겨주는 것이었다. 그는 그것을 천지창조가 시작될 때 여호와에게 굴복당했던 바다 괴물의 히브리어 이름을 따서 '리바이어던'이라 불렀다.

루소와 홉스는 이처럼 자연상태를 대조적으로 그렸으며, 그 상반된 그림은 그 후 수세기 동안 사상가들의 영감을 자극했다. 그러므로 고상한 야만인이라는 삭설이 오늘날 우리들의 의식에 미친 영향을 외면하기는 어려울 듯하다. 우리가 자연적인 것을 존중하고 인위적인 것을 불신하는 경향을 가지고 있는 것은 바로 그 영향 때문이라고 할 수 있다. 또 권위적인 방식의 양육이나 교육에 대해 거부감을 갖거나, 사회적 문제들을 인간 조건에 고유한 비극으로 생각하기보다는 제도적으로 개선이 가능한 결점으로 이해하려는 경향도 마찬가지이다.

빈 서판과 자주 함께 등장하는 또 하나의 신성한 학설은 과학자이자 수학자이며 철학자인 르네 데카르트 Rene Descartes이다. 루소의 고상한 야만인과 마찬가지로 데카르트 역시 홉스에 대한 반작용이라고 할 수 있다. 데카르트는 인간을 정신과 육체로 나누고 정신은 육체의 물리적인 원리에 의해 작동되는 것이 아니라고 했다. 그는 이렇게 말한다.

> 비록 온전한 정신이 온전한 육체와 결합되어 있는 것처럼 보이지만, 만약 빌이나 팔이나 육체의 어느 부위가 몸에서 분리된다고 해도 내 마음에서는 어떤 것도 빠져 나가지 않았음을 알게 된다. 정신은 모든 과정에서 항상 똑같이 작용하는 하나의 전체이기 때문이다. 그러나 육체나 공간적 물체의 경우는 정반대이다. 그것들 중에는 내 정신이 마음대로 분리할 수 없는 것이 없기 때문이다. 이것만으로도 인간의 정신이 육체와는 완전히 다르다는 사실을 충분히 알 수 있다.

데카르트에 따르면 인간의 육체는 기계와 같고 기계적인 법칙에 종속되지만 인간의 정신은 공간 속에 구속되지도 않을 뿐더러 그것의 기계적인 법칙으로부터도 자유롭다. 그래서 칼라일 Gilbert Ryle은 데카르트의 학설을 '기계 속의 유령 도그마'라고 말한다.

데카르트의 '기계 속의 유령 the Ghost in the Machine'은 육체 속에 자유로운 영혼이 들어있음을 표현하는 말로서 인간의 본성을 인정한다고 할 수 있다. 인간은 유기적으로 움직일 수 있는 신체를 가지고 있으며 그 신체를 조정하는 것은 영혼과 정신이라는 것이다. 데카르트의 정신개념은 명석하고 판명한 본유관념(本有觀念)으로부터 나온 것이다. 본유관념이란 경험을 통해 얻거나 구성한 관념과 달리 인간의 마음속에 태어날 때부터 가지고 있는 관념을 말한다. 신이나 무한, 영원 등과 같은 관념들은 경험 속에서는 만족스러운 기원을 찾을 수 없으므로 적어도 이 몇 가지 관념은 본유관념일 수밖에 없다는 것이 데카르트의 생각이다.

3. 희망의 다리를 건너

"오늘날 철학은 전혀 존경을 받지 못하고 있다."[15] 스티븐 핑커의 말이다. 그는 이어서 이렇게 말한다.

> 많은 과학자들이 철학이라는 말을 공허한 사색과 동일한 의미로 사용한다. 나의 동료 네드 블록이 부친에게 철학을 전공하겠다고 말했을 때, 부친의 대답은 '루프트' 였다. 루프트는 공기를

15) 『핑커 2002』, 39쪽.

뜻하는 이디시 말이다. 다음과 같은 농담도 있다. 한 젊은이가 어머니에게 철학박사 Doctor of Philosophy가 되겠다고 하자 그녀는 이렇게 대답했다. '훌륭하구나! 그런데 철학이 무슨 병이니?'

이제 철학은 인간의 지식들이 어떻게 빈 서판을 채우고 있으며, 고상한 야만인의 지위를 낮추고 있는지, 그리고 어떻게 기계 속의 유령을 몰아내고 있는지를 다시 한 번 더 눈여겨보아야 한다. 또한 인간 본성의 새 개념이 아래로는 생물학과 연결된 다음 위로는 인문학 및 사회과학과 연결될 수 있다는 주장에 대해서도 주목해야 한다.[16] 먼저 새로운 영역으로 나아가는 징검다리들이 어떻게 놓여졌는지부터 살펴보자.

1) 첫 번째 다리

생물학과 문화를 연결하는 최초의 다리는 '마음의 과학 science of mind'인 '인지과학 cognitive science'이다. 마음이라는 개념에 대한 한층 더 확고한 이해를 바탕으로 우리는 한때 매력적으로 보였던 수많은 빈 서판 이론들이 이제는 불필요하고 심지어 모순된다는 사실을 알게 되었다. 우리가 마음에 대해 생각하고 말하는 방식을 혁신시킨 인지혁명의 내용을 간단히 정리하면 다음과 같다.

첫째, 정신세계는 정보, 연산, 되먹임의 개념을 통해 물리적 토대를 가질 수 있기 때문에 정신과 물질은 구분되지 않는다. 말하자면 인지이론은 관념의 세계와 물질의 세계를 통합하고 있는 셈이다.[17] 믿음과 기억은 정보의 집합으로서 데이터 베이

16) 에드워드 윌슨의 사회생물학이 우리에게 새로운 희망의 빛으로 조명되는 까닭이 바로 여기에 있다.

스에 담긴 사실과 비슷하지만, 행동과 구성의 패턴들로 뇌 속에 존재한다는 점이 다르다. 생각과 계획은 이 패턴들의 체계적인 변형으로 컴퓨터 프로그램의 작동과 비슷하다. 마음과 인간이 만든 정보처리장치는 동일한 원리로 설명될 수 있는 것이다. 생각과 추리는 계산 혹은 연산이다. 이러한 원리를 부정한다면, IBM 컴퓨터가 체스 챔피언인 케리 카스파로프를 물리친 것을 무엇으로 설명할 것인가? 「뉴스위크」는 이를 '뇌의 마지막 항전'이라 하고, 카스파로프는 '인류의 종말'이라고 했다. 그렇다고 해서 인공지능이 인간의 마음을 복제해 낸다거나 컴퓨터가 1인칭의 주관적 경험을 한다는 뜻은 아니다. 추론이나, 상상 그리고 정보처리 등이 물리적 과정임을 말하고자 하는 것이 핵심이다. 따라서 인기과학은 적어도 기계로부터 유령을 몰아낸 셈이다.

둘째, 마음은 빈 서판이 아니다. 빈 서판으로는 아무것도 할 수 없기 때문이다.[18] 마음을 서판에 비유한다면, 그 서판에 새겨진 무엇인가가 패턴을 인식하고, 그 패턴을 다른 때에 학습한 패턴들과 결합하고, 그 조합을 이용해 새로운 생각을 서판에 쓰고, 그 결과를 읽고 목표를 향해 행동을 이끌어가야 한다. 그렇지 않으면 서판에 새겨진 것들은 영원히 그 자리에 남게 된다. 그래서 빈 서판을 주창한 로크 자신도 백지로서의 의식에는 백지에 적히는 것을 보고 인식과 연상을 수행하는 '오성 understanding'이라는 것이 있다고 했다. 로크에 대해 반론을 제기한 라이프니츠가 말했듯이 경험 이전에 선천적인 무엇이 있어야 한다는 것이다. 달리 말한다면 정보를 처리하기 위해서

17) 『핑커 2002』, 73쪽.
18) 『핑커 2002』, 76쪽.

는 그 정보 이전에 그것을 처리할 수 있는 장치가 먼저 주어져 있어야 한다. 그렇다면 마음은 백지일 수가 없다.

셋째, 마음속의 유한한 조합 프로그램에 의해 무한한 행동이 산출될 수 있다.[19] 인지과학은 '빈 서판'과 '기계 속의 유령'의 이론을 또 다른 방향에서 파고 들어갔다. 인간의 행동은 물고기가 빨간 점을 보면 공격하는 것이나 암탉이 알 위에 앉는 것과 같은 반사적 반응에 국한되지 않는다. 조합하는 능력에 따라 마음속에서는 엄청나게 많은 정보가 창출될 수 있다. 이러한 마음의 연산이론은 빈 서판의 시대에는 상상조차 할 수 없었다. 다시 말해서 마음의 연산이론에 의해 빈 서판은 구시대의 유물이 되고 말았다. 가장 확실한 예는 촘스키의 언어혁명이다. 언어야말로 가변적이고 창조적인 행동의 축약본이기 때문이다. 비록 언어가 규칙과 패턴으로부터 벗어날 수 없다는 점에서 완전히 자유롭지는 않다 하더라도 새로운 단어열들을 발화할 수 있는 것이다. 그리고 이것이 바로 마음속의 유한한 장치들(예를 들면, 규칙과 패턴들)이 무한한 행동을 생성한다는 증거이다.

예컨대, 생성문법을 보자. 몇 천개의 명사와 몇 천개의 동사가 있으면 수백만 개의 문장이 생겨날 수 있다. 가능한 조합이 상상을 초월하는 큰 수로 불어난다. 사실 문자의 레퍼토리는 이론상으로는 무한하다고 할 수 있다. 언어의 규칙에는 '회귀 recursion'라는 기술이 있기 때문이다. 회귀규칙은 하나의 구에 그것과 똑같은 예를 포함시키는가 하면, 이에 따라 문장은 무한히 계속될 수 있다. 그리고 이처럼 문장의 수가 무한해지

19) 『핑커 2002』, 79쪽.

면 가능한 생각과 개념의 수도 무한해진다. 사실상 모든 문장이 각기 다른 생각이나 개념을 표현하기 때문이다. 이는 곧 인지혁명의 네 번째 개념으로 이어진다.

일단 신체적 행동 대신 정신적 소프트웨어를 생각하게 되면 다양한 문화들의 근본적 차이는 훨씬 줄어든다. 다양한 문화에 산재하는 피상적 차이 밑에는 보편적인 정신 메커니즘이 놓여 있는 것이다.[20] 달리 말하면 친숙한 행동범주들은 문화에 따라 다르고 학습이 필요하지만, 그 범주들을 만들어내는 더 깊은 정신적 연산 메커니즘들은 보편적이고 선천적일 수 있다는 것이다. 이 경우에도 행동의 개방성을 보여주는 전형적인 예로서 언어를 들 수 있다. 인간은 약 6천여 종의 언어를 사용하지만 인간의 마음속에 존재하는 문법 프로그램들은 실제로 내뱉는 말보다 훨씬 적은 차이를 보인다. 그래서 촘스키는 개별언어의 생성문법은 보편문법이라는 공통적인 하나의 패턴을 따르는 변이체들이라고 주장했던 것이다. 그리고 이는 문화들 사이에 존재하는 다른 종류의 변이성을 이해하는 데에도 쓸모가 있다. 언어의 경우와 마찬가지로 학습해야 할 문화적 부분들을 학습하는 것도 정신적 연산을 위한 선천적 메커니즘이 없다면 완전히 불가능할 것이기 때문이다.

다섯째, 마음은 상호작용하는 여러 부분들로 이루어진 복잡한 체계이다.[21] 한때 인간의 본성은 선하다거나 혹은 악하다고 주장하는 이들이 있었는가 하면, 또한 인간은 본질적으로 고상하다거나 본질적으로 비열하다는 식의 총괄적인 선언을 남발한 적이 있었다. 그러나 이제 우리는 마음이 일원론적인 힘들

20) 『핑커 2002』, 81쪽.
21) 『핑커 2002』, 85쪽.

이나 또는 종합적인 특성이 부여된 균질의 구(球)가 아님을 알고 있다. 마음은 일련의 생각이나 유기적인 행동을 생산하기 위해 여러 부분들이 협력하는 일종의 모듈이다. 마음은 산만한 요소들을 걸러내고, 기술을 습득하고, 신체를 제어하고, 사실을 기억하고, 정보를 일시적으로 보관하고, 규칙을 저장하고 실행하는 독립된 정보처리 체계들을 가지고 있다. 이 정보처리 체계들을 하나하나 분리시키면 언어, 수, 공간 도구 등과 같이 서로 다른 종류의 내용을 전담하는 정신능력이 나온다.

마음이 보편적이고 생성적인 모듈들의 체계라는 인지이론은 기존의 여러 가지 논쟁들을 무력화시켰다. 즉, 인간은 유연한 존재인가, 미리 설계된 존재인가? 인간의 행동은 보편적인가, 문화에 따라 다른가? 행위들은 학습되는가 선천적인가? 인간은 본질적으로 선한가, 악한가? 이들은 모두 올바른 문제설정이 아니다. 인간이 유연하게 해동하는 것은 미리 설계된 존재이기 때문이다. 다시 말해서 인간의 마음에는 무제한적인 생각과 행동을 생성할 수 있는 조합 소프트웨어가 있다. 행동은 문화마다 다를 수 있지만 그것을 생성하는 정신 프로그램의 설계는 다를 필요가 없다. 우리는 학습을 수행하는 여러 가지 선천적인 체계를 가지고 있다. 모든 사람이 선한 동기와 악한 동기를 가지고 있지만 모두가 그것을 똑같은 행동으로 전환하지는 않는다.

2) 두 번째 다리

마음과 물질을 잇는 두 번째 다리는 신경학 neuroscience, 특히 인지와 감정이 뇌에서 어떻게 시행되는가를 연구하는 인지

신경학 cognitive neuroscience이다.[22] 우리의 생각과 감정은 모두 뇌의 심리적 활동에 달려 있다. 뇌의 정보처리활동이 마음의 원인 혹은 한마디로 마음이라고 할 수 있다. 예컨대, 외과의사가 뇌에 전류를 보내면 그 사람은 실제처럼 생생한 경험을 하게 되며, 화학물질을 주입하면 지각, 기분, 성격, 사고를 바꿀 수 있다. 뇌의 한 부분이 사라지면 마음의 한 부분도 사라진다. 그러므로 데카르트의 심신이원론은 틀렸다. 이제 더 이상 '기계 속의 유령'은 존재하지 않는다.

모든 감정과 생각은 물리적 선로를 방출한다. 오늘날 신경학자들은 그 신호를 읽는다. 신경망 설계자들은 이미 패턴 저장과 검색과 같은 정신적 연산의 블록들이 신경회로 안에서 실행되고 있음을 입증했다. 심지어 인지신경학은 자아 역시 뇌의 체계들로 이루어진 하나의 네트워크임을 입증했다. 우리는 누구나 모든 것을 관리하는 단 하나의 '나'가 존재한다고 느낀다. 그러나 그것은 우리의 뇌가 열심히 노력해서 만들어낸 '착각'이다.[23] 이것은 마치 우리의 시각 영역이 전범위의 세부적 측면들을 풍부하게 보여준다고 느끼는 것과 같은 것이다.[24]

통일된 자아가 착각임을 보여주는 가장 극적인 증명 가운데 하나는 신경학자 마이클 가자니가와 로저 스페리의 손에서 나왔다.[25] 외과적으로 양쪽의 대뇌 반구를 연결하는 뇌량을 절

22) 『핑커 2002』, 87～88쪽.

23) 『핑커 2002』, 90쪽.

24) 실제로 우리의 눈은 고정된 점 밖에 있는 세부적 측면들은 보지 못한다. 우리는 흥미롭게 보이는 것들을 향해 두 눈을 재빨리 움직이는데, 그 때문에 세부적 측면들이 모두 보인다고 착각하는 것이다(『핑커 2002』, 91쪽).

25) 『핑커 2002』, 91쪽.

단하면 자아가 둘로 나누어지고, 각 반구는 상대방과 관계없이 자유 의지를 실행한다는 사실을 입증한 것이다. 더욱이 우반구가 제공하는 지식이 없을 때 좌반구는 선택된 행동에 대해 틀린 설명을 지어낸다는 것이다. 만약 어떤 사람의 좌반구에 닭을 보여주고 우반구에 눈이 내린 경치를 보여주고, 두 반구에 그들이 보는 것과 일치하는 사신을 각기 다른 손으로 고르게 하면, 좌반구는 닭발을 고르고 우반구는 삽을 고른다. 그러나 그 사람에게 왜 그것들을 선택했는지를 그 사람의 좌반구에 물으면 그는 태연스럽게 이렇게 대답한다. "닭발은 닭을 의미하고 삽은 닭장을 청소하는 데 필요하잖아요."

인지신경학은 '기계 속의 유령'뿐만 아니라 '고상한 야만인'의 발판도 무너뜨렸다.[26] 전두엽에 손상을 입으면 우둔해지거나 행동 레퍼토리가 줄어들 뿐 아니라 공격적 성향을 띤다. 뇌의 특정 부위에 손상을 입으면 특정한 정신능력을 상실한 채 성장한다. 뇌의 물리적 구조는 빈 서판이 아닌 것이다. 뇌의 구조는 태아기 발달과정에서 유전자에 의해 형성된다.

3) 세 번째 다리

생물학과 정신을 잇는 세 번째 다리는 행동유전학 behavioral genetics이다.[27] 행동유전학은 유전자가 행동에 어떻게 영향을 미치는가를 연구하는 학문이다. 침팬지와 인간의 차이는 어디서 오는 것일까? 그것은 DNA 정보가 다르기 때문이다. 인간과 침팬지의 사고, 학습, 감정 등의 모든 잠재력은 수정란의 DNA에

26) 『핑커 2002』, 92쪽.
27) 『핑커 2002』, 95쪽.

의해 좌우된다. 그러므로 침팬지가 사람이 사는 가정에서 성장해도 인간처럼 말하거나 생각하거나 행동하지는 못한다. 심지어 침팬지의 두 종인 일반 침팬지와 보노보는 게놈의 몇 천분의 일밖에 다르지 않지만 그들의 행동에서는 큰 차이를 보인다. DNA 정보가 다르기 때문이다.

이미 앞에서 살펴보았듯이 침팬지는 출산을 위해 짝짓기를 하고 보노보는 오락으로 짝짓기를 한다. 이는 곧 유전자의 차이에서 빚어지는 행동의 차이이다. 그리고 행동의 차이는 곧 유전자의 차이이며, 유전자의 차이는 마음의 차이이다. 유전자는 우리에게 정신적 기능의 특별한 경우들을 강요할 뿐 아니라 정상적인 범위 내에서도 여러 가지 차이점을 갖게 한다. 흔히 우리가 목격할 수 있듯이 사람들의 능력이나 기질은 매우 다양한데, 그 이유도 바로 여기에 있다.

일란성 쌍둥이는 아주 비슷하게 생각하고 느끼기 때문에 때로는 그들 사이에 텔레파시가 통하는 게 아닐까 여겨질 정도이다. 태어난 직후 헤어졌다가 성인이 되어 다시 만난 쌍둥이들은 평생 동안 서로를 알고 지낸 느낌이라고 말한다. 실험을 통해서 보면 태어난 후 헤어졌든 함께 살았든 상관없이 일란성 쌍둥이들은 측정 가능한 거의 모든 특성이 무서울 정도로 비슷하다는 것이 확인되었다. 그들은 언어적, 수학적, 일반적 지능에서, 생활 만족도에서, 외향성, 친화성, 정서 안정성, 성실성, 개방성 등의 다섯 가지 성격기준에서도 비슷한 면을 보였다고 한다. 아무튼 쌍둥이는 마음의 차이가 유전의 차이에서 비롯된다는 간접적인 증거라고 할 수 있다. 최근 유전학자들은 그런 차이를 만들어내는 몇 가지 유전자를 확인하기도 했다. 그리고 지난 2001년에는 인간 게놈의 완전한 배열이 발표되었고, 그와 함께 뇌에서 활동하는 활성유전자 등 각 유전자와 그 산물을 확인할 수 있는 새로운 능력이 출현했다. 앞으로 십 년 후면 유전학자들은 우리와 침팬지를 구별해 주는 유전자를 확인하고 그 중 어느 것이 인류의 조상이 인간으로 진화한 수백만 년 동안 자연선택의 축복을 누렸는가를 추론하고, 또 어느 조합이 정상, 비정상 또는 특별한 정신능력과 관련되어 있는가를 확인하고, 유전자가 우리의 학습, 느낌, 행위 등을 위한 뇌 체계들을 빚는 과정인 태아 발생의 인간관계를 추적하게 될 것이다.

그렇다고 해서 유전자가 모든 것을 설명해주는 만능의 열쇠는 아니다. 유전자가 전부가 아니라는 말이다. 우선 유전자의 영향은 대부분 확률적이다. 일란성 쌍둥이라고 해도 한쪽이 가지고 있는 특성을 다른 쪽이 가질 확률은 보통 절반에 불과하다. 그리고 두 번째로 유전자의 영향은 환경에 따라 변할 수 있다. 예컨대, 같은 종의 옥수수가 같은 밭에서 자라는 경우 유전자 때문에 옥수수들의 키가 다양하게 나타나지만, 같은 종의 옥수수가 서로 다른 밭에서 자랄 경우에는 환경 때문에 키가 다양하게 나타난다.

행동유전학의 발전은 빈 서판에 대해 치명적인 공격을 가하고 있는 셈이다. 유전자들이 마음에 영향을 미치려면 마음에는 유전자들이 영향을 미칠 수 있는 여러 부분들과 특성들이 있어야 하기 때문이다. 또한 마찬가지로 어느 유전자의 돌연변이나 삭제가 공간구성 같은 특정한 인지능력과 또는 선정성 추구와 같은 특정한 성격과 직접적인 관련이 있다면 그 특성들은 복잡한 영혼을 구성하는 기본요소일 수 있는 것이다.

4) 네 번째 다리

네 번째 다리는 진화심리학 evolutionary psychology이며, 이는 마음의 계통발생적 역사와 적응기능을 연구하는 학문이다.[28] 진화심리학은 어떤 신비적 의미나 목적론적 의미에서가 아니라 자연세계에 널리 퍼진 공학적 성격의 의미에서 마음의 설계나 그 목적을 이해할 수 있다는 희망을 보여준다.

진화는 인간을 포함한 모든 생명을 이해하는 데 있어서 핵심요인이라고 할 수 있다. 모든 생명체가 그렇듯이 우리 인간도 자연선택의 산물이다. 우리는 생존과 짝짓기와 번식을 할 수 있는 특성들을 조상들로부터 물려받은 덕분에 여기까지 오게 되었다. 진화가 우리 자신을 이해하는 데 있어서 핵심적일 수밖에 없는 이유가 바로 여기에 있다.

자연선택은 성능이 존재의 원인으로 작용하는 유일한 과정이며 주어진 환경에서 번식을 잘 하는 유기체를 선호한다. 그렇다면 일부일처제가 유리한가? 아니면 일부다처제가 유리한가? 점잖은 것이 유리한가? 공격적인 것이 유리한가? 협동적인 것 혹은 이기적인 것이 유리한가? 낙관적인 것 혹은 비관적인 것이 유리한가? 진화심리학은 사람들을 행복하게 하는 것이 '적응'이라고 생각하지 않는다. 일상에서 적응이 곧 자연선택의 진화과정에서의 적응이 아니다. 자연선택이나 적응은 인간의 소망을 충족시키느냐 아니냐와는 상관없이 도덕적으로 '중립적인 과정'이다.

1970년대 사회생물학의 혁명에서 진화생물학은 유기체들이

28) 『핑커 2002』, 105쪽.

더 큰 공익에 기여하는 방향으로 진화한다는 막연한 느낌 대신, 유기체가 서식, 짝, 형제, 친구, 남, 적들과 상호작용할 때 어떤 종류의 동기가 진화할 가능성이 높은가에 대해 탐구하기 시작했다. 사람들이 최적의 짝을 찾는 것은 자신의 유전자를 복제하기 위해 노력하는 것일까? 만일 그렇다면 남자들은 정자은행 앞에 줄을 설 것이다. 이 또한 하나의 특수한 상태이며 특수한 환경에서 진화한다. 다시 말해서 인간성의 일부이지 전체를 기계적으로 지배하는 것은 아니라는 말이다. 우리의 사고나 감정을 위해 유전된 체계들 속에는 어떤 설계가 포함되어 있는데, 그 설계는 조상들이 진화해 온 바로 그 환경에서 생존과 번식을 가능하게 해준 것이었다. 예컨대, 피임이 없던 시절에는 섹스를 좋아하고 아이를 사랑하는 것만으로도 유전자들이 스스로 생존하기에 충분한 조건이었다.

실시간에 행동하도록 유기체를 재촉하는 메커니즘과 진화의 시간 내내 유기체의 설계를 형성했던 메커니즘들의 차이는 중요한 의미를 지닌다. 행동의 근인(近因)은 행동 버튼을 실시간에 누르는 메커니즘이며, 먹을 것을 재촉하는 굶주림이나 섹스를 재촉하는 정욕이 그 예이다. 궁극원인은 근인의 발전을 이끄는 적응논리이며, 굶주림과 정욕 자체를 느끼게 하는 영양섭취와 번식의 필요가 이에 대한 예라고 할 수 있다. 이러한 근인과 궁극원인을 구분하는 것은 인간을 이해하는 데 매우 중요하다. 이를테면 사람들은 자신의 유전자를 복제하기 위해 섹스를 갈망하는가에 대해 어떤 해답을 가져야 할까? 궁극적으로 사람들은 번식을 위해 섹스를 하지만, 직접적으로 번식에 도움이 되지 않는 행동들도 한다. 섹스의 궁극원인은 번식이고 섹스의 근인은 쾌락이기 때문이다.

이처럼 근인(가까운 목표)과 궁극원인(궁극적인 목표)이 있다는 것은 우리 자신이 빈 서판이 아니라는 것을 보여주는 또 다른 증거이다. 인간의 행위를 단 하나의 원인-결과 계산법을 가지고 설명할 수는 없다. 사람들은 종종 가까운 행복을 파괴하는 욕망, 드러내놓고 표현할 수도 없고 끝내 근절하지도 못하는 욕망을 느낄 때가 있다. 때로는 이웃의 배우자를 탐내고, 수명을 재촉할 정도로 다른 이들과 경쟁하고 싸우기도 한다. 또 평범하고 안전한 배우자보다는 섹시하고 위험한 파트너를 더 좋아하기도 한다. 왜 개인적으로 당혹스러울 정도의 충동이 생겨나는 것일까? 진정 그것이 우리가 근절하기 힘든 것이라면 바로 명백한 진화의 흔적임이 틀림없는 것이다. 다시 말해 이러한 모순이 우리에게 말해주는 것은 무엇인가? 인간의 마음은 개인적 행복을 위한 포괄적 충동이 아니라 자연선택에 의해 형성된 갈망들로 가득 차 있음을 의미하는 것이다.

가까운 목표와 궁극적 목표의 차이는 우리의 마음에 어떤 본성이 존재함을, 동물적 성이 존재함을 보여주는 증거이다. 인간의 마음은 비어 있지 않다. 인간과 그 중심에 있는 인간의 성은 분명히 진화의 경쟁 속에서 형성되었다. '고상한 야만인'도 이제 더 이상 발붙일 곳이 없다. 자연선택의 산물에는 고상한 것이란 없다. 다음 세대의 발현을 위한 유전자들의 경쟁 속에서 고상한 것들은 오히려 도태되기 마련이다. 두 동물이 한 물고기를 먹을 수 없고 같은 짝을 독점할 수 없기 때문에 이익을 위한 투쟁은 모든 생명체에 편재한다. 사회적 동기가 자신의 복제를 최대화하려는 유전자들의 적응의 산물이라면, 그것은 그러한 투쟁에서 경쟁자들을 이기도록 설계되어야 하는데, 이기는 방법에는 경쟁을 중화시키는 방법도 포함된다.

인간의 본성과 그에 관련한 인간의 동물적 성은 인류가 진화해 온 갖가지 유형의 사회에 널리 존재했고 지금도 존재한다. 이것은 인간의 본성 중 동물적 성이 보편적 본성임을 주장하는 것이 아니라, 인간의 본성에 속한 한 특성이라는 것이다. 이렇듯 섹스와 사랑, 그리고 마음이 몇 가지 다리를 건너 생물학적으로 설명된다면 지금까지 우리를 규정해 왔던 편향된 사고는 더 이상 발붙일 곳이 없게 될 것이다.

4. 생물학과 문화의 다리

지금까지 우리는 네 가지 다리를 건너왔다. 이제 우리는 역사와 문화가 심리학을 기초로 할 수 있고, 그리고 심리학은 연산, 신경학, 유전학, 진화론을 기초로 할 수 있음을 알고 있다. 그러나 이런 이야기에 대해 많은 비과학자들이 경계심을 가질 것이다. 어쩌면 그들은 인문학과 예술, 그리고 사회과학을 적대적으로 인수하기 위해 하얀 실험복을 입은 생물학자들이 펼치는 연막전술일 것이라고 생각할지 모른다. 더 나아가 그들이 다루어 왔던 풍부하고 윤택한 주제들이 싸늘하게 식어서 뉴런, 유전자, 진화적 충동과 관련된 포괄적 진술로 변질될 것을 우려할지도 모른다. 이런 우려에서 그들은 생물학자들의 연막전술을 한마디로 '환원주의'라고 몰아붙인다. 과연 생물학자들의 전술은 환원주의일까?

환원주의에는 좋은 형태와 나쁜 형태의 환원주의가 있다.[29)]'탐욕스런 환원주의 greedy reductionism' 혹은 '파괴적 환원주의

29) 『핑커 2002』, 136쪽.

destructive reductionism'라 불리기도 하는 '나쁜 환원주의 bad reductionism'는 어떤 현상을 설명할 때 가장 작거나 가장 단순한 요소에 주목한다. 그러나 탐욕스런 환원주의는 결코 다수의 견해가 아니며 또한 그 오류를 입증하기도 어렵지 않다.

'계층적 환원주의 hierarchical reductionism'로 불리기도 하는 '좋은 환원주의 good reductionism'는 한 분야의 지식을 다른 것으로 대체하는 것이 아니라 두 분야의 지식을 연결하거나 통합한다. 따라서 좋은 환원주의에 있어서는 지리학이 물리학과 만나고 인문학이 자연과학과 만난다. '생물학과 문화의 다리 the bridge between biology and culture'도 마찬가지이다. 사회문화적 분석의 차원을 심리적 및 생물학적 차원과 연결하면 어떤 이득이 발생할까? 어느 한 분야의 경계 안에서는 결코 이루어질 수 없는 놀라운 발견들이 실현될 것이다. 그리고 다른 과학의 분야에서는 이미 분야 상호 간의 통합을 통해 즐겁게 경험하고 있는 그 대단히 만족스러운 이해를 이득으로 얻을 수 있다.

살아 있는 육체가 원형질의 운동이 아니라 시계처럼 정밀한 분자운동으로 이루어져 있다는 것을, 그리고 새가 물리적 법칙을 무시해서가 아니라 그것을 이용하기 때문에 날 수 있다는 것을 발견함으로써 삶에 대한 우리의 이해는 매우 풍부해졌다. 이와 마찬가지로 우리 자신과 문화에 대한 이해도 우리의 마음이 빈 서판이나 무정형의 덩어리나 불가사의한 유령이 아니라 사고, 감정, 학습을 위한 복잡한 신경회로들로 구성된 것임을 발견함으로써 한층 더 풍부해질 것이다.

지금까지 우리는 진화론이라는 배에 사회생물학이라는 노

를 저어 여기까지 오게 되었다. 우리는 우리의 섹슈얼리티를 알기 위해 약 38~40억 년 전 지표면이 처음으로 딱딱한 껍질을 갖게 된 후 생겨난 최초의 원핵생물에서 출발했다. 원핵생물들은 지구의 척박한 환경에서 살아남기 위해 하이퍼섹스를 탄생시키고, 그것을 통해 지금 우리 지구를 뒤덮고 있는 다양한 생물 종들이 출현하게 되었다. 그리고 그러한 생물 종들이 생존을 위해 선택한 것이 바로 유성생식이며, 성 선택을 통해 생물 종들의 다양한 행동과 외형들이 생겨났다. 성 선택과 성은 우리의 영장류 친척들과 포유류동물과 우리 인간 사이에 유사한 성적 행동의 패턴들이 있음을 분명히 보여주었다. 그리고 남성과 여성의 신체적 특징이 어떻게 진화되어 지금의 모습을 갖게 되었는지도 알게 되었다.

분명 초기 인간 사회에서 남자는 전형적인 수컷 포유류처럼 거드름이나 피우고 여자 꽁무니나 쫓아다니는 반여성적인 행동을 선호했을 것이다. 따라서 여성은 자녀를 양육할 때 배우자의 부양에 의존하기보다는 자기네끼리 호혜의 관계로 돌아섰을 것이다. 젖을 먹이고 아이를 돌보기에 적절한 공동주부제로 인해서 여자들은 자유롭게 자식을 연이어 가질 수 있었다. 토착사회의 남자들은 성공적인 사냥꾼으로 평판이 나서 지위가 향상되었을 때 수익이 있었다. 그것은 성적 기회라는 보너스를 가져왔다. 원래의 여자가 배우자로서 덜 이상적인 남자와 함께 떠났을지는 몰라도, 분명 그녀 또한 훌륭한 사냥꾼을 이웃으로 두는 즐거움을 누렸을 것이다. 그렇다고 하더라도 많은 생물들은 이처럼 스트레스가 많고 쉽사리 다루기 곤란한 생식방법에 의지하지 않고서도 자신을 복제한다는 점을 생각하면, 이런 의문이 들지도 모른다. 즉, 성 행위가 가져다주는 이점은 무엇이었을까?

모든 생물은 자신의 유전자를 가능한 많이 퍼뜨림으로써 유전적 우위를 점하려고 애쓴다. 어느 정도까지 그렇게 하느냐의 여부가 곧 성공의 척도인 것이다. 이는 다른 생물들과 마찬가지로 분명 인간에게도 해당되는 문제였을 것이다. 왜 스스로 수정할 수 있는데도 다른 개체와 짝짓기를 하는가? 유성생식은 번식방법으로서는 어리석을 정도로 복잡하며 그에 따른 에너지의 소비도 엄청나다. 게다가 성 행위는 자손에게 다른 개체의 유전자 절반을 물려주는 대신에 자신의 유전자 절반을 버리도록 하는 감수분열적 성을 만든다. 자신의 유전자를 최대한 많이 다음 세대에게 남기는 것이 최우선의 과제라면, 왜 어떤 동물은 자신의 이성의 50%를 자손에게 퍼뜨리도록 돕는 것일까? 그 해답은 바로 다양성의 창조였던 것이다.

무성생식을 통해서는 환경의 변화에 신속하게 대응할 수 없다. 변화무쌍하고 예측 불가능한 환경에서 유성생식은 분명 커다란 이점을 가지고 있다. 다시 말해서 감수분열적 유성생식은 생존을 위한 다양성의 창조라는 측면에서 이루어진 생화학의 기적과 같은 것이었다. 바로 이러한 메커니즘이 해로운 돌연변이와 환경 속에서 생존할 수 있는 가장 진화한 방법이었으며, 바로 다양성을 통해 생존의 가능성을 높여주었다. 이것이 바로 왜 섹스를 하는가에 대한 해답이다.

하지만 우리는 여기에서 또 한 가지 사실을 알게 되었다. 그것은 우리의 섹슈얼리티를 동물의 성과 동일시해서는 안 된다는 사실이다. 우리의 영장류 친척들이 자신들의 식량자원을 위해 도구를 사용하는 단편적인 도구사용의 모습을 보이고 있지만, 우리는 한걸음 더 나아가 도구를 만들기 위한 도구를 만들 수 있음을 간과해서는 안 된다. 동물의 성적 특징들은 우리 인간에게도 분명 존재하나, 인간은 그 특징을 넘어 문화라는 이름의 인간만의 섹슈얼리티를 가지는 까닭도 바로 여기에 있다.

다윈의 진화론과 에드워드 윌슨의 사회생물학은 우리의 성과 성적 행동에 대한 이해에 큰 도움을 주고 있다. 더 나아가 그것들은 우리가 골머리를 앓고 있는 각종 사회문제들에 대해서도 명쾌한 해결책을 제시해 주고 있다. 생물학은 우리의 입장과 퇴장, 우리가 가족을 구성하는 방식 또한 설명해 준다. 우리는 왜 번식상의 서로 다른 신체적 투자가 여성과 남성이 결혼에서 서로 다른 것을 기대하게끔 하는지, 그리고 무엇 때문에 자식과 부모가 갈등하는지도 이해할 수 있다.

우리의 신체와 뇌는 사실상 우리 조상들이 10만 년 전에 물려받았던 것과 똑같은 유전자로 구성되어 있다. 그러므로 필시 빙하시대의 행동목록은 아직까지도 거의 변하지 않았을 것이다. 우리는 수렵, 채집 생활을 하면서 작은 규모의 집단을 구성해 살도록 진화했던 것이다. 이런 그림은 우리의 영장류 친척인 침팬지들의 집단보다는 훨씬 더 복잡할지 모르지만, 터무니없이 다른 그림은 아니었다. 우리가 이 글에서 섹스의 탄생과 진화 그리고 인간 종을 제외한 다른 동물 종들의 성을 살펴본 까닭이 바로 여기에 있다.

우리는 우리가 동물에서 기원했다는 사실을 피해갈 수 없다. 정신과 육체의 이분법처럼, 인간과 동물을 존재론적으로 혹은 도덕적으로 구분하는 이분법은 더 이상 타당하지 않다. 우리가 '문화'의 길을 따라 여행을 계속해 갈수록, 우리가 어디에서 왔는지에 대해 이해할 필요성은 그만큼 더 커진다. 우리가 안고 있는 문제들 중의 하나는 우리의 생각이 지역적 한계에 갇혀 있다는 사실이며, 이로 말미암아 우리를 둘러싼 환경의 문제에 대응하면서도, 전체로서의 세계를 바라보는 균형감각을 너무도 쉽게 잃어버린다. 우리의 유전적 유산과 마찬가지로 우리의 문화적 유산은 섹슈얼리티에 뿌리박은 행동에 의해서 전승된다.

물론 다윈의 진화론이나 에드워드 윌슨의 사회생물학이 오늘날 우리가 현대사회에서 어떤 행동들을 취해야 할지 말해줄 수는 없다. 그렇지만 왜 우리가 특정한 방식으로 행동하는가에 대해 가치 있는 통찰을 제공해 주고 있다. 우리에게는 분명 동물적인 성과는 다른 섹슈얼리티가 존재한다. 우리에게는 젠더라는 문화적 성이 존재하며, 동성애도 존재한다. 하지만 분명 이러한 현상들은 문화적으로만 만들어지지 않았고 인간의 생물학적·동물적 성이 포함되어 발현된 것이다. 이것은 동물적 성이 보편적 본성임을 주장하는 것이 아니라 인간의 본성에 속한 한 특성을 인정해야 한다는 것이다. 그래서 이제 우리는 마지막으로 이 글의 첫머리에서 던진 질문, 즉 인간이란 무엇인가에 대한 해답을 가질 단계가 되었다.

1. 인간에 관한 물음

인간이란 무엇인가? 인간에 대한 규정 가운데 가장 널리 알려져 있고 오래된 것이 '사회적 존재'라는 규정이다. 일찍이 아리스토텔레스도 인간을 "공동체를 이루고 살려는 본성을 지닌 존재"로 보았다. 그래서 그는 인간을 '정치적 동물 zoon politicon'로 규정했다.

물론 사람만이 사회를 이루고 있는 것은 아니다. 오늘날 우리는 대부분의 생물이 생태학적 집단의 구성원일 뿐 아니라 그 자체가 복잡한 생태계이며, 그 속에는 상당한 폭의 자율성을 갖지만 그보다 작은 무수한 유기체들이 전체 속에서 조화롭게 통일되어 있음을 잘 알고 있다. 그리고 그 전체의 특성은 그 부분들의 상호 작용과 상호 의존에 의해 발생한다. 그렇다면 과연 거기에는 어떤 특성이 발생하는 것일까? 프리초프 카프라는 시스템적 사고의 측면에서 이 물음에 대해 이렇게 대답한다.

> 한마디로 수십억 년에 걸친 진화과정 속에서 무수한 종들이 이렇듯 단단하게 짜여진 집단을 형성했기 때문에 전체로서의 체계는 마치 다중으로 창조된 거대한 생물과도 같다.[1]

대표적인 예가 꿀벌과 개미이다. 이들은 고립된 개체로는 생존할 수 없으며 구성원 개체의 능력을 훨씬 넘어서는 적응을 위해 엄청난 숫자가 함께 모여 살면서 각각의 개체는 복잡한 생물체의 세포와도 같은 역할을 하고 있는 것이다.

집단을 이루는 것은 꿀벌과 개미뿐만이 아니다. '동물세계에서 사회성은 보편적 현상'[2]이라고 할 수 있다. 여기서 말하는 '사회성'이란 '사회적 존재에 관한 총체적 특징과 과정'[3]을 말하며, 단순한 집합체 aggregation를 형성하고 있는 것과는 구별된다. 구애하는 수컷의 무리와 같은 생물의 단순한 집합체는 참된 의미의 사회라고 볼 수 없다. 흔히 이들은 상호 유인적인 자극에 의해 모이는 것이 보통이며, 이들 사이에 상호 협조적인 의사소통이 이루어지지 않는다면 그것은 단지 하나의 집합체에 불과한 것이다. 예컨대, 겨울에 방울뱀이나 무당벌레들이 모여 있는 것은 이에 대한 좋은 예라고 할 수 있다.[4]

아무튼 우리는 인간을 비롯한 많은 동물들이 집단생활을 영위하고 있다는 사실을 의심 없이 받아들이고 있으며, 우리 자신을 일컫는 사회적 인간 Homo sociologicus이라는 명칭 역시 낯설지 않을 만큼 익숙해 있다. 그러나 이러한 명칭이나 사회적 존재라는 규정이 우리의 삶이나 인간의 사회적 행동을

1) Fritjof Capra, *The Web of Life*(『생명의 그물』, 김용정 외 옮김, 범양사출판부, 1998), 55쪽.

2) Franz M. Wuketits, Gene, *Kultur und Moral : Soziobiologie-Pro und Contra*(『사회생물학논쟁』, 김영철 옮김, 사이언스북스, 1999), 77쪽. 앞으로는 Wuketits로 줄인다.

3) Edward O. Wilson, *Sociobiology : the new synthesis*, 25th Anniversary Edition, The Belknap Press of Harvard University Press, 2000, p. 595. 앞으로 이 책은 SB로 줄인다.

4) SB, pp. 7-8.

이해하는 데 얼마나 도움을 주고 있을까?

사실 이 물음에 대해 우리는 무척 망설이지 않을 수 없다. 왜냐하면 사회화의 다양한 형태나 사회화 과정 전반에 대한 인과적 설명은 거의 전무하다시피 했기 때문이다. 그래서 우리는 언제나 인간의 사회성과 그 기원에 대해 강렬한 호기심을 우리 내면에 간직하고 있다. 인간이 사회적 존재로 존재해야 할 이유가 무엇일까?

다행히 이러한 사회성을 진화와 유전의 토대 위에서 연구하는 학문이 태동하여 큰 진전을 보이고 있다. 이른바 사회생물학이 바로 그것이다. 사회생물학은 인간에 대한 전통적 정의나 규정만으로는 사회적 존재로서 인간의 존재방식이나 삶의 양식을 이해하는 데 뭔가 부족하다는 문제의식에서 출발한다. 따라서 인간의 사회성을 '원리적으로' 이해하고 설명할 수 있는 이론적 토대가 새롭게 마련되어야 한다. 사회생물학의 태두라고 할 수 있는 에드워드 윌슨은 사회생물학을 "모든 사회행동의 생물학적 기초에 관해서 체계적으로 연구하는 학문"[5)]이라고 정의하면서, "인간의 사회적 진화를 포함한 모든 사회진화의 국면들에 대한 통찰"을 시도하고 있다.

사회란 무엇인가? 그에 따르면, '한 쌍의 생물이 단순한 성적 활동을 넘어서서 상호 협조하는 방식으로 커뮤니케이션이 이루어질 때', 이것이 '사회' 혹은 '사회성'을 규정하는 기준이 된다.[6)] 그렇다면 인간을 포함한 동물세계에서 이러한 사회성을

5) SB, p. 4. Edward O. Wilson, *On Human Nature*, Harvard University Press, 1978, p. 16. 이 책은 앞으로 HN으로 줄인다.

6) SB, p. 7. 커뮤니케이션 communication은 '한 생물이 다른 생물의 행동의 확률적 패턴을 자신의 적응방향으로 바꿔놓는 활동'을 가리키며, 협조 coordination는 '한 집단의 단위체들 사이에 상호 작용이

출현시키는 가장 근원적인 이유는 무엇일까? 이 글은 바로 이 물음의 해답을 찾고자 한다. 다시 말해서 사회성의 출현을 생물학적 기호를 통해, 더 나아가 그런 기호로 표현되는 명제를 통해 '원리적으로' 이해하고자 한다.

2. 인간이란 어떤 것인가?

인간이란 무엇인가? 우리는 이 물음에서 출발했다. 저 유명한 소크라테스의 '자각'의 명제를 들먹이지 않더라도 실로 이는 우리에게 당위적이고도 불가피한 물음이다. 인간과 관련된 모든 사회적 및 역사적 명제가 이 물음과 연결되어 있기 때문이다.

그런데 왜 "인간이란 어떤 것인가?"를 묻는가? "인간이란 무엇인가?"가 인간의 본질에 관한 물음이라면 이 물음은 인간의 '존재방식'과 한층 더 밀접한 물음인 것처럼 여겨지기 때문이다. 한마디로 이 글은 인간의 본질규정보다는 그 존재방식에 보다 더 주목하고자 한다.

그러나 언뜻 느끼기에도 이 문제는 결코 간단한 것이 아니다. 이미 이 물음을 중심으로 수많은 연구가 이루어졌을 뿐 아니라 그에 관한 방대한 자료가 축적되어 있다. 조금 넓게 생각하면 인간의 지성사 전반이 이 문제와 연관되어 있다고도 말할 수 있을 것이다. 그렇다면 새삼스럽게 왜 이 물음을 거론하는가?

일어나되 집단으로서의 전체적인 노력이 어떤 하나의 단위체에 의한 리더십에 지배당하지 않고 단위체들 사이에 고루 분담되는 것'을 말한다(SB, pp. 10-11).

우선 두 가지 이유를 들 수 있다. 하나는 인간에 대한 전통적 정의나 규정만으로는 인간의 존재방식이나 삶의 양식을 이해하는 데 뭔가 부족하다는 문제의식 때문이다. 이 이유는 간략하게나마 본문에서 밝혀질 것이다. 그리고 두 번째는 인간의 행동과 존재방식을 '원리적으로' 이해하고 설명할 수 있는 이론적 토대가 새롭게 마련되었다는 점이다. 그것이 곧 생물학에 기초하여 인간의 행동을 체계적으로 연구해 온 '사회생물학 sociobiology'이다.

일부에서 인문 · 사회과학의 사회생물학화 socio-biologicization를 걱정하는 비판적 시각이 없지는 않으나 전통적인 사상들이 '사실'에 관한 정확한 이해를 얻지 못한 탓으로 공허한 논의가 많았음을 상기한다면 이러한 시도를 오히려 긍정적인 측면에서 바라보아야 할 것이다. 그리고 이러한 긍정은 이 글의 주제인 저 물음을 어떤 방향에서 어떤 식으로 풀어갈 것인가를 미리 지시해 주고 있다.

2.1 방법론 : 사회생물학

에드워드 윌슨은 사회생물학을 "모든 사회행동의 생물학적 기초에 관해서 체계적으로 연구하는 학문"[7]이라고 정의하고 있다. 흔히 우리가 '사회학'이라 부르는 '좁은 의미의 사회학'은 구조주의적 및 비유전학적인 접근방식으로 말미암아 사회생물학과는 거리가 멀다. 다시 말해서 사회학은 인간을 유전학적인 의미에서의 진화적 설명에 의존하지 않고 주로 외견상 표현형의 경험적 기재와 직관에 의해 설명하고 있다는 것이다.

7) SB, p. 4.

사회학은 "특수현상들을 자세히 기술하고 환경의 특성과 그들의 일차적인 상관성을 증명할 때 가장 훌륭하게 수행될 수 있다"는 것이 윌슨의 입장이다. 그는 이렇게 말한다.

> 그리하여 사회학과 기타의 사회과학들은 여러 가지 인문과학들과 마찬가지로 머지않아 현대적 종합에 포함됨으로써 생물학에서 파생되는 분과들 가운데 마지막 분과가 될 것이라고 말해도 무방할 것이다. 그렇게 되면 사회생물학의 할일 가운데 하나는 곧 사회과학들의 기초를 다시 체계화하여 이들의 주제를 현대적 종합으로 끌어들이는 것이 될 것이다.[8)]

윌슨의 이러한 학문적 전망에 대해 많은 인문·사회과학자들은 놀라움과 심지어는 분노를 느낄지도 모른다. 그러나 인문·사회과학이 자연과학의 여러 분야와 갖는 논리적 관계를 고려해 볼 때 결코 부정해버리거나 무시해버릴 수 없는 언명이라고 해야 할 것이다.

우선 우리가 주목해야 할 것은 사회생물학의 "인간의 사회적 진화를 포함한 모든 사회 진화의 국면들에 대한 통찰"이다. 사회란 무엇인가? "한 쌍의 생물이 단순한 성적 활동을 넘어서서 상호 협조하는 방식으로 커뮤니케이션이 이루어질 때",[9)] 이

---

8) SB, p. 4. 여기서 말하는 '현대적 종합'이란 곧 '모든 현상의 적응적 의의가 평가되고 그 다음 이것을 집단유전학의 기초원리와 연결짓는 것'을 말한다.

9) SB, p. 7. 커뮤니케이션 communication은 '한 생물이 다른 생물의 행동의 확률적 패턴을 자신의 적응 방향으로 바꿔놓는 활동'을 가리키며, 협조 coordination는 '한 집단의 단위체들 사이에 상호 작용이 일어나되 집단으로서의 전체적인 노력이 어떤 하나의 단위체에 의한 리더십에 지배당하지 않고 단위체들 사이에 고루 분담되는 것'을 말한다(SB, pp. 10-11).

것이 '사회' 혹은 '사회성'을 규정하는 기준이 된다.[10] 그렇다면 인간을 포함한 동물세계에서 이러한 사회성을 출현시키는 가장 주된 원동력은 무엇일까?

이제 우리는 인간에 관한 지식을, 보다 엄밀히 말한다면 인간의 사회성을 경험적 언어나 생물학적 기호로 표현하거나 재구성해 볼 수 있는 길목에 들어서게 된다. 전자는 '사실'에 관한 명제 서술의 측면이고 후자는 전통적 지식에 관한 진화론적 재정립이다. 그러나 이를 위해서는 몇 가지 먼저 해야 할 일이 있다. 그래야만 사회성의 출현을 생물학적 기호를 통해, 더 나아가 그런 기호로 표현되는 명제를 통해 '원리적으로' 이해할 수 있을 것이기 때문이다.

2.2 진 화

아무리 급하다고 해서 지반이 없는 집을 지을 수는 없다. 사회생물학의 지반은 곧 진화생물학 evolutionary biology이다.[11] 진화란 무엇인가?

진화란 한마디로 변화를 의미한다. 그 중에서도 특히 세대 간

10) 그러므로 한 개의 새알이나 혹은 벌집 속에 들어있는 한 마리의 꿀벌의 애벌레가 비록 나중에는 그 사회의 진정한 일원이 될지라도 지금으로선 사회 구성원이라고 할 수 없다. 또 구애하는 수컷의 무리와 같은 생물의 단순한 집합체 역시 참된 의미의 사회라고 볼 수 없다. 흔히 이들은 상호 유인적인 자극에 의해 모이는 것이 보통이며, 이들 사이에 상호 협조적인 의사소통이 이루어지지 않는다면 그것은 단지 하나의 집합체 aggregation에 불과한 것이다. 예컨대, 겨울에 방울뱀이나 무당벌레들이 모여 있는 것은 이에 대한 좋은 예라고 할 수 있다(SB, pp. 7-8).

11) SB, p. 21.

에 일어나는 생물체의 형태와 행동의 변화를 뜻한다. DNA의 구조로부터 사회생활에 이르기까지 생물의 형질은 세대를 거치면서 조상의 형질로부터 변화한다.[12]

이는 실로 진화에 관한 아주 간단하면서도 명료한 설명이라고 할 수 있다. 생물체를 하나의 기계에 비유한다면 '생물의 진화는 하나의 설계가 점차 완성되어 가는 과정'[13]이다. 그리고 이런 개념에서 본다면 환경에 따라 생존상 최적의 형질 optima trait이 존재한다고 보아야 한다. 이를테면 딱따구리에게는 이상적인 망치부리와 길게 내밀 수 있는 혀가 있으며, 군대개미들 army ants에게는 이상적인 카스트가 존재하는 것이다.

여기서 당장 이런 의문이 제기될 수 있다. 즉, 어떤 형질은 진화하고, 왜 다른 형질은 더 이상 진화하지 못하는 것일까? 한마디로 생물의 형질변화는 어떻게 생겨나는 것일까?

2.3. 진화의 메커니즘 evolutionary mechanism

이러한 변화는 자연선택 natural selection의 결과로 생겨난다. 진화를 일으키는 메커니즘은 자연선택이다.

자연선택은 '진화에 있어서 가장 중요한 압력이며, 특정 유

12) 최재천, 다윈의 진화론 — 철학 논의를 위한 기본개념 —, 『진화론과 철학』, 철학연구회 2002년도 추계 연구발표회 논문집, 철학연구회, 25쪽. 다윈의 진화론은 바로 이 변화의 메커니즘에 관한 이론이라고 보아야 한다.

13) SB, p. 23. 여기서 말하는 '완성'이란 목적론적 의미도 아니거니와 또한 '완결'의 의미도 아니다. 생물의 진화는 생명체가 생태적 압력에 대해 나타내는 유전적 반응의 결과이며, 따라서 완성이란 생명체가 생태적 환경에 대해 최적의 상태로 되어간다는 것을 말한다.

전자의 모임을 장기간 묶어놓고 유지시키는 힘'[14]이다. 그러므로 자연선택에 의해 여러 가지 유전자형의 표현형들이 다음 대에 그들을 각기 나타낼 능력이 다름으로 말미암아 유전자형에 있어서 상대적 빈도가 변하게 된다. 물론 이러한 유전자형의 상대적 빈도에서 오는 변이는 여러 가지 원인에서 유래될 수 있다. 이를테면 다른 유전자형과의 직접적인 경쟁에서 능력상 차이를 보인다든지, 기생물이나 천적 그리고 물리적 환경의 변화로 인한 생존율의 차이라든지, 또는 생식능력의 차이나 새로운 서식처에 침투하는 능력의 차이 등이 있을 수 있다. 이러한 여러 가지 범주 속에서 가장 우세한 변이형이 만들어질 때 그것은 곧 적응이 된다. 이러한 적응은 항상적 환경에서 나타나는 유전적 안정성과 변화하는 환경에 견딜 새로운 유전자형을 만들어낼 능력과 함께 적응도의 중요한 요소들이 된다. 그러므로 자연선택이란 특정 유전자형이 다른 유전자형보다 더 큰 속도로 증가하는 과정을 의미한다.

다윈과 월리스 Alfred Russel Wallace는 이러한 '자연선택이 일어나기 위한 네 가지 조건'을 들고 있다.[15]

첫째, 자연계의 모든 개체군 population에는 각 개체들 간의 변이 variation가 존재한다.

자연계에 존재하는 모든 형질들에는 변이가 존재하게 마련이며, 만일 변이가 없다면 선택이란 있을 수 없다. 형질이 동일한 개체들 간에 아무리 선택을 한다고 해도 거기엔 어떤 변화도 일어나지 않을 것이기 때문이다. 다윈의 진화론에 따르면 '변이가 곧 변화를 일으키는 실체'이다.

14) SB, p. 67.
15) 최재천, 위의 글, 25쪽.

둘째, 어떤 변이는 유전한다.

변이들 가운데 유전하는 것만이 선택의 대상이 된다. 이는 곧 라마르크 Jean Baptiste Lamarck의 '획득 형질의 유전'에 관해 지적할 수 있는 핵심명제이다.[16)]

셋째, 생물은 환경이 뒷받침할 수 있는 것 이상으로 많은 자손을 낳는다.

모든 생물은 환경적 제한요인에 대응하며 살아간다는 것이다. 그리고 이는 곧 다음과 같은 네 번째 조건의 귀결로 나타난다.

넷째, 주어진 환경에 잘 적응하도록 도와주는 형질을 지닌 개체들이 보다 많이 살아남아 더 많은 자손을 남긴다.

진화생물학에서는 이 네 가지 조건을 '진화의 필요충분조건'이라고 말한다. 왜냐하면 이 조건들이 모두 갖추어지면 자연선택은 반드시 일어나기 때문이다. 그러므로 자연선택은 단순한 가설이나 이론이 아니라 하나의 '법칙'이요 '원리'이다. 우리가 앞에서 사회성의 출현을 '원리적으로 in principle' 이해하고자 한다고 할 때의 원리가 바로 이것이다.

2.4. 진화의 방향

앞에서 우리는 진화를 '하나의 설계가 점차 완성되어 가는 과정'이라고 했다. 그렇다면 먼 훗날 지구상에는 완벽한 설계의 생명체들만 살아가게 되는 것일까?

---

16) 다세포생물은 몸의 구조를 이루는 체세포와 번식을 위한 생식세포로 이루어져 있다. 한 생명체가 아무리 많은 변화를 겪는다고 해도 생식세포의 변화가 아니면 다음 세대로 유전될 수 없다(최재천, 위의 글, 26쪽).

만일 이 물음에 대해 긍정적으로 대답한다면 이는 자연선택에 의해 진화해 가는 생명의 세계 자체를 부정하는 것이다. 설계가 완성되어버리면 그 자체가 곧 자연선택의 첫 번째 조건과 두 번째 조건을 부정하는 것이기 때문이다.

그러므로 설계가 완성되어 간다는 것은 '완결' 혹은 '완벽'을 가리키는 것이 아니라 주어진 조건 속에서 최선 혹은 최적의 것을 선택해 간다는 것이다.[17] 이른바 '적자생존'의 법칙이다.[18] 적자생존은 최상의 것이 선택된다는 것이 아니라 상대적으로 보다 나은 것이 선택된다는 의미이다. 그것이 상대적일 수밖에 없는 것은 생명체를 둘러싸고 있는 환경은 끊임없이 변화하고, 그 변화에 따라 또 다른 선택이 이루어져야 하기 때문이다.

이러한 상대성은 다세포 생물이나 유기체 내에서도 충분히 이해될 수 있는 사실이다. 예컨대, 분자생물학적인 면에서 생명체를 이루는 여러 요소들(혹은 유전자들)은 기능적인 면에서

17) 예컨대, 어떤 생명체가 특정한 기능적 결함을 가지고 있다고 해서 자연선택이 '창조적으로' 그 기능의 결함을 해소시켜 주는 것이 아니다. 자연선택은 다만 주어진 재료만을 가지고 새로운 조합을 만들어낼 따름이다. 생물의 각 종마다 그 나름의 고유한 진화의 경로를 갖는 것은 바로 이러한 이유 때문이다.

18) 다윈의 자연선택이론을 설명할 때 흔히 '적자생존 survival of the fittest'이라는 표현을 쓴다. 그러나 다윈 자신은 이런 표현을 한 번도 쓴 적이 없다. 이는 스펜스 Herbert Spencer가 만든 말이지만, 다윈의 진화론적 입장에서 보면 '최적자의 생존'이란 뜻으로 해석해서는 옳지 않을 듯하다. 주어진 상황에서 최선을 다한다는 의미로 받아들일 수는 있으나 이는 상대적인 개념이며, 따라서 오히려 'survival of fitter', 즉 상대적으로 보다 적합한 개체가 생존하리라는 비교급의 의미로 받아들이는 것이 나을 것이다(최재천, 위의 글, 32쪽 참조).

다면발현 pleiotropy 현상을 나타낸다. 그러므로 하나의 요소에게 있어서 최상의 발현이란 있을 수 없다. 특정 요소가 특정 부분에만 관여하는 것이 아니며, 또 특정 요소가 특정 부분을 이롭게 하면 다른 부분에는 상대적으로 해를 미칠 수도 있는 것이다. 그러므로 생명체는 각 요소들이 상대적인 최적상태를 유지하며 조화를 이루는 것이 최선이라고 할 수 있다. 이를 조금 더 확대시켜 본다면 특정 생명체가 특정 환경에 잘 적응한다고 해서 다른 환경에도 잘 적응하는 것이 아닌 것과도 같은 것이다.

진화는 완결이나 완벽을 목표로 하는 것이 아니라 언제나 '진행행'이다.[19] 그러므로 진화를 진보로 이해하는 것은 잘못이다. 환경의 변화에 따라 엉뚱한 방향에서 선택이 이루어질 수도 있으므로 진화의 방향을 선악의 가치론적 입장이나 목적론적 견지에서 이해하거나 규정할 수는 없다.[20] 그래서 도킨스는 자연선택을 '눈먼 시계공 the blind watchmaker'에 비유하고 있다.[21] 환경이 가는 길이 일정하지도 않고 또 당장 그 길이 보이지도 않으니 설령 눈이 있다고 한들 장님이나 다름없는 것이다. 진화는 진보 progress가 아니다. 진화가 나아가야 할 '정해진 곳'은 존재하지 않는다.[22]

19) 관념론이든 유물론이든, 또는 또 다른 유형의 이론이든 간에 전통적으로 완결 혹은 완성을 전제하는 세계관이나 역사이론들이 왜 궁핍한 결말을 낼 수밖에 없었는가를 이해할 수 있다.

20) 환경의 변화는 주로 기후조건이나 서식지 등의 물리적 환경과 생물적 환경의 변화를 말한다. 생물적 환경은 물리적 환경 못지않게 진화에 직접적인 영향을 미친다. 그리고 어떤 한 생물체의 진화는 그와 공존하는 다른 모든 종들과 밀접한 관계를 맺고 있으므로 그 진화의 가변적 변수를 헤아린다는 것은 있을 수 없다.

21) Dawkins, R., *The Blind Watchmaker*, London : Longman, 1986.

그리고 진화는 개체나 집단의 필요(혹은 의지)에 의해 일어나는 것도 아니다. 왜냐하면 이 또한 자연선택을 부정하는 것이기 때문이다. 진화의 방향을 예측하거나 심지어 조종하는 것이 불가능한 상태에서 필요나 의지를 전제하는 것은 모순이다.

또 자연선택의 첫 번째 조건, 즉 변이가 곧 변화의 실체라는 것을 떠올려 보라. 개체가 자연선택에 대응하는 능력은 변이의 정도에 달려 있다. 다시 말해 자연선택이 이루어지려면 반드시 유전적 변이가 있어야 한다. 극단적으로 인간이 날개를 필요로 한다고 해서, 또 날개를 갖고 싶은 의지가 있다고 해서 변이가 없는 상황에서도 진화가 일어나는 것은 아니다. "생물이 필요로 하는 것을 제공하는 것은 자연이다."[23)]

이상과 같다면 진화의 방향에 대해서는 아무 말도 할 수 없는 것일까? 결코 그렇지 않다. 진화 혹은 자연선택을 이해하는데 결정적인 명제가 있다. 그것은 곧 모든 종은 "생물학적 본성을 따른다"는 것이다. 달리 말한다면 이것은 곧 "진화의 방향을 결정하는 힘은 곧 자연선택이다"라는 것을 의미한다. 우리는 인간을 포함한 생명체의 세계를 바로 이 명제를 바탕으로 이해해 나가야 할 것이다.

3. 인간의 존재방식

모든 종은 생물학적 본성을 따른다는 명제는 당연히 인간에게도 통한다. 따라서 우리의 탐구는 자연과학을 인문학과 통

22) HN, p. 3.
23) 장 디디에 뱅상·뤼크 페리, 『생물학적 인간, 철학적 인간』, 푸른숲, 2002, p. 123.

합시키고 인간의 본성을 자연과학의 한 부분으로서 연구하는 것이 되어야 한다. 아리스토텔레스가 생물학 위에 그의 철학체계를 수립하고자 했듯이, 이는 결코 이상한 일이 아니다.[24)]

그런데 생물학 위에 인문·사회과학을 세우는 것은 생물학적 본성에 대한 '탄탄한 경험적 지식 hard-won empirical knowledge'[25)]을 통해서만 가능하다. 그래서 윌슨은 "생물학이 곧 인간 본성을 푸는 열쇠"[26)]라고 하지 않았는가?

3.1. 침팬지와 인간

로빈슨 크루소의 이야기처럼 만일 어떤 사람이 문명과는 거리가 먼 환경에서 자란다면 오늘날 우리가 지닌 인간의 기본적인 요소들을 새롭게 구성해낼 수 있을까? 윌슨은 이 물음에 대해 단호하게 '그렇다'고 말한다. 그러면 그가 이렇게 말하는 까닭은 무엇인가? 윌슨은 이렇게 말한다.

> 인간의 사회적 행동의 기본특징들은 도저히 바꿀 수 없을 만큼 독특하지만, 대체로 다른 포유동물들의 특징, 특히 다른 영장류들을 망라해서 나온 특징들과 유사하다. 행동을 조직하는 데

24) 아리스토텔레스는 기원전 4세기에 이미 원숭이를 해부해 보고 인간과 원숭이의 해부학적인 유사성을 발견했다고 한다. Richard Wrangham and Dale Peterson, *Demonic Males, Apes and the Origins of Human Violence*(이명희 옮김, 『악마 같은 남성』, 사이언스북스, 1998), p. 41(앞으로는 DM으로 줄인다).

25) HN, p. 7.

26) HN, p. 13. 이 책에서 윌슨은 인간의 행동이 사회생물학의 이론에 얼마나 부합하는지, 또 이 행동의 발달과정에서 인간이 표출한 성향의 강도와 자동성을 통해 어떤 유전적 속박의 증거들이 드러나는지에 초점을 맞추고 있다.

> 쓰여 온 몇 가지 신호들, 지금도 볼 수 있는 먼 조상 때부터 사용된 그 신호들은 구대륙 영장류와 대형 유인원의 신호로부터 논리적으로 이끌어낼 수 있다.[27]

이 말에서 우리는 두 가지 사실을 이끌어낼 수 있다. 하나는 인간은 영장류 조상으로부터 진화했다는 것이고, 다른 하나는 인간이 지닌 기본적인 요소들은 유전적으로 속박되어 있다는 것이다. 전자가 긍정되면 후자는 자연히 긍정된다. 그리고 이렇듯 긍정되면, 다른 동물과 구분되는 인간의 종적 특성들은 상당 부분 허약한 도그마로 끝나고 만다.

사실 인간과 침팬지는 해부학적으로나 생리학적으로 매우 유사할 뿐 아니라 분자수준에서도 아주 가까운 것으로 밝혀졌다.[28] 그리고 지능 면에서는 상당한 차이가 있지만 '상징과 구문을 통해 의사소통하는 능력은 유인원의 이해능력 내에 있다'[29]고 한다. 그렇다면 우리도 윌슨과 마찬가지로 저 물음에 대해 긍정적인 대답을 하지 않을 수 없다.

현재 우리가 알고 있는 바에 따르면, 인간에게 있어서 그 행동에 미치는 유전적 다양성은 질과 규모 면에서 평범한 동물 종들과 크게 다르지 않다.[30] 침팬지의 생활을 보더라도 "인간은 혼자가 아니라 몇몇 형제 종을 가지고 있다"[31]는 것을 말해준다. 침팬지와 인간의 계통은 진화시간으로 보면 비교적 최

27) HN, pp. 24-25.
28) DM, p. 36. 침팬지와 인간의 행동은 여러 면에서 매우 유사하며, 이에 대해 이 책은 여러 가지 예들을 보여주고 있다. 이에 관해서는 여러 곳에서 이야기하고 있다. 예컨대, BN, pp. 29-30을 보라.
29) HN, p. 26.
30) HN, p. 46.
31) HN, p. 31.

근인 약 2천만 년 전에 갈라져 나온 것으로 추정되고 있다.[32)]

놀랍게도 침팬지들은 몇 가지 인간다운 행동을 보이는가 하면, 또 초보적이나마 문화를 지니고 있다. 또 그들은 일부 문화를 남에게 전수하기도 한다.[33)] 그리고 앞으로 밝혀지겠지만 이러한 문화는 결코 생물학적 기호를 넘어서는 것이 아니다.

앤드루 화이튼을 비롯한 12명의 탐구자들의 연구성과[34)]에 따르면, 아프리카 침팬지 사이에 여러 종류의 '문화 발상지'가 존재하는 것으로 밝혀졌는데, 이들은 결코 생물학적 혹은 유전적 요인과 무관한 것이 아니었다. 그러므로 우리는 인간의 문화를 포함한 이 복수의 '문화들' 속에서 공통된 생물학적 토대를 찾아내야 한다. 그래야만 유인원의 생물학적 기호로부터 인간의 존재의미를 읽어낼 수 있다.

이제 우리는 소크라테스의 "너 자신을 알라"라는 명제를 이렇게 바꿀 수 있다. 즉, "침팬지의 얼굴을 보라, 그러면 너 자신이 보일 것이다".

3.2. 인간의 조건

인간과 침팬지의 경계는 어디일까? 또 이렇게 물을 수도 있다. 인간의 조건은 무엇일까?

32) HN, p. 25.

33) HN, pp. 29-31. 침팬지에 관한 기록은 오늘날 매우 풍부하다. 특히, 그 중에서도 제인 구달 Jane Goodall의 연구는 매우 유명하다. 그의 저서 『인간의 그늘에서 *In the Shadow of Man*』, 『제인 구달 *Life with the Chimpanzees*』, 『희망의 이유 *Reasons for Hope*』 등을 보라.

34) Andrew Whiten et all., *Nature*, 1999.

앞의 글에서 보면 그 경계가 매우 모호하다. 이러한 모호성은 곧 인간 본성의 일반 형질들은 일반 진화론에서 예측한대로 포유동물적인 것이며, 더 구체적으로는 영장류의 특징에 해당한다는 것을 말해준다. 또 달리 말한다면 인간 본성의 일반 형질들은 유전적 토대 위에 있다는 것, 더 정확히 말한다면 근연관계에 있는 다른 종들과 공유하고 있다는 말이 된다.[35] 윌슨은 이렇게 말한다.

> 진화론이 예견한 대로 행동발달은 가장 보편적인 포유동물의 형질들을 향해 나 있는 통로를 따라간다. 하지만 우리가 지닌 가능성의 범위는 궁극적으로 얼마나 될까? 인간은 포유동물의 통로를 또는 그 통로 밖으로 얼마나 멀리까지 나아갈 수 있을까?[36]

인간의 본성을 형성하는 형질들은 인간 종이 진화해 온 기간만큼 적응을 거쳐 왔고, 그 결과 유전자들은 그 형질들의 발달 성향을 지닌 운반체 집단을 통해 퍼진다. 적응이란 한 개체가 형질을 드러내지 않을 때보다 드러냈을 때 다음 세대에 그의 유전자를 발현시킬 기회가 더 많아진다는 것을 의미한다. 이렇게 가장 엄격한 의미에서 본 개체들의 차등적 이점을 '유전적 적응도 genetic fitness'[37]라고 말한다. 유전적 적응도는 개체의 생존능력 강화, 개체의 번식능력 강화, 공통 조상에게서 물려받은 동일한 유전자를 공유하는 가까운 친족들의 생존 및 번식능력의 강화라는 세 가지 기본요소들로 구성된다. 이 요소

35) 윌슨은 현재의 인간 행동이 유전자에 구속되어 있다는 것을 설명하기 위해 인간과 사회성 동물을 비교하고 있다.
36) HN, p. 55.
37) SB, p. 585.

들 가운데 어느 하나나 그 조합이 증가하면 유전적 적응도는 증가한다. 다윈은 이러한 과정을 '자연선택'이라고 불렀다.

이러한 자연선택이 계속되면서 적합한 유전자는 집단 전체에 퍼질 것이고, 그 형질은 종의 특징이 된다. 그러므로 인간 본성 또한 자연선택을 통해 형성된 것이다. 흔히 인간의 조건 혹은 인간 본성으로 규정되는 중요한 것들 가운데 몇 가지를 예로 들어보자.

(1) 근친상간 금기

어떤 사람이 근친상간을 범한다면 우리는 이구동성으로 그를 '비인간적'이라고 말한다. 그리고 이러한 '근친상간 금기'는 세계 어디서든 공통적이다.

그렇다면 '근친상간 금기'는 생물학적으로 어떤 이점이 있는가? 유전학자들은 그리 심하지 않은 수준의 근친상간에서조차도 "전반적인 몸집, 근육 조화, 학업수행 능력 등이 뒤떨어지는 아이들이 나타난다는 것을 보여주었다".[38] 미국인과 프랑스인 집단을 분석한 한 연구에 따르면, 동형접합상태일 경우 심지어 죽음과 기형을 낳는 유전자들을 보유한다는 것이다. 이는 침팬지를 포함한 다른 동물 종에게도 전형적이며, 치명적인 위험을 수반한다.[39]

38) HN, p. 37.

39) 아버지, 형제, 아들과 성 관계를 맺은 체코 여성들을 조사한 결과를 보면, 태어난 161명의 아이들 중 15명은 사산하거나 생후 1년 내에 죽었으며, 40% 이상은 심한 정신장애, 왜소증, 심장과 뇌의 기형, 농아 등 다양한 신체적 및 정신적 장애로 고통을 받았다고 한다. 이와는 달리 같은 여성들이 비근친 성 관계를 맺어 출산한 95명의 아이들은 다른 집단만큼 정상이었다고 한다(HN, pp. 37–38).

근친상간 때 나타나는 이러한 병리학적 증상들은 인간의 성향에서 자연선택이 어떻게 이루어지는가를 집약적으로 명쾌하게 보여준다. 다시 말하자면 비근친 교배의 생물학적 이점으로 말미암아 그에 따른 진화가 이루어져 왔다고 할 수 있다. 근친상간으로 태어난 아이들이 더 적은 수의 자손을 남길 것은 명확하며, 근친상간 기피의 유전적 성향을 가진 개체들이 다음 세대에 더 많은 유전자들 제공하게 된다. 그리고 이러한 자연선택은 수천 세대 동안 이 계통의 토대를 제공해 왔을 것이며, 그 결과 인간은 '본성적으로' 근친상간을 기피하게 된다. 이것이 이른바 '유전자에 바탕을 둔' 인간의 본성이다.

(2) 이타성

인간의 본성 가운데 특히 도덕의 중요한 원천으로 여겨지는 '이타성 altruism' 역시 자연선택 이론이 적용된다. 일반적으로 도덕적 의무로 여겨지는 '상호 이타성 reciprocal altruism'을 나타내는 개체군의 경우 구성원들의 유전적 적응도는 상승하는 결과를 가져오기 때문이다. 그러므로 "적자생존은 호혜주의를 선택한다."[40)]

물론 인간에게는 다른 동물들에 비해 유전적 이론과 모순이 없는 상호 이타성이 많다.[41)] 이는 필시 다른 동물들의 경우 개체 사이의 관계가 충분히 지속되지 않을 뿐 아니라 개별적인 행동에 대한 기억이 확실치 못해 인간에게서 보이는 상호 이타성에 가까운 형태가 발전할 고도의 개체 간 유대가 없기

40) Matt Ridley, *The Origins of Virtue*(『이타적 유전자』, 신좌섭 옮김, 사이언스북스, 2001), p. 97. 앞으로는 OR로 줄인다.

41) SB, p. 120.

때문일 것이다. 그러나 이타성을 인간의 고유한 특성으로만 이해할 수는 없을 것이다. 설사 인간이 '종-특이적 species-specific' 행동양식을 가지고 있다고 하더라도 그것은 저러한 공유 형질 character의 '진화된 본성'으로 보아야 할 것이다.

(3) 사회성

흔히 인간을 '사회적 존재'라고 하는데, 과연 사회는 어떻게 형성되었을까? 이제 우리는 진화생물학적 발견 속에서 이에 대한 해답을 찾을 수 있다.[42] 간단하게 말한다면 동물세계에서 사회화는 "개체의 발달에 변화를 주는 모든 사회적 경험의 총합에 의한 결과"[43]이다. 그러므로 그것은 생체적 반응의 수준에서 나타나는 모든 과정으로 이루어진다. 사회는 우리의 몸과 마찬가지로 유전적 진화의 산물이다.

지구상 최초의 생명체는 원자수준의 개체였을 것이지만, 그 후 점점 그들은 모여 살게 되었다. 그리고 이러한 과정은 점차 진화하여 새로운 차원의 응집이 이루어진다. 이른바 사회적 응집이다. 1억 년 전에 이미 백만 마리 이상의 대집단으로 이루어진 개미 군체가 등장했으며, 이는 실로 지구 역사상 가장 성공적인 사회설계 가운데 하나이다. 이어서 포유동물과 조류도 사회적으로 응집한다.

사회적 응집은 '거역할 수 없는 흐름'이다. 개미와 산호를 보라. 그들이 바로 지구의 상속자이다.[44] 그러므로 인간을 사회적 동물이라고 하는 것은 결코 인간 종을 지칭하는 규정적 정

42) OR, p. 17.
43) SB, p. 159.
44) OR, p. 26.

의 defining definition일 수가 없다. 매트 리들리는 이렇게 말한다.

> 인간이 추구하는 어떤 것을 이미 실천하고 있다는 점에서 개미나 꿀벌이 오히려 인간보다 우수하다. 그것을 공산주의라 부르든 전제주의라고 부르든 간에 그들의 사회는 인간의 사회보다 더 조화로우며 공동선과 대의를 지향한다.[45]

"홀로 있는 개미나 꿀벌은 마치 절단된 손가락처럼 연약하고 불운하다. 그러나 개체군에 결합되면 그는 엄지손가락만큼이나 쓸모가 많다."[46] 동물의 사회화를 이보다 더 간명하게 표현할 수 있을까?

4. 인간은 왜 사회적인가?

사회생물학이 일반에게 알려진 것은 1970년대이다. 여기에 결정적인 기여를 한 것은 다름 아닌 에드워드 윌슨의『사회생물학』이다. 생물학과 사회과학의 '새로운 종합'을 기약하고 있는 이 책은 동물들의 공동체 구조에 관해서 이미 알려진 지식들을 포괄적으로 망라하고, 나아가 생리학이나 생태학 등 생물학적 분과 학문의 도움을 받아 사회적 행동양식의 인과적 설명 가능성을 타진하는 데 많은 부분을 할애하고 있다. 따라서 사회생물학은 동물의 행동을 총체적으로 탐구하며, 이를 통해 발견된 풍부한 자료들로부터 보편적 법칙을 찾아냄과 아울러 이들을 인과적으로 설명하려는 비교행동학의 범주로 볼 수도

45) OR, p. 23.
46) OR, p. 23.

있을 것이다. 다만 사회생물학은 동물행동의 어떤 특수한 측면, 즉 '사회적 행동'을 중점적으로 다루는 학문이다.

사회적 행동이란 무엇인가? 사회적 행동이란 "다른 모든 생물학적 반응과 마찬가지로 환경의 변화에 대응하기 위한 일련의 장치"[47]를 말한다. 그러므로 동물의 사회적 행동은 진화를 통해 형성되어 왔다고 할 수 있다. 왜냐하면 환경의 변화에 적응하는 일련의 장치 그 자체가 바로 진화의 산물이기 때문이다. 사회생물학이 그 이론적 근거를 진화론 혹은 진화생물학 evolutionary biology에 두고 있는 이유도 바로 여기에 있다.[48]

환경의 변화와 그에 대한 적응장치를 염두에 두고 생물체를 하나의 기계에 비유한다면 '생물의 진화는 하나의 설계가 점차 완성되어 가는 과정'[49]이라고 할 수 있다. 그렇다고 해서 그 과정이 완결되기를 기대할 수는 없다. 다시 말해서 진화과정이 완성된다는 것은 모든 환경에 완전한 적응을 보이는 생물이 존재한다는 것을 의미하는데, 그런 생물은 존재할 수 없다. 왜냐하면 환경에 관계되는 매개변수들은 끊임없이 변화하기 때문이다. 생명체를 둘러싸고 있는 물리적 환경요인들은 늘 변하게 마련이며, 어떤 생명체가 어느 특정한 환경에 적응한다고 해서 전혀 다른 환경에도 완벽하게 적응할 수는 없다.[50] 기

47) SB, p. 144.

48) SB, p. 21.

49) SB, p. 23.

50) 환경에는 기후조건이나 서식지 등의 물리적 환경 외에도 생물적 환경이 있다. 생물은 모두 다른 생물들과 관계를 맺으며 살기 때문에 생물적 환경도 생명체의 생존에 직접적인 영향을 미친다. 그리고 이러한 생물적 환경은 물리적 환경과는 별개로 그 자체 또한 끊임없이 변하기 때문에 어느 종이든 같은 생태계에 살아가는 다른 종들과 밀접한 관계를 맺고 있다.

껏해야 자신의 생존이나 번식의 차원에서 대응할 따름이다. 더욱이 이들 매개변수들은 제각기 다른 속도로 독립적으로 변한다.

예를 들어, 식물은 계절에 따라 나날이 불규칙적으로 변화하는 습도의 변동에 만족하나, 수십 년 혹은 수백 년에 걸쳐 볼 때 그 종은 전체적으로 꾸준히 상승하거나 하강하는 강우량에 적응하지 않으면 안 된다. 또 진딧물은 매일 수적으로 크게 달라지는 포식자들을 방어해야 하는가 하면, 여러 해에 걸쳐서 볼 때에는 적의 수적 변화뿐만 아니라 종 구성상으로 나타나는 변화에 대해서도 대처하지 않으면 안 된다. 생물은 이러한 문제들을 '다단계 대응시스템 multiple level tracking system'[51]으로 해결하고 있다. 그리고 생물학적 차원에서 일어나는 이 모든 반응들은 상승하는 하나의 계층구조를 이루고 있으므로 '다단계 대응시스템'은 결국 '다단계 계층적 대응시스템'이라고 할 수 있다.

아메바에서 인간에 이르는 여러 가지 종들은 이러한 계층적 반응의 길이와 반응 능력의 정도에 따라 여러 가지 진화적 단계로 분류될 수 있다. 윌슨은 편의상 이를 세 단계로 나누고 있다.[52] 첫째는 최하위단계로서 해면동물, 강장동물, 무체강의 편형동물, 그리고 단순하게 구성된 하등무척추동물 등이 이에 속한다. 이들은 몇 가지 기본기능을 수행하는 자동제어장치와도 같이 완전히 본능에 따라 반사적 반응을 보이는 단계이다. 둘째는 중간단계로서 절지동물, 두족류, 냉혈척추동물, 조류 등이 이에 속한다. 이들의 행동은 최하위단계의 생물처럼 일부는

51) SB, p. 145.
52) SB, pp. 151-152.

정형화되어 있고 완전히 프로그래밍되어 있으나 환경의 특이성을 다루는 능력이 있다는 점에서 구별된다. 따라서 종에 따라서 일부 생물들은 어미와 서식장소를 기억하기도 한다. 셋째로 최상위단계의 생물들은 큰 뇌를 가지고 있어서 다양한 내용을 기억할 수 있다. 그리고 이들은 통찰학습 insight learning도 기억할 수 있으며, 따라서 여러 가지 유형을 일반화할 수 있는 능력을 보이기도 하고 또 이 유형들을 적응상 유용한 방향으로 배열하기도 한다.

사회성 혹은 사회화 과정에 대한 논의는 대체로 이 마지막 단계와 관련이 있다. 그러나 이 단계에서 이루어지는 사회화과정은 매우 길고 또 복잡하다. 그리고 그 과정의 상세한 내용들은 심지어 개체들 사이에도 차이가 있다. 그러나 이들에게 공통된 것은 세계에 대한 하나의 적응형태로서 사회적 행동을 보이고 있다는 점이다. 이러한 적응형태는 진화적 시간의 흐름에서 본다면 이상과 같은 계층들을 거쳐 학습, 놀이, 그리고 사회화로 진행되어 간다. 그렇다면 이들에게 사회화 socialization가 어째서 생존환경에 대한 대응시스템으로서 작동할 수 있었을까? 대체로 이러한 사회화를 설명하기 위해 놀이와 학습을 예로 드는 경우가 많다. 놀이와 학습이 동물의 사회화에 중요한 구실을 하는 것은 분명하지만, 그러나 그 자체가 사회성 자체의 기원을 설명해주지는 못한다.

일반적으로 사회화란 매우 다의적인 의미를 내포하고 있다. 심리학에서 사회화는 기본적인 사회적 성질의 획득을 의미하고, 인류학에서는 문화의 전달을 뜻하는가 하면, 사회학에서는 사회적인 활동수행을 위해 훈련되는 것을 말한다. 그리고 사회생물학에서는 사회화를 개체의 발달에 변화를 주는 모든 사회적 경험의 총합에 의한 결과로 본다. 그러므로 개념규정상으로만 본다면 지금까지 인문사회과학에서 논의된 다의적인 의미들이 모두 생물학으로 포섭된 듯이 보인다. 그러나 문제의 소지는 여전히 남아 있다. 우선 인문사회과학자와 생물학자들이 공통으로 당면하는 문제는 다음과 같은 것이다. 즉, 생물이 학습과는 독립적으로 신경근육의 발달에 따라 출현하는 행동요소 및 이들의 조합과 학습에 의해 형성되는 요소들을 어떻게 구분할 수 있는가? 그리고 어떻게 해서 사회적 행동은 발달하게 되었는가?

4.1 크로포트킨의 명제 : 상호 부조

일찍이 다윈주의 Darwinism와 사회과학의 관계에 관심을 가지고 이상과 같은 문제의식을 연구주제로 삼은 사람이 있었는데, 그가 바로 피터 크로포트킨 Peter Kropotkin이었다.[53] 그는 이렇게 말한다.

> 다윈과 월리스 Alfred Russel Wallace가 과학으로서 확립한 진화의 한 요인으로서 생존투쟁이란 개념에 의하여 우리들은 매우 광대한 일련의 현상을 하나로 개괄할 수 있게 되었다. 그것은 단번에 우리들의 철학과 생물학과 사회학 고찰의 근거가 되었다.[54]

종래에는 환경에 대한 생물의 기능과 구조적 적응, 생리학적 및 해부학적 진화, 지적 진보, 도덕적 발달 등이 여러 가지

53) Kropotkin, p., *Mutual Aid : A Factor of Evolution*, William heinemann, London, 1919, p. 3. 이 책은 앞으로 MA로 줄인다.

54) MA, p. 11.

다른 근거로(혹은 기원이 다른 것으로) 설명되었으나, 이제 다윈에 의해 그것들이 하나의 일반개념으로 통합되었다. 그러나 크로포트킨은 다음과 같이 경고한다. 즉, 이 개념을 좁은 의미로, 다시 말해서 단지 생존수단을 둘러싼 개별적인 개체 간의 투쟁이라는 의미로만 사용한다면 다윈이 확립한 이 용어의 철학적인 참된 의미는 간과되고 말 것이다. 다윈 자신도 이미 이 점을 시사하고 있다. 다윈은 이렇게 말한다.

> 나는 '생존경쟁'이라는 개념을 한 개체의 다른 개체에 대한 의존성을 포함한, 그리고 더 중요하게는 개체가 생명을 유지하는 것뿐만 아니라 계속해서 자손을 남기는 일까지도 포함한 폭넓고도 은유적인 의미로 사용하고 있다.[55)]

먹이를 얻기 위해 목숨을 걸고 싸우는 것만이 생존경쟁은 아니다. 그렇다면 경쟁적인 투쟁 이외의 어떤 의미가 저 개념에 담겨 있단 말인가? 자연상태에 대한 루소의 낙관주의와 헉슬리의 비관주의를 동시에 비판하면서 크로포트킨은 이렇게 말한다.

> 실험실이나 박물관이 아닌 깊은 숲 속이나 대초원에서, 스텝이나 산야에서 동물을 살펴보면 당장 다음과 같은 사실을 알게 된다. 여러 종(원어)들 간에, 특히 여러 강(원어)의 동물들 간에 무수한 싸움과 살육이 있으나 동시에 그와 같은 정도이거나 그 이상으로 상호 지지나 상호 부조나 상호 방어가 같은 종에 속한

55) Richard E. Leakey, *The Illustrated Origin of Species*(『종의 기원』, 박영목 외 옮김, 한길사), p. 100. 이 책의 번역본의 제목은 『종의 기원』으로 되어 있다. 다윈의 저서인 『종의 기원 *On the Origin of Species*』과 구별하기 위해 이 글에서는 이 책을 IS로 줄여 표시한다.

동물, 적어도 같은 무리에 속한 동물들 사이에서 이루어지고 있다.[56)]

지금까지 동물학이나 인문사회과학들은 생존경쟁이라는 법칙을 강조해왔지만 그들은 상호 부조의 법칙이라고 불러도 좋을, 이른바 또 다른 하나의 법칙이 존재한다는 사실을 잊어버리고 있었다.

동물의 사회를 보면 경쟁보다 상호 부조가 훨씬 더 본질적이다.[57)] 독수리 매과에 속한 놈들은 대부분 아주 약탈을 잘 할 수 있는 몸매를 가지고 있음에도 불구하고 날로 그 수가 줄어들고 있는 반면에, 상호 부조를 실행하는 독수리는 날로 번성할 뿐만 아니라, 사교적인 성격을 지닌 오리는 그 몸의 생김새가 매우 빈약하지만 지구 도처에 퍼져 있다.

물론 동물들의 집단이 모두 사회적인 것은 아니다. 니코 틴버겐의 말대로, 여름밤에 불을 켜놓은 램프 주위에 수많은 곤충들이 모여들지만 그들이 모두 사회적인 것은 아니다. 동물들의 사회성은 상호 간의 반응을 바탕으로 형성되며, 그것이 서로에게 끼치는 영향은 단순한 친화(親和)가 아니다. 동물들이 사회를 이루는 것은 보다 더 밀접한 협동을 하거나 무엇인가를 함께 하기 위한 전조이다. 그러므로 사회행동의 연구를 단순하게 말하면 '개체들 간의 협동 co-operation에 관한 연구'[58)] 라고 할 수 있다.

예컨대, 참새는 먹이를 발견하면 자기가 속한 무리의 모든 동료에게 꼭 나누어준다. 참새뿐만이 아니다. "공동의 수렵이

56) MA, p. 14.
57) MA, p. 15.
58) 니코 틴버겐, 『동물의 사회행동』, 전파과학사, 1994, p. 10.

나 식사는 조류의 세계에서는 일반적인 습관이다."[59] 이들이 이렇듯 서로 돕고 사는 까닭이 무엇인가? 한마디로 동물들은 이를 통해 생존을 위한 엄청난 힘을 얻고 있다. 염소나 사슴도 낚아챌 정도의 날카로운 발톱과 억센 다리를 가진 독수리조차도 그에 비해 무력하기 짝이 없는 솔개 떼 앞에서는 먹이를 포기하지 않을 수 없다. 솔개의 무리들은 독수리가 좋은 노획물을 가지고 있으면 반드시 추적하여 탈취한다. 하지만 그렇게 해서 빼앗은 먹이를 둘러싸고 저희들끼리 싸우는 법은 없다. 신장이 8인치도 채 못 되는 유럽 할미새 Motacilla alba의 상호부조는 솔개 떼보다 더 감동적이다. 말똥가리나 사냥매의 덩치나 힘은 할미새와 비교가 안 될 정도로 큰 차이가 있다. 그렇지만 할미새들은 무리를 지어 이들의 공격을 막아낼 뿐만 아니라 때로는 이들 맹금류를 오히려 공격하기도 한다.[60] 협동과 "상호 부조는 상호 투쟁과 마찬가지로 자연의 법칙이다."[61]

59) MA, p. 27.

60) 니코 틴버겐도 동물들의 사회적 협동은 아주 다양한 목적에 기여한다는 것을 보여주고 있다. 니코 틴버겐, 『동물의 사회행동』, 특히 제5장을 참조하라.

61) MA, p. 14, p. 31. 에드워드 윌슨도 적응의 형태로서 사회적 행동의 변화에 대해 여러 가지 사례들을 들면서 상세히 소개하고 있다(SB, pp. 32-62). 그 적응의 범위에 대해 윌슨은 이렇게 말한다. "그것은 새로운 먹이자원의 활용일 수도 있고, 재래의 먹이에 대한 보다 철저한 이용일 수도 있으며, 어떤 종에 대해 월등한 경쟁력일 수도 있으며, 또 특수하게 효과적인 포식자에 대한 방어나 새로우면서도 활용이 어려운 어떤 서식처에 대한 침투일 수도 있다. 이런 식으로 취해진 적응은 그 종이 사회생활을 이루는 데 있어 어떤 행동을 선택하며 그리고 이 행동들이 어떻게 상호 작용하는가를 명백하게 보여준다"(SB, p. 32).

4.2. 상호 부조와 적자생존

다윈주의와 사회과학의 관계에 대해 관심을 기울인 것이나 혹은 철학과 생물학과 사회학의 공통된 학문적 근거를 탐색한 것을 보면,[62] 크로포트킨은 이미 반세기 이전에 사회생물학의 태동을 예견하고 있었다고 할 수 있을 것이다.[63] 그는 서로 돕고 사는 상호 부조의 행위가 자연 전체를 통하여 행해지고 있는 것이 사실로 밝혀진다면 인간을 비롯한 동물의 사회성에 대해 우리가 가지고 있는 수많은 수수께끼가 풀릴 것이라고 보았다. 여기서 말하는 수수께끼란 바로 여러 학문 분과를 통괄할 수 있는 보편적 원리, 즉 생물들의 생존원리를 설명할 수 있는 '일반법칙'을 뜻한다.

그러나 이러한 주제를 탐구하는 가운데 크로포트킨은 심각한 문제에 당면하게 된다. 비록 당시의 과학이 홉스의 사변보다 다소 우세한 입장에 있었다고는 하나 여전히 홉스 철학을 추종하는 사람들이 많았기 때문이다. 더욱이 19세기말에는 홉스의 철학에다 '과학적인 분장'[64]을 시켜주는 데 성공한 학파까지 등장했다. 그 학파를 이끄는 대표적인 인물이 헉슬리였다. 헉슬리에 따른다면 자연이란 "이기적인 생명체들이 벌이는 냉혹한 싸움터"이다. 크로포트킨은 이러한 헉슬리의 논지에 대

62) MA, p. 3, p. 11.

63) 크로포트킨이 '상호 부조'라는 주제로 집중적인 저술활동을 한 것은 1910년경이다(P. A. 크로포트킨, 『크로포트킨 자서전』, 김우곤 옮김, 우물이 있는 집, 2003, 662쪽. 앞으로는 『크로포트킨 자서전』으로 줄인다).

64) MA, p. 64. 여기서 말하는 '과학'이란 진화론을 말한다.

해 다음과 같이 말한다.

> 미개인들은 마음 내키는 대로 서로 싸우고 죽인다는 생각은 '피에 굶주린' 야만인이 존재한다는 생각과 마찬가지로 있을 수 없는 허상이다. 오히려 이와는 정반대이다. 실재하는 미개인은 무엇이 자신의 부족이나 연합에 유익하고 유해한가를 고려할 뿐 아니라, 그 고려의 결과인 광범위한 제도들 아래서 살아간다. 그리고 이 제도들은 운문과 가요, 속담, 격언, 교훈의 형태로 대를 이어 종교적으로 전해진다.[65)]

여기서 크로포트킨은 한 걸음 더 나아가 이 문제를 '원리적인 면에서' 접근하기 위해 다음과 같이 묻는다. 즉, 다윈의 진화론이 전개하고 있는 생존경쟁의 이론과 상호 부조의 법칙이 어디까지 일치하는가?

> 인간을 비롯한 동물세계에서 경쟁이 상례가 되고 있는 것은 아니다. …… 자연선택 natural selection은 훨씬 더 좋은 활동분야를 발견하고 있다. 상호 부조 mutual aid와 상호 지지 mutual support에 의한 경쟁의 배제를 통해서 보다 나은 상태가 창출된다. 최소한의 에너지 소모로 최대한의 생명의 풍요와 충실을 추구하는 중대한 생존투쟁을 통해서 자연선택이 부단히 추구하는 것은 곧 가능한 한 경쟁을 피하는 것이다.[66)]

여기서 크로포트킨은 다윈의 『종의 기원 *The Origin of Species*』에서 다음의 말을 인용하고 있다.[67)]

> 자연선택이 행해질 경우 가장 흔히 드러나는 양식들 가운데

65) MA, p. 102.
66) MA, p. 61.
67) MA, p. 61의 [주1]을 보라.

하나는 어떤 종의 개체의 일부분이 약간 다른 생활양식에 적응해 가는 것이다. 그렇게 함으로써 그들은 자연 가운데서 아직 점유되지 않은 장소를 확보할 수 있게 된다(『종의 기원』, p. 145). 달리 말해서 경쟁을 피한다는 말이다.

자연 속에는 수많은 종들 간의 싸움이 벌어지며, 또 경우에 따라서는 힘이 강한 자가 약한 자를 죽이기도 한다. 그러나 이미 지적했듯이 이는 결코 필연이 아니다. 육체적으로 더 약한 종이 우세하게 되는 경우도 많다.[68] 하나의 개체가 아니라 하나의 종이 생존경쟁에서 패배하는 것은 다른 종에 의해서가 아니라 다른 종에 비해 환경에 적응하는 능력이 떨어지기 때문이다. 생존을 위한 최악의 상태를 가정할 때 자연선택은 온갖 결핍을 잘 견뎌나가는 종을 선택한다. 그러므로 경쟁을 피하는 것은 '자연의 경향'이자 '자연의 선택'이다.

자연선택은 경쟁을 피하는 법을 아는 종을 선택한다. 다시 말해서 경쟁을 피하는 것은 적응의 형태로 변화된 사회적 행동 가운데 대표적인 것이다. 예를 들면, 많은 조류들은 겨울이 오면 남쪽으로 이동하거나 큰 무리를 지어 긴 여행을 한다. 그리고 설치류 가운데 대부분은 경쟁 개시의 시절이 다가오면 동면에 들어가거나, 그렇지 않은 설치류는 겨울을 대비하여 먹을 것을 저장한다. 사회성 동물들은 동면하거나 이주하거나 혹

68) 대표적인 예가 바로 개미이다. "홀로 있는 개미는 마치 절단된 손가락처럼 연약하고 불운하다. 그러나 군체에 결합되면 그는 엄지손가락만큼이나 쓸모가 많다. 개미는 군체의 이익을 위해 헌신하고 군체의 대의를 위해 자신의 생식을 포기하며 군체를 지키기 위해 목숨을 바친다." "개미사회는 인간 사회보다 조화로우며 공동선과 대의를 지향한다." 그리고 이런 점에서 "개미는 인간보다 우수하다"(OR, p. 23).

은 개미처럼 스스로 먹이를 사육함으로써 경쟁을 피하는 것이다.[69] 역설적으로 말한다면 경쟁을 피하는 것이 최선의 경쟁이다. 다윈도 비록 상호 부조가 어떻게 사회 속에 뿌리내리게 되었는지는 설명하지 못했을지라도, 사회성이 높은 종이나 집단이 사회성이 낮은 종이나 집단과의 경쟁에서 적자로서 생존한다고 말했다.[70]

이렇게 본다면 크로포트킨이 말하는 '상호 부조의 법칙'과 다윈의 진화론의 핵심개념인 '자연선택'은 별개의 것이 아니라 정확히 일치하는 것으로 볼 수 있다. 진화를 일으키는 메커니즘인 자연선택에서 진화가 일어나는 핵심적인 조건이 무엇인가? 주어진 환경에 잘 적응하도록 도와주는 형질을 지닌 개체들이 보다 많이 살아남아 더 많은 자손을 남긴다는 것이다.[71] 크로포트킨은 이렇게 말한다.

> 동물 세계를 보면 거의 대부분의 종이 무리를 지어 생활하고 있으며, 생존투쟁의 최상의 무기는 그 집단이다. 물론 여기서 말하는 생존투쟁은 다윈이 말하는 광의의 의미이며, 또한 종의 생존에 부적당한 온갖 자연적 조건에 대해 맞서는 투쟁을 의미한다.[72]

69) MA, pp. 61-62.
70) OR, p. 15.
71) 다윈과 월리스는 1858년 영국 린니언학회(Linnean Society)에서 진화는 자연선택의 결과로 발생한다고 발표했다. 다윈과 월리스는 자연선택이 일어나기 위한 네 가지 조건을 들고 있다. 1) 자연계의 모든 개체군에는 각 개체들 간에 변이가 존재한다. 2) 어떤 변이는 유전한다. 3) 생물은 환경이 뒷받침할 수 있는 이상으로 많은 자손을 남긴다. 4) 주어진 환경에 잘 적응하도록 도와주는 형질을 지닌 개체들이 보다 많이 살아남아 더 많은 자손을 남긴다는 것이다(최재천, 앞의 글, 25~26쪽 참조).

집단이 '생존투쟁의 최상의 무기'라는 것은 무엇을 의미하는 것일까? 서로 돕고 함께 모여 사는 동물이 살아남는다는 말이다.[73] 그러므로 상호 부조는 결국 '적자생존 survival of the fittest'의 법칙이기도 하다. 상호 부조가 생존투쟁의 최상의 무기라면 상호 부조를 행하는 생물들이 다른 생물들에 비해 보다 많이 살아남아 더 많은 자손을 남기는 길이 될 것이고, 따라서 상호 부조는 생존하기 위한 최적(the fittest)의 상태라고 해야 할 것이기 때문이다. 또한 이는 주어진 환경에 대한 최상의 '대응 시스템'이며 자연선택을 위한 가장 중요한 진화적 요인이다.

> 생존경쟁의 과정에서 몇 세대 동안 유용한 변이가 일어난다면, 사소한 것일지라도 다른 개체보다 유리한 점을 지닌 개체들이 생존과 번식에서 성공할 가능성이 가장 크리라는 것은 의심할 여지가 없다. 반면에 조금이라도 해로운 변이는 엄격하게 말살될 것이다. 개체 간의 차이와 변이가 유익할 때는 보존되고 해로울 때는 말살되는 것, 이것을 '자연선택 혹은 '최적자 생존'이라고 말한다.[74]

자연선택은 "나쁜 것은 버리고 좋은 것은 모두 보존하고 보충한다".[75] 자연선택은 언제 어디서나 기회만 있으면 각 생물이 생활조건에 대해 잘 개선되도록 조용히 그리고 눈에 띄지 않게 일하고 있다. 그리고 자연상태에서 자연선택은 어떤 시기든 그 시기에 유익한 변이를 누적시킴으로써 생물들을 변

72) MA, p. 218.
73) "동물은 경쟁하기 위해 협동한다"는 매트 리들리의 명제도 함께 음미해보는 것이 좋을 것이다(OR, p. 211.).
74) IS, p. 113.
75) IS, p. 116.

화시켜 나간다. 한마디로 "자연선택은 생물의 이익을 위해서만 작용한다."[76] 최적자의 생존이 곧 자연선택이다.[77] 우리가 크로포트킨이 말하는 상호 부조가 곧 적자생존의 법칙이자 자연선택의 원리와 일치한다고 한 이유가 바로 여기에 있다.

물론 다윈은 '적자생존'이라는 표현을 한 번도 사용한 적이 없다고 한다. 이는 스펜서 Herbert Spencer가 다윈의 자연선택 메커니즘을 설명하기 위해 만들어낸 말이다.[78] 주어진 환경 속에서 제한된 자원을 놓고 경쟁하고 있는 다른 개체들보다 나은 적응능력을 보이면 그것이 자연으로부터 선택된다는 점에서 '적자생존'이라는 자연선택의 메커니즘을 설명하는 아주 적절한 용어라고 할 수 있다. 일부에서는 이런 표현에 이의를 제기하는 사람도 있다. 자연선택에 의한 진화란 상대적인 개념이므로 최상급인 'the fittest'보다는 비교급 'the fitter'로 쓰는 것이 옳다는 것이다. 그러나 상대적으로 보다 적자인 개체가 살아남는다는 것은 주어진 상황에서 최선을 다하는 쪽이 자연선택된다는 것이므로 최상급을 쓰는 것이 오히려 나을 듯하다.[79]

상호 부조는 '자연의 법칙이자 진화의 중요한 요인'[80]이며, '적자생존의 법칙'이다. 상호 부조는 생존을 위한 최적의 조건이며, 사회성이 형성되는 근본적인 계기이다.

76) IS, p. 117.
77) IS, p. 141.
78) 최재천, 앞의 글, 32쪽.
79) 다윈의 『종의 기원』을 새로 고쳐 쓴 리처드 리키도 최상급의 '최적자', 혹은 '최적자 생존'이라는 표현을 상용하고 있다.
80) MA, p. 6, p. 14.

5. 진화론에서 인간학으로

크로포트킨은 그의 자서전 말미에서 이렇게 말한다.

> 나의 관심을 집중시킨 커다란 문제가 또 하나 있었다. 다윈의 법칙이라고 알려진 '적자생존'이라는 결론은 사실상 그 후계자들이 개발한 것이다. 후계자들 가운데는 헉슬리 같은 지적인 인물도 있었다. …… 이 법칙에 따르면 문명사회에서 일어나는 파렴치한 일들, 백인과 소위 열등인종의 관계, 강자와 약자의 관계에서 구실을 찾지 못할 것이 없다.[81]

그는 적자생존의 법칙 그 자체와 그 법칙을 인간에게 적용하는 것을 근본적으로 수정할 필요가 있다고 생각했다. 그에 따르면, 적자생존의 법칙을 단순히 강자와 약자의 관계로 해석한다면 이는 다윈의 사상을 엄청나게 왜곡하는 것이다. 진화란 '약자로부터 강자를 골라내는 것'[82]이 아니다. '상호 부조'는 '상호 투쟁' 못지않은 자연의 법칙일 뿐만 아니라, 종의 진화를 위해서는 오히려 전자가 후자보다 훨씬 중요하다. 그래서 그는 『상호 부조: 진화의 한 요인』에서 다음과 같이 말한다.

> 동물에게서 볼 수 있는 상호 부조의 중요성을 논한 다음 인간의 진화에 있어서도 이는 매우 중요하다는 점을 논해야 한다. 동물들 사이에 상호 부조가 중요하다는 사실을 인정하면서도 인간에 대해서는 인정하려 하지 않는 진화론자가 상당히 많기 때문에 이러한 일은 더더욱 필요하다.[83]

81) 『크로포트킨 자서전』, p. 590.
82) 이것은 헉슬리의 입장이다.

크로포트킨의 이러한 문제의식은 다윈의 진화론에 대한 새로운 해석의 계기가 되었을 뿐 아니라, '인간의 진화에 관한 새로운 이론을 점화시키는' 계기가 되었다. 그래서 매트 리들리는 크로포트킨의 대표적 저술이라고 할 수 있는 『상호 부조: 진화의 한 요인』을 '예언자적 저작'이라고 했다.[84] 그가 예언한 것이 무엇인가? 그는 책의 서문에서 인간의 역사에서 상호 부조가 사회제도의 발전에 중요한 영향을 미친다는 사실을 제대로 인식하지 못하는 당시의 시대적 상황을 지적하면서, 이것이 책을 집필하는 직접적인 동기가 되고 있음을 밝히고 있다.[85]

따라서 그가 예견한 것은 언젠가 이를 인정하는 날이 올 것이라는 것이었다. 더 나아가 그는 이렇게 말한다. 인류의 먼 초기에 이미 상호 부조는 등장했고, 그것이 나중에 문명사회의 가장 발전적인 제도의 근원이 되었듯이, 앞으로도 그것은 새로운 제도를 이끌어낼 것이다.[86] 후자는 몰라도 최소한 전자의 사실에서만 본다면 그의 예견은 적중했다. 오늘날 사회생물학이 큰 관심을 불러일으키고 있다는 사실만으로도 이를 입증해 주고 있는 것이다. 윌슨은 그의 『사회생물학』에서 이렇게 말한다.

> 사회생물학은 모든 사회행동의 생물학적 기초에 관해서 체계적으로 연구하는 학문이라고 정의할 수 있다. 현재의 사회생물학은 동물의 사회, 그들의 개체군 구조, 카스트, 의사소통과 그리고 이와 같은 사회적 적응들의 바탕을 이루는 모든 생리학적 현상에

83) MA, p. 7.
84) OR, p. 13.
85) MA, p. vi.
86) MA, p. vii.

초점을 맞추고 있다. 그러나 이 분야는 초기 인간의 사회행동과 보다 원형적인 인간 사회의 조직적인 적응양상에 대해서도 다룬다.[87)]

이제 우리는 크로포트킨의 예언자적 관심과 사회생물학을 동일선상에 놓고 '인간의 사회성'이라는 주제를 탐구할 수 있다. 그리고 이를 달리 말한다면 진화론에서 인간학으로 나아가는 길이라고 할 수 있다. 크로포트킨과 에드워드 윌슨은 둘 다 사회 혹은 사회성이 어떻게 형성되었는가 하는 오랜 의문에 대한 해답을 진화론 속에서 찾을 수 있다는 학문적 신념을 가지고 있었다. 그리고 두 사람 모두 이러한 신념을 인간에게까지 확장했다. 다시 말해서 진화론을 인간 존재의 모든 측면에 적용하겠다는 것이었다.[88)] '동물들 간의 상호 부조'를 상세하게 서술한 다음 인간의 상호 부조를 다루기에 앞서 크로포트킨은 이렇게 말한다.

> 상호 부조와 상호 지지가 동물들의 진화에서 연출한 엄청난 역할에 대해서는 앞의 장에서 개략적으로 분석해 보았다. 이제 우리는 동일한 작용이 인류의 진화에서 어떤 역할을 연출하는지를 살펴보고자 한다.[89)]

그리고 윌슨은 이렇게 말한다.

> 나는 사회성 곤충들의 견고한 체계를 제대로 설명해 온 집단생물학과 비교동물학의 원리들이 척추동물에게도 그대로 적용될

87) SB, p. 4.
88) MA, p. 3. SB, p. 547. HN, p. x.
89) MA, p. 63.

수 있다고 주장해 왔다. 그리고 나는 현재 동물들에게 합리적으로 적용되고 있는 보편적 원리들을 사회과학에까지 확장시킬 수 있다고 주장했다.[90]

물론 확장[91]의 방법론에 있어서는 양자간에 다소 차이가 있다. 크로포트킨은 주로 실증적 사례연구에 치중한 반면에 윌슨은 사회생물학을 진화생물학의 한 분과로서 원리적인 면에서 '현대적 종합 Modern Synthesis'을 시도한다. 여기서 현대적 종합이란 "모든 현상의 적응적 의의가 평가되고 그 다음 이것을 다시 집단유전학의 기초원리와 관련짓는 것을 말한다".[92] 한마디로 방법론에 있어서 양자의 차이는 학문적 발전의 시대적 상황의 차이라고 할 수 있다. 진화생물학이나 특히 집단생물학이 발달하지 못한 상황에서 크로포트킨은 주로 사례연구

90) HN, p. ix. 또한 에드워드 윌슨은 『사회생물학』에서 이렇게 말한다. "우리가 이 지구상에 존재하는 사회성 종의 목록을 작성한다고 할 때 마치 다른 혹성으로부터 온 동물학자처럼 박물학적 관점에서 인간을 보기로 하자. 가시적 관점에서 인문과학과 사회과학은 각각 생물학의 한 분야로 볼 수 있고, 역사와 전기 그리고 픽션은 인간 사회학에 관한 조사서가 되며, 또 인류학과 사회학은 단 한 종의 영장류에 관한 사회학이 된다."(SB, p. 547).

91) 물론 이러한 '확장'을 두고 여러 가지 비판이 있어 왔다. 그리고 그것은 크게 두 가지로 나눌 수 있다. 하나는 크로포트킨의 입장이나 에드워드 윌슨의 사회생물학 자체에 대해 근본적으로 부정하거나 비판하는 쪽이고 다른 한 쪽은 동물행동학이나 진화생물학 내부의 비판이다. 전자는 여기서 논할 성격의 문제가 아니므로 잠시 보류해 둔다면, 후자의 비판의 핵심적인 내용은 생물이나 동물에 대한 탐구의 내용을 그대로 인간에게 적용해서는 안 된다는 것이었다. 그런데 이렇게 비판하는 사람들도 다윈의 자연선택의 원리가 모든 생물에게 적용된다는 사실은 부정하지 않는다. 그렇다면 진화론이나 보편적인 생물학의 원리를 인간에게 적용하지 못할 이유가 무엇인가?

92) SB, p. 5.

에 몰두할 수밖에 없었지만, 윌슨의 경우는 사회과학의 생물학화 biologicization를 시도할 만큼 그 토대가 어느 정도 확립된 상태이다. 따라서 윌슨의 사회생물학은 '동물행동학, 생태학, 유전학 등을 총괄하는 종합적인 학문으로서, 사회 전체의 생물학적 특성에 관한 일반 원리를 도출하고자 한다.'[93]

사회생물학의 새로운 점은 기존의 행동학이나 심리학에서 사회조직에 관한 주요 사실들을 추출해내고, 이들을 개체군 수준에서 탐구되어 온 생태학 및 유전학의 토대 위에 재구성하여 사회집단이 진화를 통해 환경에 어떻게 적응해 왔는지를 보여주고자 한다. 그런데 사회생물학의 주요 토대라고 할 수 있는 생태학과 유전학이 정교해진 것은 최근이므로 사회적 행동에 대한 분석에서도 크로포트킨은 윌슨과 달리 종의 유전적 구성에 의해 부과되는 행동의 구속에 대한 정보에 대해 취약할 수밖에 없었다. 그러나 이런 차이로 말미암아 진화론에서 인간학으로 나아간 양자 간의 학문적 연관성이 간과되거나 과소평가되어서는 안 될 것이다.

5.1. 인간의 본성

크로포트킨과 에드워드 윌슨은 둘 다 사회적 행동의 참된 기초에 관한 탐구의 근본 계기를 윤리문제에서 끌어내고 있다. 윌슨은 그의 『사회생물학』을 이타성의 근거에 대한 물음으로 출발하고 있으며, 크로포트킨도 상호 부조원리의 중요한 면모가 드러나는 곳은 윤리의 영역임을 강조하고 있다.[94] 윤리나 도덕

93) HN, p. 16.
94) SB, p. 3. MA, p. 222.

의 영역과 연관하여 인간의 사회성에 대해 우리가 던질 수 있는 최상의 질문은 필시 다음일 것이다. 즉, 인간은 본성적으로 사회적 동물인가 반사회적 동물인가? 지금까지 살펴본 상호부조와 적자생존, 그리고 이타성과 결부시켜 이 물음의 해답을 찾아보자.

> 모든 인간에게는 이기주의를 거부하는 터부가 있다. 살인이나 도둑질, 강간, 사기 등이 죄악으로 간주되는 이유는 가해자에게는 이익을, 피해자에게는 해악을 끼치는 이기적인 행동이기 때문이다. 우리가 미덕이라고 여기는 것들은 거의 예외 없이 이타적 동기를 전제로 하며, 그렇지 않은 경우에는 그것이 미덕인지 아닌지 판별하기가 모호해진다. 협동, 이타적 행위, 자기희생 등은 모두가 인정하는 명백한 미덕이며 이들은 다른 사람들의 행복과 관계가 있다. 이는 모든 인종이 공유하는 심리적 경향이다.[95)]

매트 리들리의 말대로 우리 모두의 내면에 이런 심리적 경향이 존재한다면, 도대체 그것은 어디서 온 것일까? 인간의 내면에 저런 심성이 있다고 해서 인간을 도덕적인 존재로 규정할 수도 없거니와 또한 인간은 본성적으로 이타적 성격을 띤다고 주장할 수도 없다. 또 동물의 세계에서 도덕적인 사례들이 발견된다고 해서 인간의 본성이 도덕적이라는 사실이 입증될 수도 없다. 인간의 도덕성이나 이타적 본성을 입증하기 위해서는 무엇보다도 먼저 저러한 심리적 경향의 기원이 밝혀져야 한다. 윌슨은 이와 연관해서 이렇게 말한다.

> 생리학과 진화의 역사 문제에 관심을 가진 생물학자라면 자의식이 뇌의 시상하부 hypothalamus와 변연계 limbic system에

95) OR, pp. 58-59.

자리 잡은 감정주추에 의해 제어되고 형성된다는 사실을 잘 알고 있다. 이 중추들은 우리의 의식을 증오, 사랑, 죄의식, 공포 등 갖가지 감정으로 채우고 있어서, 선악의 기준을 직관하고자 하는 윤리학자들은 이 감정들을 예의 주시하고 있다. 그렇다면 우리는 무엇이 이 시상하부와 변연계를 만들어냈느냐고 묻지 않을 수 없다. 그것들은 자연선택을 통해 진화되었다.[96)]

도덕성의 기원에 관한 윌슨의 태도는 명백하다. 한마디로 그것은 생물학적 진화의 기반 위에서 형성된 것이다. 인간의 도덕성은 본질적으로 혹은 선험적으로 a priori 이성 속에 주어져 있는 것이 아니라 진화과정을 통해 발전된 진화적 산물이다.[97)] 그래서 윌슨은 이타성이 자연선택에 의해 어떻게 진화할 수 있는가 하는 것이 사회생물학의 중심적인 이론문제가 된다고 했다. 이에 대한 대답은 이렇다.

이타성을 유도하는 유전자를 같은 혈통의 두 개체가 공유하고 또 그 가운데 한 개체의 이타적 행동이 이러한 유전자들의 그 다음 세대에 대한 공동의 공헌을 증대시킨다면 이타성의 경향은 그 유전자 풀 gene pool에 널리 확산될 것이다.[98)]

96) SB, p. 3.
97) 칸트에 따른다면, 도덕은 선험적으로 이성 속에 그 원천을 두고 있으며, 그 원천의 이러한 순수성 때문에 도덕은 숭고하다고 말했다. 그러나 사회생물학의 입장에서 보면 도덕 역시 생물학의 대상이다. 도덕적 행동의 진화적 근원을 재구성하려는 진화윤리학에 관해서는 다음의 문헌들을 참고하라. Mohr, H., *Natur und Moral, Ethik in der Biologie*, Darmstadt, 1987. 그리고 Ruse, M., *Taking Darwin Seriously, A Naturalistic Approach to Philosophy*, Oxford-New York, 1986. Tennant, N., *Evolutionary v. Evolved Ethics*, in: Philosophy 58(1983), pp. 289-302. Franz M. Wuketits, *Gene, Kultur und Moral: Soziobiologie-Pro und Contra*(『사회생물학논쟁』, 김영철 옮김, 사이언스북스, 1999).

이렇게 본다면 인간의 도덕성이나 사회성은 진화론 내지 자연선택의 원리를 떠나서는 결코 설명될 수가 없다. 트라이버스는 이러한 자연선택의 이론을 '상호 이타성 reciprocal altruism' 이라는 복잡한 관계에까지 적용시키고 있다.[99] 가령 한 사람이 물에 빠졌을 때 이를 본 사람이 물에 빠진 사람과 아무 관계도 없고 또 전에 본 적도 없으면서 물에 뛰어들어 그를 구하려고 한다면 이는 순수한 이타성의 전형적인 행동이라고 할 수 있다. "인간의 행동에는 유전적 이론과 모순이 없는 상호 이타성이 많이 보인다."[100]

이제 우리는 자연선택에 의해 진화된 이타적 행동과 크로포트킨의 상호 부조를 동일한 생물학적 원리 위에서 고찰할 수 있다. 양자는 사회성 형성의 근본 계기라는 점에서 동일한 것이다. 특히, 사람과 같은 고도의 사회성 종의 시상하부 대뇌변연 복합체는 모름지기 그에게 잠재해 있는 유전자들이 개체의 생존, 번식 그리고 이타성을 능률적으로 발현시키는 행동반응들로 편성될 때에만 최대로 번식할 수 있다는 것, 그리고 상호 부조는 종의 생존 기회를 증대시킬 뿐만 아니라 지적 발달에도 큰 영향을 미친다[101]는 점을 상기한다면, 이타적 행위와 상호 부조는 생물학적 차원에서 인간의 사회성을 밝히는 중요한 계기가 된다는 사실을 쉽게 알 수 있다. 이타성과 상호 부조는 도덕의 기반이며 사회적 본능이다. 그리고 이러한 사회적

98) SB, pp. 3-4.

99) Trivers, R. L., The evolution of reciprocal altruism, *Quarterly Review of Biology*, 46(4) : 35-57. SB, p. 120을 보라.

100) SB, p. 120.

101) MA, p. 15.

본능은 인간의 정신적 및 지적 진화와 더불어 진행되어 왔다. 그래서 다윈도 『인간의 후예』에서 "사회적 본능의 진화는 결코 이기심의 결과로서 이해되어서는 안 된다"[102] 고 강조했다.

우리의 논지를 다시 한 번 확인하기 위해 이렇게 물어보자. 즉, 자연은 왜 이타성과 상호 부조, 즉 사회적 본능을 선택하는가? 이에 대한 대답은 이미 앞서 제시되었다. 사회적 본능은 인간이 살아남기 위한 '적응'의 한 형태이며, 따라서 '생존경쟁'의 한 방편이다. 자연은 '구성원들의 성공적인 번식을 촉진시키는' 쪽으로 선택하기 때문이다. 달리 말한다면 적자생존이 이타성과 호혜주의, 그리고 상호 부조를 선택한다. 그리고 이것이 곧 자연선택에 기반을 둔 다윈 진화론의 핵심이다. 다윈은 개인적 가치보다 사회적 가치를 우위에 두었다. 상호 부조와 이타성은 인간의 본성이자 '진화된 본성'이며, 따라서 인간은 본성적으로 사회적인 존재일 수밖에 없다.

6. 인간의 길 : 자연선택과 문화

이상과 같은 논의에서 제기될 수 있는 문제들이 여러 가지 있을 수 있겠으나 무엇보다 먼저 문화적 진화의 문제가 떠오를 것이다. 왜냐하면 일반적으로 우리는 자연과 문화를 대립적인 것으로 보기 때문이다.

사회생물학적으로 보면 인간의 진화는 '문화적 궤도와 생물학적 궤도'라는 두 궤도를 따라 진행된다. 그리고 "문화적 진화는 라마르크적이고 매우 빠른 반면에 생물학적 진화는 다윈

102) 이한구, 진화론의 관점에서 본 철학, 『진화론과 철학』, 철학연구회 2002년도 추계 연구발표회 논문집, 철학연구회, 19쪽.

적이고 대체로 매우 느리다"[103]고 말한다.

라마르크의 가설에 의하면, "형질은 개체의 기관이 사용하느냐 사용하지 않느냐에 따라 발전하고 그 다음 대로 직접 유전된다".[104] 이는 곧 획득 형질이 유전된다는 것인데, 다시 말해 부모가 일생 동안 획득한 형질이 자손에게 전달됨으로써 진화가 이루어진다. 이를테면 기린이 더 키 큰 나무의 잎을 먹기 위해 목을 늘이면 그 자손들은 그런 노력 없이도 더 긴 목을 가질 것이고, 또 황새가 배를 적시지 않기 위해 다리를 뻗치면 그 자손도 기린과 마찬가지로 더 긴 다리를 물려받는다는 것이다.

이러한 라마르크의 가설은 생물학적 진화의 이론으로 받아들이기 힘들다. 그러나 "문화적 진화는 바로 이런 방식으로 일어난다".[105]

자연선택이론에 따르면, 목 길이를 늘이는 유전적 능력은 기린마다 다르다.[106] 가장 긴 목을 지닌 개체들은 더 많이 먹고 더 많은 자손을 남길 수 있다. 그 결과 기린 개체군의 평균 목 길이는 세대가 지날수록 길어지게 된다. 목 길이에 영향을 미치는 유전자 변이가 일어나는 한 이러한 생물학적 진화는 계속된다.

그렇다면 이러한 두 가지 진화는 각기 다른 길을 가는 것일까? 여기서 우리는 앞에서 기술한 바 있는 "생물학적 본성을

103) HN, p. 78.
104) SB, p. 117.
105) HN, p. 79.
106) 개체군을 이루고 있는 개체들은 저마다 고유한 유전자를 갖고 있기 때문이다. 따라서 생존과 번식능력도 제각각이다(HN, p. 79).

따른다"는 진화의 방향을 다시금 상기할 필요가 있다. 어떤 사회가 경쟁력이 약한 문화를 형성한다면 그 사회는 쇠퇴하고 새로운 사회로 대체될 것이며, 이러한 변화를 가져온 근거 혹은 이유는 곧 생물학적 본성일 것이다. 문화적 진화가 생물학적 한계를 넘어서면 생물학적 본성 혹은 그 본성에 따른 생물학적 진화가 그것을 심판하고, 그에 저항하며 그것을 바꾸어갈 것이다. 이것이 바로 '생물학적인 자연선택의 길'이다.[107] 그러므로 비록 문화적 변화가 생물학적 진화에 비해 발 빠른 움직임을 보일지라도, 결국 문화적 진화로 창조된 사회환경은 생물학적 자연선택의 길이 될 수밖에 없는 것이다. 그리고 이 길을 벗어나지 못하도록 하는 그 제약, 즉 생물학적 속박은 바로 우리에게 '불가능한 영역 또는 금지된 영역'을 규정해주고 있다.

이제 인간이 선택할 수 있는 방향은 한정되어 있다. 물론 다른 방향을 선택할 수 있겠으나 그것은 쇠퇴 혹은 자멸의 길일 것이다. 우리는 자연선택의 길이 규정해주는 저 '영역' 속에서 역사의 경로를 파악할 수 있는 유용한 단서를 찾아야 한다. 그리고 이 단서를 통해서 우리는 우리 자신의 생물학적 적응도를 증가시킬 수 있는 다양한 사회적 행동을 습득해가야 할 것이다. 그리고 학문적으로 본다면 이는 곧 사회생물학을 바탕으로 하는 인문학의 과제라고 해야 할 것이다.[108]

107) HN, p. 79.
108) 설령 인류의 발전이 여러 분야에서 여러 가지 방식으로 이루어질 수 있겠으나 서로 경합하는 발전의 기준들 가운데 최적의 대안을 선택하는 것은 생물학적 본성에 대한 경험적 지식을 통해서만 가능할 것이기 때문이다.

참고문헌 r·e·f·e·r·e·n·c·e

성기창 외, 『生物進化學』, 형설출판사, 1997.

송무 외, 『젠더를 말한다』, 도서출판 박이정, 2003.

이종영, 『성적 지배와 그 양식들』, 새물결, 2001.

오조영란·홍성욱, 『남성의 과학을 넘어서』, 창작과 비평사, 2002.

최재천·한영우·김호·황희선·홍승효·장대익, 『살의의 진화심리학』, 서울대학교 출판부, 2003.

Charles, R. Darwin, *The Expression of the Emotions in Man and Animals*, 1872 (『인간과 동물의 감정표현에 대하여』, 최원재 번역, 한국과학문화재단, 1998).

Christina Broun and Inge Stephan, *Gender Studied*, 2000 (『젠더연구』, 탁선미·김륜옥·장춘익·장미영 옮김, 나남출판사, 2003).

Daniel Dennett, *Kinds of Minds*, 1996 (『마음의 진화』, 두산동아, 1996).

David Buss, *Evolution of Desire*, 1994 (『욕망의 진화』, 김용석·민형경 옮김, 백년도서, 1955).

David P. Barash and Judith Eve Lipton, *The Myth of Monogamy*, 2001 (『일부일처제의 신화』, 이한음 옮김, 해냄, 2002).

Edward O. Wilson, *Sociobiology*, 1975 (『사회생물학』, 이병훈·박시룡 옮김, 민음사, 1997).

Edward O. Wilson, *On Human Nature*, 1978 (『인간본성에 대하여』,

이한음 옮김, 사이언스북스, 2000).

Geoffrey Miller, *Mating Mind*, 2000 (『메이팅 마인드』, 김명주 옮김, 도서출판 소소, 2004).

Jared Diamond, *The Third Chimpanzee*, 1993 (『제3의 침팬지』, 김정흠 옮김, 문학사상사, 1996).

John Sparks, *Battle Of The Sexes*, 1999 (『동물의 사생활』, 김동광 · 황현숙 옮김, 까치, 2000).

Konrad Lorenz, *On Aggression*, 1967 (『공격성에 관하여』, 송준만 번역, 이화여자대학교 출판부, 1989).

Lynn Margulis and Dorion Sagan, *What is Sex?*, 1998 (『섹스란 무엇인가?』, 홍욱희 옮김, 지호출판사, 1999).

Malcolm Pots and Roger Short, *Ever Since Adam and Eve*, 1999 (『아담과 이브 그 후』, 최윤재 옮김. 들녘출판사, 2004).

Matt Ridley, *Nature Via Nurture*, 1994 (『본성과 양육』, 김한영 옮김, 김영사, 2004).

Matt Ridley, *The Red Queen*, 1994 (『붉은 여왕』, 김윤택 옮김, 김영사, 2002).

Matt Ridley, *The Origins of Virtue* (『이타적 유전자』, 신좌섭 옮김, 사이언스북스, 2001).

Michel Cuisin, *Le Comportenment Animal*, 1994 (『동물의 행동학』, 이병훈 번역, 아카데미 서적, 1998).

Richard Wrangham and Dale Peterson, Demonic Males, *Apes and the Origins of Human Violence* (『악마 같은 남성』, 이명희 옮김, 사이언스북스, 1989).

Roy Porter and Mikulas Teich, *Sexual Knowledge, Sexual Science : The History of Attitudes to Sexuality* (『섹슈얼리티와 과학의 대화』, 이현정 · 우종민 옮김, 2001).

Sabina Petra Ramet, *Gender Reversals and Gender Cultures*, 1996 (『여자 남자 그리고 제3의 성』, 노최영숙 옮김, 당대, 2001).

Stephen Jay Gould, *Ever since Darwin*, 1979 (『다윈 이후』, 홍동선

옮김, 범양사, 1989).

Stephen Jay Gould, *Full House*, 1996(『풀하우스』, 이명희 번역, 사이언스북스, 2002).

Steven Pinker, *The Blank Slate*, 2002(『빈 서판』, 김한영 옮김, 사이언스북스, 2004).

Steven Rose, R. C. Lewontin, Leon J. Kamin, *Not in Our Gennes*, 1985(『우리 유전자 안에 없다』, 이상원 옮김, 한울 과학문고, 1993).

A Devil's Chaplain : Reflections on Hope, Lies, Science, and Love by Richard Dawkins(2003).

Darwin and Design : Does Evolution Have a Purpose? by Michael Ruse(2003).

In the Beginning Was the Worm : Finding the Secrets of Life in a Tiny Hermaphrodite by Andrew Brown(2003).

The Blank Slate by Steven Pinker(2002).

The Tangled Wing : Biological Constraints on the Human Spirit by Melvin Konner, 2nd ed(2002).

The Road To Now by Melvin Bolton(2002).

The Gnomic Revolution : Unveiling the Unity of Life by Michael Yudel, Rob Desalle(Editors)(2002).

The Future of Life by Edward O. Wilson(2002).

Revolutionary Biology : the New, Gene-Centered View of Life by David Barash(2001).

The Mammal in the Mirror : Understanding Our Place in the Animal World by David P. Barash and Ilona A. Barash(2001).

Introducing Evolution by Dylan Evans(2001).

The Triumph of Sociobiology by John Alcock(2001).

Evolution The Triumph of an Idea by Carl Zimmer(2001).

What Is Evolutionary Psychology : Explaining the New Science of the Mind by Leda Cosmides & John Tooby(2001).

A Dictionary of Human Instincts by Nils K. Oeijord, Mitch C. Bronston (2001).

Human Behavior : The New Synthesis by Mitch C. Bronston, Nils K. Oeijord(2001).

Introducing Evolutionary Psychology by Dylan Evans(2000).

Dear Mr. Darwin : Letters on the Evolution of Life and Human Nature by Charles Darwin, Gabriel Dover(2000).

The Origins of Life : From the Birth of Life to the Origin of Language by John Maynard Smith, Eors Szathmary(1999).

How the Mind Works by Stephen Pinker(1999)(also, see audio cassette version).

Minds, Machines & Evolution by James Patrick Hogan(1999).

Human Instincts, Everyday Life, and the Brain : A Paradigm for Understanding Behavior by Richard H. Wills(1998).

Consilience : Unity of Knowledge by E. O. Wilson(1998).

Unweaving the Rainbow : Science, Delusion, and the Appetite for Wonder by Richard Dawkins(1998).

The Animal Within Us : Lessons About Life from Our Animal Ancestors by Jay D. Glass(1998).

Human Instincts, Everyday Life, and the Brain : A Paradigm for Understanding Behavior by Richard Wills(1998).

Folk Physics for Apes–The Chimpanzee's theory of how the world works by Daniel Povinelli(2003).

Animal Innovation by Simon Reader and Kevin Laland(2003).

Sexual Selections : What We Can and Can't Learn about Sex from Animals by Marlene Zuk(2002).

Hunter and Hunted : Relationships between Carnivores and People by Hans Kruuk(2002).

Love at Goon Park : Harry Harlow and the Science of Affection by Deborah Blum(2002).

The Descent of Mind : Psychological Perspectives on Hominid Evolution by Michael C. Corballis, Stephen E. G. Lea(Editors)(1999).

The Hunting Apes : Meat Eating and the Origins of Human Behavior by Craig B. Stanford(1999).

Coming Home to the Pleistocene by Florence R. Shepard, Paul H. Shepard(1998).

How Humans Evolved by Robert Boyd, Joan B. Silk(1997).

The Time Before History : 5Million Years of Human Impact by Colin Tudge(1997).

Humans Before Humanity : An Evolutionary Perspective by Robert Foley(1997).

African Exodus : The Origins of Modern Humanity by Christopher Stringer(1997).

The History and Geography of Human Genes by L. Luca Cavalli-Sforza, Paolo Menozzi, Alberto Piazza(1996).

Yanomamo : The Last Days of Eden by Napoleon Chagnon(1992).

Origins of the Modern Mind : Three Stages in the Evolution of Culture and Cognition by Merlin Donald(1991).

The Human Revolution : Behavioral and Biological Perspectives on the Origins of Modern Humans by Paul Mellars(Editor), Chris Stringer(Editor).

<논문>

김흡영, 「종교와 자연과학간의 대화를 통해 본 인간 : 사회생물학의 도전과 종교적 대응」, 『진화론과 철학』, 철학연구회 2002년도 추계 연구발표회 논문집.

박만준, 「인간이란 어떤 것인가?」, 『철학논총 제33집』, 새한철학회 논문집, 2003.

박순영, 「종 특이적 정보처리 기제의 진화와 문화」, 『진화론과 철학』, 철학연구회 2002년도 추계 연구발표회 논문집.

장대익, 「진화론의 개념적 쟁점 : 선택의 수준과 힘에 관하여」, 『진화론과 철학』, 철학연구회 2002년도 추계 연구발표회 논문집.

최재천, 「다윈의 진화론-철학 논의를 위한 기본 개념」, 『진화론과 철학』, 철학연구회 2002년도 추계 연구발표회 논문집.

Ito Yosiaki, 「Development of sociobiology and its relation to future methodology of social science」, 「사회생물학의 발전과 인간 사회 연구의 장래의 방법에 미칠 영향」, 『사회생물학과 사회과학 방법론』, 부산민주주의 사회연구소 제17회 정례연구발표회, 2004, 11, 6.

찾아보기 i·n·d·e·x

| ㅈ |

| ㅊ |

ㅣㅋㅣ

ㅣㅌㅣ

ㅣㅍㅣ

| ㅎ |

저자 소개

◈ *박만준*은

부산대학교를 졸업하고 부산대학교 대학원에서 석사 및 박사 학위를 받았다. 현재 동의대학교 철학윤리문화학과 교수로 재직하고 있다.

저서로

『철학』(공저), 『철학개론』(공저), 『욕망과 자유』, 『늦잠 잔 토끼는 다시 뛰어야 한다』, 『상생의 철학』(공저), 『인성론』(공저) 등이 있고,

역서로

『대중문화와 문화연구』(존 스토리), 『문화연구의 이론과 방법들』(존 스토리), 『대중문화의 이해』(존 피스크), 『문학과 문화이론』(레이먼드 윌리엄즈), 『하버마스의 사회사상』(미첼 퓨지) 등이 있으며,

논문으로

「하버마스의 문화개념」, 「하버마스의 문화이론」, 「문화의 기원」, 「인간은 왜 사회적인가?」, 「문화 커뮤니케이션의 구조」, 「욕망과 자유의 변증법」 등이 있다.

◈ *강남욱*은

동의대학교 철학과와 동 대학원 석사과정을 졸업하고, 현재 동의대학교 대학원 철학윤리문화학과 박사과정에 재학 중이다.

진화론과 사회생물학적 관점에서 문화의 기원과 문화현상에 관해 공부를 하고 있으며 경남민주언론운동시민연합, 부산 빈빈彬彬 논술연구소에서 선임연구원으로 활동하고 있다.

성의 진화 그리고 인간의 성문화

공저자 | 박만준 · 강남욱
발행자 | 한 헌 주
발행처 | 도서출판 경문사
등　록 | 1995년 11월 9일 제7-149호
주　소 | 서울특별시 종로구 평동 19번지
전　화 | 738-7035
F A X | 722-4678
E-mail | kmsp@thrunet.com
홈페이지 | http://www.kmsp.co.kr
인쇄일 | 2006년 1월 25일 초판인쇄
발행일 | 2006년 2월 5일 초판발행

정가 13,000원
ISBN 89-420-0175-0 93170